KB054590

허세욱 평전

허세욱 평전

별이 된 택시운전사

송기역 씀

삶이 보이는 창

내 친구 같고
내 애인 같은
내 형 같고
내 아우 같고
내 누이 같은
내 어머니 같고
내 아버지 같고

내 가족 같은 허세욱 님에게

허세욱정신계승사업회

차례

프롤로그
2007년 4월 1일

2007년 4월 1일.

서울 33 사 2114 번호판을 단 택시 한 대가 자정을 넘기며 어둠에 잠든 상도동으로 접어들고 있다. 맞은편 자동차들이 불빛을 내뿜으며 빠른 속도로 택시를 비껴간다. 택시는 널찍한 도로에서 이탈해 좁은 골목으로 능숙하게 커브를 돈다. 골목에 들어선 택시는 속도를 늦춘다. 성인 남자의 걸음걸이에 가까운 느린 움직임이다. 택시의 열린 창을 통해 자정 넘은 골목의 풍경과 냄새, 지나치는 사람의 표정, 쏜살같이 피하는 고양이의 뒷모습까지 빨려들어간다. 골목 모퉁이를 몇 차례 돌던 택시는 이제 고갯길을 오르고 있다. 운전대를 잡은 남자의 작고 가는 눈동자는 무언가를 찾는 듯 길 오른쪽과 왼쪽을 번갈아가며 움직이고 있다. 차창 밖 사물 하나도 놓치지 않으려는 듯 골목을 응시하는 운전자의 시선이 집요하다. 쉰여섯 살. 환갑을 몇 해 남겨두지 않은 남자의 이름은 허세욱이다. 그의 시선은 무언가를 꿈꾸는 듯하다. 택시는 느린 속도이지만 망설임 없이 다음 골목으로 접어든다.

골목에 들어서자마자 짐자전거 한 대가 택시를 앞질러간다. 한밤의 풍경은 흑백 화면처럼 흐릿하게 바뀌어 있다. 허세욱은 커다란 짐 자전거를 타고 상도동 언덕길을 오르는 남자의 뒷모습을 바라본다. 어디선가 본 듯한 남자다. 자전거 짐칸에는 막걸리통 예닐곱 개가 단단히 동여매어져 있다. 남자가 페달을 굴릴 때마다 막걸리가 넘쳐 길바닥에 흐른다. 고갯길의 남자는 발끝에 온 힘을 모아 한 바퀴 한 바퀴 페달을 밟고 있다. 근육은 안쓰러울 만큼 페달에 집중해 있다. 힘에 부치는지 남자는 급기야 자전거에서 내린다. 그리고 방금 자신이 지나쳐온 택시를 향해 뒤돌아본다. 남자와 눈이 마주치자 허세욱은 소스라치며 브레이크를 밟는다. 남자는 20년 전의 허세욱이다. 허세욱이 허세욱을 바라보고 있다. 쉰여섯의 허세욱은 망연히 회한에 잠긴다. 자신을 앞지른 과거가 물끄러미 그를 바라보고 있다.

사람들은 종종 그에게 지나온 삶을 묻곤 했다. 한 차례를 제외하곤 지난 삶을 실토한 적은 없었다. 땅에 파묻혀 있던 과거가 새 움처럼 언 땅을 뚫고 머리를 내밀고 있다. 허세욱은 창유리 너머의 남자를 응시한다. 그는 기나긴 세월을 건너 비로소 자신을 만나고 있는 것이다. 허세욱은 그때 다른 삶을 살 수도 있었을 것이라고 생각한다. 남자는 다시 자전거를 끌고 언덕을 오른다. 허세욱은 남자를 뒤쫓는다. 남자가 오르는 고개의 옛 모습이 눈에 선하다. 막걸리를 배달하던 시절의 일들이 주마등처럼 흘러간다. 하지만 이제 사라진 풍경들. 동네는 옛 모습을 찾아볼 수 없다. 좁은 골목, 낡은 집들이 있던 자리엔 아파트가 들어서고 아스팔트가 깔려 있다. 이 도시를 담당하는 냉정한 화가는 몇십 년 새 전혀 다른 그림을 펼쳐놓았다.

완만한 경사를 오르던 택시가 한 여자를 발견한다. 여자가 웅크리고 앉아 있다. 무엇에 홀린 듯 허세욱은 여자 발치까지 이르러 급정거

한다. 여자가 놀라 고개를 든다. 여자의 눈동자에 고인 물기가 헤드라이트 불빛을 반사한다. 허세욱은 급히 택시에서 내린다. 하지만 여자 쪽으로 발을 내딛지는 못하고 있다. 여자도 몸을 일으켜서 그를 바라볼 뿐이다. 그는 여자를 더 이상 바라볼 수 없어 고개를 돌린다. 한 번쯤 다시 만나고 싶었던 사람. 여자와 함께했던 1년은 돌이켜보면 찰나였다. 이 고개에서 우연히 여자를 만나지 않았더라면……. 그는 수백 번이 넘게 후회를 했다. 그는 사랑했고 미워했던 여자를 향해 다시 고개를 돌렸다. 여자는 사라지고 없다. 여자의 환영이 사라진 자리는 어둠보다 짙게 멍들어 있다. 그는 여자의 울음소리를 어루만진다.

여자와 헤어진 후 허세욱은 떠돌이 인생의 마지막 일터인 한독운수에 입사했다. 한독운수는 언제나 고향이 없다고 말하던 그의 고향이 되었다. 마음속에서 고향을 지운 대신 그는 다른 많은 고향을 갖게 되었다. 철거민들이 모인 봉천6동의 '세입자대책위원회'와 의정부와 황새울, 그리고 시청 광장, 택시를 타고 달리던 거리들이 모두 그의 고향이 되었다.

허세욱은 택시를 타고 올라온 방향으로 차를 되돌린다. 상도동 길을 내려간 택시는 국사봉 터널을 지나 봉천동으로 들어선다. 그는 '친구교회'를 떠올린다. 친구교회는 철거민들의 친구였다. 그 교회를 만나고 나서야 십자가를 지고 가는 나사렛의 사내를 존경할 수 있게 되었다.

택시는 아주 먼 시간을 거슬러 봉천6동을 향하고 있다. 봉천동에 접어들자 깜박이는 아파트 불빛 사이로 1996년의 봉천6동 세대위 사무실이 보인다. 그가 살던 봉천6동엔 우성아파트가 들어서 있다. 다른 철거 지역인 봉천3동엔 대우아파트, 봉천5동과 봉천9동엔 드림타

운과 벽산아파트가 들어섰다. 생존권을 외치던 구호와 노랫소리는 아파트 건물 지하 깊은 곳에 화석처럼 묻혀 있다. 아파트 주민들은 알고 있을까? 그들이 살던 곳에 생존을 건 싸움과 내쫓김이 있었다는 것을. 안락한 시설과 쾌적한 환경을 위해 수십 년을 더불어 살던 동네 주민들이 두들겨 맞고, 악을 쓰고, 울어야 했다는 것을. 가난한 대로 서로를 보듬어주던 공동체가 순식간에 사라져 간 역사를.

택시는 달동네가 시작되는 삼거리에 이르러 느린 주행을 멈춘다. 허세욱은 택시에서 내려 1996년의 봉천6동 달동네를 오르기 시작한다. 계단을 오르며 그는 흉물스레 숨죽이고 있는 부서진 건물들을 바라본다. 동네 건물들은 순식간에 철거되고 있다.

건물에서 부서져 나온 돌덩이들이 발에 채인다. 한 계단 한 계단 가파른 길을 조심스레 오르다 그는 뒤돌아본다. 불야성의 도시 풍경 속에서 봉천6동은 홀로 어두컴컴하다. 마을은 어둠 속에 잠겨 사망 선고를 받은 환자처럼 미동도 없다. 드문드문 켜진 가로등 불빛이 한때 사람이 살고 있었다는 것을 증거하고 있을 뿐이다.

봉천6동에 숨어들어 오다시피 했고 외톨이로 살았다. 그런 어느 날 재개발 소식이 들려왔다. 철거가 시작되면서 동네 주민들은 하나둘씩 떠났다. 반면, 철거 싸움에 늦게 뛰어든 그는 그때부터 이웃을 만나기 시작했다. 그리고 이곳에서 풍물을 배웠다.

어디선가 징 소리가 들려온다. 자신이 들고 치던 징 소리다. 도둑고양이 한 마리가 그의 발걸음 소리에 놀란 듯 골목 밖으로 사라진다. 허세욱은 골목을 벗어나 세대위 사무실을 향해 오른다. 사무실도, 옥상에 세운 망루도 보이지 않는다. 3년에 걸쳐 주민들은 끝없이 이어지는 위협과 맞서야 했다.

그는 한 번도 앞장서지 못했고, 다른 주민들처럼 폭력에 맞서다 병원에 실려간 적도 없었다. 그때 그는 누군가를 지켜주겠다는 말을 참 많이 했다. 하지만 자신도 지킬 수 없는 시절이었다. 싸움의 현장에 늘 있었지만 그는 언제나 뒤에 있었고 골목이 끝나는 계단참에 있었다. 그때마다 그는 자괴감으로 고개를 숙였다.

기나긴 철거 싸움으로 주민들의 눈물은 모두 말라갔다. 건설 자본과 행정 관료들의 얼굴 한 번 볼 수 없는 싸움이었다. 마음은 가뭄기의 논바닥처럼 마르고 갈라져갔지만 남은 주민들은 공동체를 저버리지 않았다. 가난하고 지붕 낮은 삶들이었지만 삶터를 지키는 힘이 있다는 것을 보여줬다. 판잣집은 그들의 전부였다. 철거 싸움은 하루 벌어 하루 사는 하루살이들의 싸움이었다. 세상이 알 수 없는 싸움이었다. 그 밑바닥에서 봉천6동 철거민들은 전부를 잃으면서도 포기하지 않았다. 그들은 위대했다. 허세욱은 무너진 동네를 바라보면서 자신의 이웃들에게 진심으로 경의를 표했다.

택시 한 대가 봉천6동 달동네를 벗어나고 있다. 불빛들이 판잣집마다 간신히 매달려 있다. 서늘한 새벽 공기가 용역 깡패들처럼 도로 위를 점거해오기 시작한다. 앞머리에 불빛을 매단 차들은 저마다의 집을 향해 운전대를 돌리고 있다. 허세욱의 귓가에 째깍째깍 초침 소리가 들려온다. 심장박동 소리는 서서히 작아지고 있다. 그는 차를 멈춰 세우고 운전대에 얼굴을 파묻는다. 운전대를 잡은 손이 떨고 있다.

2007년 4월 1일. 한미FTA 협상 마감 시한이 다가오고 있다.

1부 끝과 시작

마흔의 이력서

허세욱은 1952년 5월 9일 경기도 안성군 대덕면 대농리 152번지에서 태어났다.[*] 아홉 남매 중 형제가 여섯, 자매가 셋이었다. 그는 다섯째였다.

대농리는 대덕면에서 고삼면으로 가는 도로 양쪽에 마을을 이루고 있다. 왼쪽 마을은 와곡리이고, 오른쪽 마을은 안정리다. 이 두 마을을 묶은 행정명이 대농리다. 허세욱과 그의 가족은 안정리에서 살았다. 대농리는 허씨와 박씨의 집성촌으로 마을 사람들은 대부분 서로 친척 관계다. 와곡리엔 박씨가 주로 살았고, 안정리엔 허씨가 주로 살았다. 현재는 이농으로 인해 허씨 집안 사람들은 허세욱의 둘째 형인 허영욱을 포함해 여덟 가구가량만 남아 있다. 허세욱이 떠나기까지 마을 사람들은 대부분 약간의 땅을 빌려 소작을 하고 살았다.

마을 뒤로는 와곡리 박씨 집안 소유의 야트막한 산이 하나 있다. 마을 사람들은 이 산을 쌓아치산이라고도 불렀고, 마을에 있는 미륵 불상을 기려 '미륵님 산'이라고도 불렀다. 허세욱과 마을 아이들은 여름이면 생나무 가지를 쳐내고, 겨울이면 지게로 땔감을 나르며 자랐다. 이 산의 오른쪽에서 흘러내려오는 골짜기는 허씨 집안의 종산이다. 종산에서 마을로 내려오는 곳에 허씨 집안 종조부의 묘소가 있다.

허세욱의 가계는 산지기를 했다. 제사를 지내는 대신 문중 종산 골짜기의 다랑논에 농사를 짓고 살았다. 이 논들은 천수답이라 하늘을

---

[*] 호적엔 1953년 5월 9일 출생으로 기록되어 있지만 출생신고가 늦은 것이라고 한다.

바라보며 비가 내리기를 기다리는 수밖에 없었기 때문에 소출량이 적었다. 전란이 지나간 마을은 어느 집이라도 궁핍할 수밖에 없었다. 특히 형제가 많은 허씨 집안은 끼니를 잇기 어려웠다.

지금은 천수답이 있는 골짜기에 샘이 있지만 허영욱이 농사지을 무렵까지도 물 댈 길이 없었다. 천수답 가는 길은 거칠어서 소출한 벼들을 옮기는 것도 큰일이었다. 아버지 허엽이 중풍을 앓게 되면서 허영욱이 살림을 맡게 되었는데, 그는 "내가 죽고 나면 후세들 고생시킨다"면서 불도저로 서너 마지기의 다랑논을 모두 갈아엎어 지금은 농사지을 수 없는 땅이 되었다.

갓난아기 시절 허세욱은 누나인 허복희의 등에 업혀 자랐다. 그는 유독 울음이 많았다. 허복희는 등에 업힌 아기가 울음을 그치지 않는 일보다 자신의 등을 물어뜯는 일이 견디기 힘들었다. 허세욱은 굶주림을 빨리 느끼는 배고픈 아기였다. 배가 고픈 아기는 피가 베어나올 때까지 누나의 등을 물어뜯었다.

종조부의 묘소 옆엔 석불입상이 하나 서 있다. 2.2미터 높이의 부처상이다. 이 부처는 석가모니 다음으로 이 땅에 도래할 미래불인 미륵부처로, 들녘 너머 다가올 세상을 바라보며 우두커니 서 있다. 머리에 중절모 모양의 갓이 씌워진 이 미륵부처는 고려 시대 불상으로 하반부가 땅 속에 묻혀 있다.

막내로 태어나 물려받은 재산이 없던 아버지 허엽은 과묵한 성격으로 한때 마을 이장을 지낼 정도로 인심이 넉넉한 사람이었다. 그는 농사꾼이면서 방아를 돌리는 기간수였다. 고삼저수지에서 내려오는 물을 대농리 논에 끌어들이는 일을 했다. 허엽은 한창 농사철에 방아를 돌리고 작은 종답을 부쳤다. 기간수는 모내기 철부터 추수기까지 일하고 마을 사람들에게 몇 가마니의 대가를 받았다. 하지만 아홉 남매를 기르기엔 턱없이 모자랐다. 또 이장을 하면서 많은 빚을 지게 됐는데, 자기 이익을 챙기지 못하는 성격 때문이었다. 어머니도 선한 성품을 타고난 인자한 분이었다.

대농리 사람들은 척박한 땅을 일구어 논을 개간했다. 방앗들로 불리는 들녘엔 허엽이 농사짓는 땅이 있었다. 논바닥에 항상 물이 차 있는 수렁논이었다. 논에 소를 들여보낼 수가 없어 오로지 사람의 힘에 의지해야 했다. 모내기 때 논으로 들어가면 발이 푹푹 땅 밑으로 꺼졌다. 농부들은 삼베로 만든 속옷을 입고 허리까지 흙 속에 잠긴 채 일했다. 마을 사람들은 소출량이 적은 그 들녘을 '비렁뱅이 들'이라고 불렀다. '수렁논에서 빠지면 평택에서 나온다'는 말도 있었다. 새참을 먹을 때면 흙탕물에 젖은 속옷 사이로 못 볼 것이 보여 허씨 집안 사람들은 와자지껄 농을 치며 고된 노동을 잊곤 했다.

수렁논 주변 산은 일찍 죽은 아이들을 장사 지내는 애장터였다. 겁이 많은 허엽은 애장터에서 귀신이 나올까 두려워 해가 떨어지기 전에 귀가했다.

허엽은 허세욱이 국민학교에 들어가기 전부터 작은 방앗간을 운영했다. 방앗간 기계가 고장 나면 기계를 수리하기 위해 안성 읍내며 먼 도시까지 외출해 늦게 귀가했다. 허세욱은 누나 허복희와 함께 등을 켜 들고 10리 길을 걸어 마중 나갔다. 칠흑처럼 컴컴한 어둠 속에서 오지 않는 아버지를 기다렸다. 오누이는 무서움을 떨치기 위해 끊임없이 얘기를 주고받았다.

농악 소리에 마을의 흥이 깊어갈 때면 마을 친구들이 허엽의 이름을 부르며 허세욱을 놀렸다. 어른들이 풍물 도중 추임새로 "여비여,

여비여!" 하는 소리를 듣고 친구들은 부러 큰 소리로 "엽이여! 엽이여!" 하고 놀려댄 것이다. 아버지를 놀릴 때마다 골이 난 허세욱과 형제들은 마을 아이들을 쫓아다녔다.

허세욱은 키가 컸던 아버지와 달리 어릴 때부터 왜소했다. 겨울이면 마을 친구 허길범, 이영환, 이정근 등과 함께 얼어붙은 수렁논에서 썰매를 지쳤다. 대농리 아이들이 그렇듯 허세욱도 국민학교 때부터 친구 허길범과 함께 소를 몰고 풀을 베러 다녔다. 여름엔 가까운 고삼 저수지에서 수영을 하며 놀았다.

마을에서 허세욱은 어른들에게 언제나 깍듯이 인사하는 예의 바르고 조용한 아이였다. 다른 사람에 대한 배려가 많고 이해심을 타고난 아이였다. 아버지처럼 겁이 많아 밤이 되면 밖에 나가지 못했다. 낮에도 집에서 잘 나오지 않는 내성적인 아이였다. 말수가 적었고, 친구들 앞에서 자신의 의견을 밝히는 일이 거의 없었다. 수줍음은 어릴 때부터 타고난 것이었다. 친구들은 '색시 같다'며 그를 놀렸다.

친구들과 잘 어울리는 편은 아니었다. 국민학교 시절 마을의 전 학년이 매월 모이는 자치회가 있었는데, 허세욱은 한 번도 참석하지 않았다. 이런 일로 마을 형들과 친구들의 놀림감이 되는 일이 잦았다. 그는 친구들의 심부름을 하는 일이 많았다. 나중에 나이가 들어 친구들이 모여 화투를 칠 때면 술심부름은 전적으로 허세욱의 몫이었다. 술집까지는 무려 3킬로미터가 넘는 거리였지만 한 번도 마다하지 않고 다녀왔다. 항상 배경으로만 등장하고, 허드렛일을 전담하는 역할은 오래 전부터 시작된 셈이다.

허엽은 마을 사람들에게 인심 좋은 사람이었지만 처자식에게는 매우 엄했다. 친구들에게 자기 의사를 표현하는 데 서툴렀던 허세욱은 가족 관계에서만은 사사건건 반항하고 고집을 꺾지 않는 아이였다.

　허세욱은 안성 가는 길에 위치한 명덕국민학교에 입학했다. 한번은 수업 시간에 허세욱이 교실에서 사라진 일이 있었다. 당황한 급우들이 백방으로 수소문했지만 허사였다. 당황하기는 담임교사도 마찬가지였다. 교사와 급우들이 그를 찾고 있을 때, 허세욱은 30리 길을 서둘러 걸어가고 있었다. 그는 대농리 입구에 들어서자마자 자신의 집 변소를 향해 뛰었다. 그는 똥을 누기 위해 용변을 참으며 달려갔던 것이다. 영양분이 많은 똥을 버리지 않고 거름으로 사용하던 시절의 일화다. 허세욱은 거름으로 쓰이는 똥을 학교에서 누는 게 아까워 몇 십리 길을 걸어갔던 것이다.

　허세욱의 국민학교 생활기록부에는 나중까지 성격적 특성으로 나타나는 면모들이 기록되어 있다.

　'명랑성이 부족', '비사교적이며 근면한 어린이임', '자존심이 강하고 남에게 지지 않으려는 욕심이 강하다', '양과 같은 어린이며 모든 면을 침착하게 처리함', '내향성의 온순하며 면학함. 극히 말이 없음', '국어와 미술에 관심과 의욕이 많음'

　허세욱은 담임교사였던 유치수를 존경했다. 유치수는 모든 학생들을 공평하게 대했고 매우 엄한 원칙주의자였다. 명덕국민학교 대부분의 학생들은 유치수를 무서워하면서도 존경했다. 어린 허세욱은 유치수의 도덕적이고 원칙주의적인 면모를 보고 배우면서 어린 시절을 보냈다.

　그의 최종 학교는 안청중학교다. 안청중학교는 현재 안성 시내 코

스모스맨션이 들어선 자리에 있었다. 허세욱과 그의 친구들은 안청중학교까지 걸어 다녔다. 그는 중학교에서도 눈에 띄지 않는 조용한 아이였다. 특별한 일이 아니면 자신을 드러내지 않았다.

중학교를 졸업하고 몇 해 지나지 않아 아버지 허엽은 7년간 앓던 중풍으로 세상을 떴다. 10년쯤 후, 어머니도 중풍으로 세상을 떠났다. 남은 식솔들을 이끈 것은 허영욱이었다. 그는 동생들을 겉보리로 죽을 쑤어 먹이며 가난을 헤쳐 나갔다.

중학교를 마친 허세욱은 사회에 첫 발을 내디뎠다. 안성에서 유명한 서점인 '보문당'에 점원으로 취직했다. 신생극장 옆에 있던 보문당은 허씨 집안 친척이 운영하는 곳이었다. 허세욱은 보문당에서 숙식하면서 일했다.

그 후 서울에 올라가 남가좌동 인근의 '은성약국'에서 약을 판매했다. 그러던 어느 날 불현듯 울산으로 내려가 노동자로 일했고, 강원도 태백에서 탄부로 일한 적도 있다. 건설 현장에서 야방 일을 하다 돈 한 푼 받지 못한 적도 있었다. 다양한 직업을 전전했다. 그는 갑자기 새로운 일을 시작하곤 했다. 그의 친구들은 성실한 성격의 그가 한 군데 정착하지 못하고 직업을 바꿀 때마다 의아스러웠다. 하지만 허세욱은 한 번도 궁금증을 풀어주지 않았다.

허세욱은 스물넷의 나이로 군 생활을 시작해 하사로 제대했다. 그는 논산훈련소를 나와 자대에 배치받자마자 병장 계급을 달았다. '물병장'이라는 특이한 계급 때문에 부하 군인들로부터 놀림을 받았다. 이로 인해 이루 말할 수 없이 힘겨운 군 시절을 보냈다고 마을 친구들에게 토로하곤 했다.

제대 후 고향에 돌아왔지만 삶은 평화롭지 않았다. 군대에 있는 동안 잊고 있던 가난이 일상의 소소한 부분까지 침투했다. 허세욱에게 고향을 물어볼 때면 언제나 부정적인 대답이 돌아왔다.

"나는 고향이 없어요. 고향에 대한 기억도 나지 않아요. 고향에 있을 때 행복하게 웃어본 기억이 없어요."

고향은 그에게 불모지였다.

그는 불편한 집보다 친구 이영환의 사랑방이 더 편했다. 그래서 몇 개월 간 이영환의 집에서 살다시피 했다. 식사는 집에서 하고 잠은 친구 집에서 해결하는 이상한 별거 생활이었다. 그런 생활도 길게 가지 않았다. 허세욱은 이영환에게 한 마디 말 없이 무작정 마을을 나섰다. 걸음은 서울을 향하고 있었다. 미래에 대한 불안 속에서도 고향을 떠나온 해방감을 느꼈다.

서울에 올라온 허세욱은 장승배기 영도시장 인근의 양조장에 취직했다. 고향 친구 조민수를 포함해 8명가량의 직원들이 함께 일했다. 그는 조민수와 함께 숙소로 쓰는 양조장의 창고에서 먹고 자며 지냈다. 마음이 잘 맞는 이영환에게 편지를 보내 주소를 일러주었다. 처음 이영환이 올라왔을 때 두 사람은 공짜 막걸리를 실컷 마셨다. 허세욱은 그에게 술 만드는 법을 알려주기도 했다. 당시엔 양조장 큰 술통에 있는 막걸리 원액에 물을 섞어 술을 만들었다. 막걸리를 술집마다 배달해주면 술집에서 다시 물을 섞어 희석시켰다. 그러면 다섯 말이 금세 일곱 말이 됐다.

한 말짜리 플라스틱 술통 예닐곱 개를 커다란 짐자전거에 싣고 숭실대며 모자원 고개며 상도동 언덕길을 다니며 배달했다. 특히 모자원 고개를 넘어갈 땐 죽을 심정이었다. 죽어라 페달을 밟아야 고개를 넘어설 수 있었다. 고개를 넘는 오르막에서 막걸리가 쏟아져 주인에게 혼쭐이 빠지게 호통을 들은 적도 있었다.

이영환 외에도 고향 친구들이 양조장을 종종 방문했다. 맘 놓고 술 한잔 마시기 어려운 시절, 친구들은 공짜 술을 찾아 허세욱을 찾았다. 친구들이 오면 양조장 동료들도 자리를 함께했다. 따돌림을 당한 경험이 많은 허세욱은 막걸리 덕에 의기양양했다. 막걸리는 그가 친구 노릇, 사람 노릇하는 데 한몫을 톡톡히 해주었다. 그는 하루가 멀다 하고 막걸리를 마셨다. 술에 취하면 끝 모를 가난을 원망했지만 돌이켜보면 행복한 시절이었다.

막걸리 배달 일을 그만두고 아이스크림을 배달하던 시절, 생에 다시 오지 않을 인연을 만났다.

"저의 인생에 딱 한 명의 여자가 있었어요."

2001년 허세욱은 홍은광을 만난 자리에서 이렇게 고백했다.

'딱 한 명의 여자'는 그가 배달을 마치고 상도동에서 흑석동으로 넘어가는 고갯길을 오를 때 만났다.

멀리 한 여자가 보였다. 여자는 웅크리고 앉아 땅바닥에 무언가를 그리는 듯했다. 그는 걸음을 멈추었다. 어디선가 자신을 부르는 듯한 소리가 들려왔기 때문이다. 그것은 훌쩍이는 소리였다. 여자는 울고 있었다. 웅크린 채 무릎을 감싸고 있는 여자의 옆모습이 보였다. 여자가 고개를 들었다.

여자가 일어섰을 때에야 큰 키와 수려한 외모가 비로소 눈에 들어왔다. 말주변이 없으면서도 말을 걸었다. 그는 조심조심 여자와 말을 주고받았다. 얘기를 들려주기도 하고, 마음을 달래기도 했다. 알고 보니 여자는 옆집에 살고 있었다. 여자는 그보다 연상이었다. 여자의 얼굴은 어두웠다. 그늘이 드리워진 여자의 표정이 그의 가슴을 흔들었다.

얼마 전 사우디에서 귀국한 이영환이 중매를 해서 만난 여자가 있었다. 순진하고 착한 여자였다. 결혼 날짜를 잡으려는 시기에 '고갯길의 여자'가 나타난 것이다. 허세욱은 중매로 만난 여자를 두고 '마음은 착한데 인물이 별로'라고 에둘러 거절했다.

가슴앓이는 그날부터였다. 배달 중에 그 언덕을 지나칠 때면 여자가 앉아 있던 자리를 멍하니 바라보았다. 여자 인생의 멍이 내려앉은 자리 같아서 마음이 소슬해졌다. 멍든 자리를 바라볼 때면 여자가 언덕 위에 나타나 웅크리고 있을 것 같았다. 집으로 돌아갈 때면 시간 가는 줄 모르고 여자의 집 앞을 서성거렸다.

여자도 심성이 착한 허세욱을 좋아했다. 그는 여자의 곤한 말들을 잘 들어주었다. 사귄 지 두 달쯤 되었을 때 친구들에게 여자를 소개했다. 두 사람은 결혼 날짜를 잡았다. 결혼식은 신촌 로터리 인근의 예식장에서 열렸다.

결혼식 전날, 대농리 친구들이 새신랑을 축하하기 위해 올라왔다. 축제 분위기가 무르익을 때 갑자기 신부가 사라졌다. 예식장 근처를 샅샅이 찾았지만 행적을 알 수 없었다. 친구들은 전전긍긍하며 신부를 찾아나선 그를 기다렸다. 허세욱은 신부의 지인들을 수소문해서야 친척 집에 있는 신부를 찾았다. 신부는 그제야 기혼이고 딸과 아들도 있다고 실토했다. 결혼할 수 없다는 여자에게 허세욱은 '그런 것은 개의치 않는다'고 했다. 오랜 설득 끝에 여자는 그의 신부가 되기로 결심했다.

간밤에 소동이 있었지만 결혼식은 축복 속에 진행되었다. 대농리 친구들은 예식장에 들어선 신부를 보고 모두 놀랐다. 미인 신부를 어디서 얻었냐며 부러워했다. 신혼여행 대신 차를 타고 서울 곳곳의 도로를 달리며 드라이브했다. 살림은 상도동 셋방에서 시작했다.

행복한 시간은 길지 않았다. 남루한 세간은 신혼을 할퀴었고 다투는 일이 잦았다. 여자는 전남편과 함께 있는 아이들을 그리워했다. 그러던 어느 날 전남편이 세상을 떠났다. 장례식에 다녀온 여자는 아이들을 데리고 왔다. 허세욱은 아이들을 소중히 대했지만 늘어난 식솔을 감당하기 쉽지 않았다. 열심히 일했고 한 푼의 돈도 아끼며 살았다.

함께 지낸 1년 동안 여자는 몇 차례 집을 떠났다. 여자는 둘 사이에서 아이를 낳지 않겠다고 처음부터 못을 박았다. 그 말이 두고두고 그를 괴롭혔다. 허세욱은 매번 자신을 무시하는 여자를 이해할 수 없었다. 주산이며 태권도 등 아이들의 교육비 문제로 다투는 일도 많았다.

여자는 다시 사라졌다. 그는 빈털터리가 되었고 봉천6동으로 이사를 떠났다. 다시 술의 나날이었다. 사람을 믿을 수 없었다. 허무만이 그를 위로했다. 농약을 마셨다. 모진 생명의 끈이 그를 붙잡았다. 그는 세상을 향한 문을 닫았다. 사람을 향한 문에 누구도 다시는 열 수 없게 커다란 자물쇠를 채웠다.

허무감은 무기수의 철창처럼 오래 그를 가두었다. 아무렇게나 자신을 대하는 것 말고 그가 할 수 있는 일은 없었다. 그가 가장 후회하는 것은 자신에 대한 믿음까지도 닫아버린 데 있었다. 여자를 때린 적도 있었다. 그 기억이 뼈아픈 후회 속에 되살아나는 밤이 많았다. 그것만은 용서받고 싶었다. 떠돌며 지낸 젊은 시절에 대한 후회 속에서 그는 자괴감 섞인 말을 내뱉었다.

"철거 싸움을 하기 전까지 저는 망나니처럼 살았어요."

그 후 허세욱은 택시운전사가 되었다. 아무도 없는 방에 틀어박혀 세상과 단절했다. 그 방의 자물쇠는 녹이 슬 때까지 단단하게 채워져 있었다.

세리와 죄인의 친구들

　서울시 관악구 봉천동엔 '하늘을 받들며' 가난한 삶들이 다닥다닥 붙어 마을을 이루고 있었다. 80년대 들어 해외 건설업이 위축되자 건설 자본은 새로운 이윤을 창출하기 위해 국내로 눈을 돌렸다. 삶의 터전인 도시 주거지가 상품이 되었다.

　서울시는 1983년부터 재개발 정책을 합동재개발 방식으로 전환했다. 합동재개발은 정부와 건설업체, 가옥주 3자의 동의를 통한 개발 방식으로, 세입자들을 배제한 것이었다. 1990년경까지 도시 빈민지역 정화라는 미명 아래 매년 1만 동가량 중산층을 위한 아파트를 건립했다. 대다수의 주민들은 대책 없이 내쫓겼고, 더 나쁜 주거지로 밀려났다. 합동재개발은 세입자들의 저항을 불러일으켰다.

　강제 철거에 대한 도시 빈민들의 저항은 1971년 광주대단지에 강제 이주된 2만 3000여 세대 주민들의 시위 이후 지속되어 왔다. 70년대 철거민들의 저항은 80년대 주택정책이 민간에 의한 주도로 변화하는 데 영향을 미쳤다. 1984년부터 다음 해까지 이어진 목동 주민들의 저항은 지역 주민과 세입자, 대학생, 지역 교회가 결합한 저항으로, 최초로 세입자들이 보상을 얻는 데 성공했다. 이때 처음으로 세입자대책위원회가 조직되었다. 목동에서 보여준 빈민운동의 조직력은 1986년 상계동 철거 싸움으로 이어졌다.

88올림픽 이후 한동안 잠잠하던 재개발 사업은 1993년부터 대대적으로 시행되었고, 달동네의 대명사 봉천동을 비껴갈 리 없었다. 봉천동과 함께 성동구 하왕십리, 노원구 미아동이 재개발 권역으로 지정되었다. 불도저는 적지를 침략하듯 눈에 띄는 대부분의 빈민촌을 밀고 들어갔다. 봉천2동에서 시작된 철거의 바람은 봉천6동을 거쳐, 봉천5동, 봉천3동, 봉천9동으로 90년대 말까지 지속되었다.

봉천6동은 산꼭대기까지 1킬로미터에 이르는 길이에 걸쳐 있었다. 동네 어귀에서 500미터가량 올라가면 '삼거리슈퍼'가 있던 삼거리가 나왔다. 삼거리에서 갈라지는 두 개의 길 중 하나는 승용차가 지나갈 수 있는 도로였고, 남은 하나는 좁은 계단길이었다. 계단길은 두 사람이 스치고 지나갈 만큼의 폭으로 양팔을 뻗으면 벽이 닿을 정도였다.

좁은 계단길을 오르면 불쑥불쑥 또 다른 계단길이 미로처럼 나타났다. 장마철에 소나기가 퍼부으면 계단을 타고 폭포처럼 빗물이 쏟아졌다. 좁은 계단을 따라 올라갈수록 더 가난한 사람들이 살고 있었다. 허세욱의 집은 중간쯤에 위치했다. 동네가 끝나는 곳엔 '바람산'이 있었다. 아이들은 바람산을 '똥산'이라고도 불렀다. 강아지 똥도 많고, 사람 똥도 많아 붙여진 이름이었다. 바람산에도 몇 채의 집이 있었고 들판이 있었다. 아이들은 그곳에서 주민들이 심은 채소밭이며 고추밭을 헤집고 달음박질하며 뛰놀았다.

봉천동 주민들은 대부분 일용 노동자였다. 매일 새벽이면 인력시장에 일자리를 찾는 사람들이 모여들었다. 벌이가 없는 날엔 소주를 마셨다. 여자들은 삼삼오오 모여 부업을 했다. 미싱을 돌리고, 구슬을 꿰고, 봉투를 붙이고, 인형에 눈알을 붙였다. 주로 하는 일은 봉제였는데, 동대문에서 가져온 옷감을 부엌에 쌓아두고 밤 늦은 시간까지 미싱을 돌렸다. 다른 여자들은 파출부를 나가거나 식당에서 주방 일을 하고 행상을 나갔다. 동네의 전봇대와 벽에는 'OO부업거리 있음'이라고 적힌 전단지가 곳곳에 붙어 있었다. 여성들은 부업에 대한 정보를 주고받았고 남성들은 대부분 인력시장을 통해 서로 알고 지냈다.

1992년 '봉천6동 재개발추진위원회'가 결성되고, 재개발 결정 고시가 났다. 1993년 12월 사업 승인과 함께 봉천6동은 '합동재개발 7-1구역'이 되었다. 주민들은 새로 얻은 지역 명칭이 낯설었다. 봉천6동 1200세대 주민들의 불안한 눈빛이 골목마다 술렁였다. 주민들은 집집마다 모여 재개발의 의미를 헤아렸다. 상도동과 보라매 등 가난한 동네를 전전하던 허세욱에게 철거계고장이 날아들었다. 하지만 이것이 자신에게 무엇을 의미하는 일인지 알 수 없었다. 재개발 지역이 된 것을 경축하는 현수막을 보면서 앞으로 더 좋은 환경에서 살게 되나 보다 하고 짐작할 뿐이었다.

'친구교회' 오재현 목사와 평신도들은 식당이며 이발소, 주민들의 집을 방문하며 재개발의 진실을 알렸다. 재개발이 결정되기 전부터 신림동과 봉천동 빈민지역엔 민중 교회와 공부방 등이 자리 잡고 있었다. 신림7동의 '낙골교회', 봉천3동의 '꽃망울 글방', 장애인 교육기관인 '낮은 울타리', 봉천5동의 '성공회 나눔의집', 봉천9동의 '희망교회' 등은 90년대 봉천동 빈민운동의 중심에서 활동하게 된다. 민중 교회들은 억압받는 자들과 함께했던 자, 예수의 사명을 따라 빈민지역에 흘러들어왔고, 재개발이 시작되면서 주민들을 모았다. 봉천동 주민들에게 '친구네 교회'로 불리는 친구교회는 황홍렬 목사가 주춧돌을 놓았고 오재현 목사가 이어받았다. 황홍렬은 권력자들이 예수를 비아냥대면서 부른 별명인, '세리와 죄인의 친구 예수'라는 성경 구절을 따서 교회 이름을 지었다.

친구교회에서 운영하는 '친구네공부방'은 이발소 건물 2층에 자리 잡고 아이들과 주민들을 대상으로 교육을 했다. 친구네공부방은 임미경, 류금숙, 박재성, 최형기, 홍정순, 권명자 등 15명의 교사들이 맡고 있었다. 교사들의 가방엔 『어머니』『페다고지』『강철은 어떻게 단련되는가』 등의 책이 들어 있었다. 공부방을 통해 교사들은 자연스럽게 주민들과 만날 수 있었다.

봉천동과 신림동을 비롯해 서울 지역 6군데의 재개발 권역 철거를 맡고 있는 '적준용역'은 1994년 2월경부터 빈집을 내려앉히는 공가 철거를 시작했다. 어느 날 아침, 집을 나서던 허세욱은 쿵, 쿵, 하는 소리를 듣고 걸음을 멈췄다. 무언가를 부수는 소리 같았다. 소리는 계단 위쪽에서 들려왔다. 그는 소리가 나는 쪽으로 걸음을 옮겼다. 다른 주민 몇 명도 웅성거리며 계단을 올랐다.

김정렬은 갑작스런 외침에 화들짝 자리에서 일어났다. 연탄을 갈러 나간 어머니가 지른 고함 소리였다. 미싱을 생계로 삼는 그는 어릴 때부터 불편했던 다리에 통증이 심해져 일을 쉬고 있던 중이었다. 김정렬은 외투를 챙겨 입을 틈도 없이 밖으로 뛰쳐나갔다.

"정렬아! 정렬아! 큰일 났어, 큰일. 아니, 저런 못된 놈들을 봤나."

얼마 전부터 쿵, 쿵, 하는 소리가 방구들을 진동하고 있었다. 맞은편 집에서 들려오는 소리였다. 그 집엔 여든이 넘은 노인이 살고 있었다. 어머니는 골목에 서서 고함을 지르고 있었다.

주민들은 소리가 나는 쪽으로 고개를 들었다. 허세욱은 주민들 뒤에 서서 소리가 나는 쪽을 올려다보았다. 건물 지붕 위엔 일명 깍두기 머리를 하고 웃통을 벗어제낀 대여섯 명가량의 철거 용역들이 해머로 지붕을 내려치고 있었다. 그들의 몸엔 문신이 어지럽게 새겨져 있었다. 지붕 밑에서도 몇 명의 철거 용역들이 주민들을 향해 주먹을 흔들며 위협했다. 지붕 위에서 해머를 내려칠 때마다 기왓장이 박살나며 떨어져 내렸다. 지붕 한쪽은 이미 뻥 뚫려 있었다. 그들이 내던지는 기왓장을 피하기 위해 주민들은 뒷걸음질 쳤다. 그때 노기 띤 목소리가 들렸다.

"야, 씨발놈들아! 너거들은 에미애비도 없냐? 할머니가 다치면 너거들은 제삿날인 줄 알아라!"

김정렬은 방 안에 있는 노인을 생각하니 머리가 획 돌았다. 그를 돌아본 철거 용역 하나가 기왓장을 날렸다. 몸을 피하자 기왓장은 바닥에서 산산조각났다. 노인을 대피시키는 게 급선무라고 생각한 김정렬은 대문 안으로 들어가 방문을 열어젖혔다. 노인은 겁에 질려 방 한쪽 구석에서 떨고 있었다. 해머로 내려칠 때마다 머리 위로 흙더미가 떨어져 내렸다. 천장 한쪽은 구멍이 뚫려 하늘이 훤히 보였다. 그는 노구를 등에 업고 방문을 빠져나왔다.

김정렬이 노인과 함께 나오는 것을 본 허세욱은 깜짝 놀랐다. 철거 용역들이 부수고 있는 집에 사람이 살고 있을 줄은 몰랐기 때문이다. 혼자 사는 노인의 집을 부수는 의도는 공포감을 조성해 남아 있는 주민들을 내쫓기 위해서였다. 재개발 사업은 가옥 철거가 최우선 과제였다. 허세욱은 웅성거리는 주민들의 얘기를 들으며 몸서리를 쳤다. 이 일은 그가 동네에 무슨 일이 벌어지고 있는지 깨닫는 사건이 되었다. 주민들은 불안한 심정을 주고받으며 이를 앙다물었다. 주민 한 명이 재개발법상 겨울엔 철거를 금지하고 있다고 말했다. 허세욱은 그들이 왜 법이 금지하고 있는 시기에 사람이 살고 있는 집을 부수는지 이해할 수 없었다. 최근까지 그는 시에서 하는 일이니 막연히 이사 가야 한다는 생각을 했다. 그런데 이렇게 폭력적인 방식으로 행패를 부리는 것이 의아했고 막연한 거부감이 일었다.

적준용역은 밤낮 없는 공가 철거로 주민들을 옥죄었다. 말이 공가 철거이지 사람이 사는 집도 철거 대상이었다. 한 집씩 내려앉힐 때마다 옆집에 사는 주민들은 다음 순서가 될 것이라는 생각에 더 버티지 못하고 동네를 떠났다. 허세욱은 그날 이후 해머로 집을 부수는 소리가 날 때마다 철거되는 집 주변을 기웃거렸다. 그들이 지나가고 난 집은 흉물스러웠다.

적준용역은 집을 부술 때 사방 기둥을 남겨두었다. 기둥만 잔해로 남아 있어 음산하고 공포스런 분위기를 더 부추겼다. 철거를 하는 순서도 동네 맨 윗집에서부터 아래로 내려오는 식이었다. 바람산에 가까운 집들일수록 주변에 세대가 적어 더 큰 불안에 시달렸다. 허세욱은 늘어나는 기둥 잔해들을 바라보면서 주민들과 얘기를 나눴고 마을의 변화가 주는 의미를 깨달았다.

공가 철거의 불안과 두려움 속에 봄이 왔다. 들풀은 연두색 잎을 내밀었다. 바람산 들판에 봄꽃이 피기 시작했지만 바람산을 찾는 이들은 부쩍 줄어들었다. 벌써 전체 세대의 반 이상이 봉천6동을 떠났다. 밤이면 어김없이 달이 떠올랐고 달은 아무리 높이 떠올라도 봉천동 꼭대기의 판잣집 처마에 걸렸다. '봉천6동 세입자대책준비위원회'는 동네 주민들을 모으며 기나긴 싸움을 준비했다. 적준용역은 주민들의 동향을 파악하며 세입자대책준비위원회 결성을 방해했다. 사무실로 사용할 빈 집의 도배를 마쳤을 때, 철거 용역들이 기습해 벽지와 장판 등을 뜯어내 난장판을 만들었다. 며칠에 걸친 사무실 준비가 수포로 돌아간 것이다.

1994년 3월, 주민들의 모임이 열렸다. 정종세, 김정렬, 이강훈 등 열 명 남짓한 주민들이 한창 논의를 하고 있을 때 낯선 남자가 방문을 열었다. 그는 주민들을 비집고 끼어들었다. 불편한 분위기였지만 주민들은 마저 회의를 진행했다. 그러던 중 불청객이 회의에 끼어들었다. 그가 논의에 개입하면서 이야기가 이상한 방향으로 흘러갔다. 그는 술에 취한 상태였다. 불청객은 이제 노골적으로 주민들의 말을 가로채며 으름장을 놓았다.

"아, 씨발. 이런 모임을 자꾸 뭣하러 해. 이사를 가라면 가면 되는 거 아뇨?"

분위기가 험악해졌다. 모임에 참여한 주민 하나가 불청객이 누구인지 알려주었다. 그는 적준용역의 일원이었다.

"저 사람 용역 깡패입니다. 이 자리에 있을 자격이 없는 사람이에요."

그러자 불청객이 당황했다. 주민들은 그를 다그쳤다. 주민들을 위협하다 안 되겠는지 그는 씩씩거리며 방에서 나갔다. 그가 무리를 이끌고 다시 온 것은 5분도 지나지 않았을 때였다. 건물 밖에서 쿵, 쿵, 하는 소리가 들렸다. 철거 용역들이 해머로 벽을 내려치는 소리였다. 주민들은 일제히 문 밖으로 나갔다.

열 명 남짓한 철거 용역들이 각목이며 야구방망이, 해머를 들고 있었다. 그들은 모두 술에 취해 있었다. 주민들이 나오자마자 주먹 세례가 쏟아졌다. 사위가 분명하지 않은 어두운 길 위에서 철거 용역들은 앞뒤 가리지 않고 각목을 휘둘렀다. 어둠 속의 백병전이었다. 그들은 해머로 건물 유리창을 박살내고 현관문을 내려쳤다. 김정렬은 해머를 든 철거 용역를 향해 어둠 속으로 주먹을 날렸다. 손가락에 통증이 느껴졌다. 각목에 맞은 손가락이 찢어진 것이다. 그 와중에 누군가 친구교회로 달려갔다. 교회 스피커에서 동네 주민들을 부르는 소리가 다급하게 들려왔다.

"봉천6동 주민 여러분! 긴급 상황입니다. 깡패들이 난동을 부리고 있습니다. 주민들은 교회 앞으로 나와주세요!"

방송을 들은 주민들이 계단을 타고 달려갔다. 골목마다 사람들이 쏟아져 나왔다. 텔레비전을 보고 있던 허세욱은 교회 방송을 들었다. 그는 볼륨을 줄이고 귀를 기울였다. 용역 깡패들이 난동을 부린다는 말에 선뜻 나설 수가 없었다. 무슨 흉한 일이 벌어질지 모르는 자리였다. 그는 망설이다 느지막이 집을 나섰다. 그가 도착했을 때는 주민들 숫자가 압도적으로 늘어난 상황이었다. 한 무리의 경찰들도 보였다. 철거 용역들은 주민들의 위세에 눌려 물러서는 중이었다. 몇몇 주민들이 피를 흘린 채 주저앉아 있었다. 철거 용역들이 물러난 후 허세욱은 사람들에게 목격담을 들었다.

이 사건은 빠르게 봉천6동 골목에 퍼져나갔다. 이 일을 계기로 주민들의 결집이 빨라졌고 친구교회 맞은편 빈집에 방 세 칸짜리 세대위 사무실을 열었다. 사무실 옥상엔 커다란 스피커와 비상 사이렌을 매달았다.

1994년 4월 4일. '주거권 실현을 위한 국민연합'을 상급단체로 둔 '봉천6동 세입자대책위원회'의 출범식이 동네 공터에서 열렸다. 출범식엔 서울지역 철거민 단체들, 봉천동·신림동의 민중 교회 목사들과 신도들, 공부방·놀이방 실무자들과 지역 풍물패, 동네 주민들이 참여했다.

허세욱은 바람산에 올라 출범식이 열리는 공터를 바라보았다. 공터는 400여 명 사람들의 물결로 일렁였다. 공터 아래에서는 좁은 골목들이 언덕배기를 향해 가파르게 오르고 있었다. 골목 사이로 평수 좁은 판잣집들이 다닥다닥 게딱지처럼 어깨를 기대고 붙어 있었다. 풍물패들은 출범식 행사를 마치자마자 풍악을 울리며 길놀이를 시작했다. 미로 같은 마을 골목을 누비며 긴 행렬이 이어졌다. 햇볕은 다사로웠고, 하늘의 화가는 파랗게 서울 하늘을 색칠하고 있었다.

좋은 날이었다.

그 가르침이 가슴을 파고들었어요

언제부턴가 좁은 방 안에 누워 있으면 꿈결인 듯 멀리서 소리가 들렸다. 소리는 바람결에 실려 낮아졌다 높아졌다 하며 들려왔다. 때론 북소리가, 때론 징 소리가, 때론 장구며 꽹과리 소리가 남루한 이불 밑으로 실려왔다. 어떨 때는 곤한 그의 잠을 어루만지듯 은은하고 아련하게 들려왔고, 어떨 때는 잠을 깨우는 신명이 실려 들려왔다. 잠에서 깬 허세욱은 가만히 앉아 소리를 들었다. 덩더꿍, 덕꿍 하는 소리에 저도 모르게 어깨를 흔들었다.

벌써 30년 가까이 지난 시절, 안청중학교를 다닐 때였다. 방과 후면 동무들과 함께 지척에 있는 세정거리를 뛰어다녔다. 세정거리와 안성천변은 중학생 또래 아이들의 놀이터였다. 배고픈 시절, 친구들은 식당 입구 선반에서 모락모락 김을 내는 만두며 호빵 등을 훔쳐 먹었다. 경기도에서 가장 큰 시장 중 하나인 세정거리엔 먹을거리와 볼거리들이 넘쳐났다. 예로부터 과거를 보려는 선비들이 전국 각지에서 올라와 하룻밤 묵고 가는 곳이 안성이었다. 세정거리에서 하룻밤 묵고 다음 날 새벽에 출발하면 해질녘 한양에 도착할 수 있었다. 시험을 앞두고 선생님은 어느 선비가 색시집 색시들에게 넋을 빼앗겨 과거를 놓친 얘기를 들려주었다. 정신 차리고 공부하라는 뜻인 줄 알면서도 호기심 많은 또래들은 일부러 세정거리 색시집을 기웃거렸다. 어린 허세욱도 한복을 곱게 차려입은 색시들을 물끄러미 바라보곤 했다.

세정거리에서는 농악대의 공연을 구경할 수 있었다. 풍악은 천변을 지나 안성 시내까지 소리를 보냈다. 소리를 듣고 있으면 어깨가 절로 올라갔다. 시장에 몰려든 인파를 구경하는 것도 신나는 일이었다.

어린 시절을 생각하니 허기가 느껴졌다. 허세욱은 한 평 남짓한 부엌으로 나가 연탄아궁이에 노란 냄비를 올렸다. 시멘트로 바른 고르지 않은 벽면에는 그을음이 달라붙어 좁은 부엌을 더 어둡게 했다. 곧 부서질 것 같은 두 칸짜리 나무 선반에서 그릇을 꺼냈다.

부엌 바닥은 평평하지 않은 두 개의 층으로 구분되어 있었다. 부엌에서 방으로 들어갈 때는 문 대신 가로놓인 플라스틱 커튼을 젖혀야 했다. 그가 사는 방은 세 평 정도의 넓이였다. 끓인 라면을 들고 방에 들어온 허세욱은 냉장고를 열어 김치를 꺼냈다. 교회 이름이 큼지막하게 적혀 있는 작은 밥상은 코팅된 비닐이 군데군데 벗겨져 있었다.

좁은 방 안엔 남루한 세간이 볼썽사납게 모여 있었다. 비키니 옷장은 얼룩이 더덕더덕 붙어 지저분했다. 그는 나중까지 이때와 다름없는, 가구 하나 없이 검소한 세간붙이로 살았다. 바닥에 깔려 있는 이불은 빨래를 한 지 얼마나 오래됐는지 누렇다 못해 까만 때가 들러붙어 있었다. 이불에 낀 때가 그의 삶의 내력을 대신 말해주는 듯했다.

울퉁불퉁한 벽면은 벽지가 듬성듬성 떨어져 나가 기묘한 문양을 이루었다. 그나마 남아 있는 벽지엔 비가 샌 자리마다 곰팡이가 가득했다. 고개를 들어 천장을 보아도 곰팡이 천지였다. 천장 한가운데엔 전기선이 드러난, 금세라도 떨어질 듯 불안하게 매달린 침침한 형광등이 있었다. 언젠가 집을 방문한 빈민운동가 강인남이 말했다.

"이런 이불을 덮고 잘 바에는 세대위에 오셔서 주무세요."

허세욱은 조촐한 끼니를 때우고 판잣집을 나설 채비를 했다. 며칠 전부터 풍물을 배우고 싶은 생각이 들었다. 세대위 출범식이 열리던 날, 풍물패들의 길놀이를 따라가는 동안 동네에서 벌어진 흉한 일들이 주는 불안이 사라지는 것 같았다. 옆집에 사는 정금희도 풍물을 배우러 간다고 했다. 그 말을 듣고 더 배우고 싶은 마음이 들었다. 오늘은 세대위 사무실을 한번 들러볼 예정이었다.

허세욱이 문을 열었을 때 세대위 사무실에선 풍물 교습이 진행되고 있었다. 강인남이 풍물을 가르쳤다. 허세욱은 사무실 한쪽에 자리를 잡고 앉아 가만히 악기 치는 모습을 바라보았다. 풍물을 배우던 주민들은 그의 등장을 흘낏거리다 말고 악기 치는 데 열중했다. 교습을 마친 후에 주민들과 통성명을 했다. 주민들 중엔 오늘 그를 처음 본 사람도 있었다. 하지만 허세욱은 세대위 출범일에 근무를 빼고 허드렛일을 도왔고 그 전날에도 사무실에 들러 김정렬에게 문화부에서 일하고 싶다는 뜻을 건넸다. 출범식 후 딱히 맡겨진 역할이 없던 허세욱은 가끔 사무실에 들러 허드렛일을 찾아 일하다 가곤 했다. 그는 수줍은 표정으로 주민들을 둘러본 후 말을 꺼냈다.

"어릴 때부터 풍물 소리를 좋아했어요. 실례지만 오늘은 저도 배워볼 수 있나 하고 찾아왔어요."

조심스런 목소리였다. 짧은 머리에 네모난 뿔테 안경을 쓴 그의 얼굴은 그늘져 있었다. 허세욱은 강인남과 주민들에게 사탕을 건네주었다. 그가 입고 있는 조끼 주머니엔 항상 껌과 사탕이 있었다. 그는 주민들과 아이들을 만날 때마다 껌이나 사탕을 건네주었다. 택시 안에 이웃돕기 후원용으로 비치된 껌과 사탕을 가져온 것이다. 세대위 문화부에 그의 등장은 반가운 일이었다. 징의 임자가 이제야 나타났기 때문이다. 강인남이 반색하며 말했다.

"징이 무거워서 맡을 사람이 없었는데 마침 잘 됐네요."

허세욱은 자신이 맡을 악기가 있다는 말에 기분이 좋아졌다. 왠지 그 말이 삶의 긴 외로움의 터널을 벗어나 사람에게로 건너가는 다리를 놓아주는 것 같았다. 마흔세 살의 허세욱은 이날 강인남을 처음 만났다. 그의 전 생애에 걸쳐 만나게 될 많은 사부들 중 첫 번째 사부와의 만남이었다.

강인남은 전주에 소재한 대학교의 소위 운동권 학생이었다. 1991년 휴학 후 그녀는 언니가 있는 서울에 올라왔다. 그녀는 봉천6동 달동네 입구 셋방에서 살았다. 이름이 인상적인 강인남을 주민들은 금세 기억했다. 그녀는 자신을 소개하면서 "강인한 남자입니다"라고 말했다. 그녀의 시원하고 화통한 성격은 주민들의 이목을 끌었다.

강인남과 함께 봉천6동 철거 싸움의 중심에서 활동하게 되는 임미경은 대학 시절 혼자서 평화시장을 찾아갔다. 학력을 고졸로 속여 다섯 명이 근무하는 봉제 공장에서 시다로 일했다. 다른 노동자들과 함께 좁은 다락방에서 자면서 종일 일했다. 무더운 한여름, 먼지 풀풀 날리는 공장에 선풍기라고는 재단사 앞에 놓여진 한 대뿐이었다. 사장에게 선풍기 한 대 더 넣어달라고 요청한 이유로 해고당했다. 그녀를 다방으로 불러낸 사장이 말했다.

"너, 고졸 아니지? 너 같은 애들이 와서 물 흐리고 순진한 애들한테 바람을 넣는 거야."

앞으로 어떻게 살아야 할지 알 것 같았다. 그 후 그녀는 친구교회를 찾아와 10년에 걸쳐 빈민운동에 헌신하게 된다.

봉천동 빈민촌에는 이호, 민경자, 신장식 등 허세욱이 '선생님'이라고 부르는 활동가들이 있었다. 그가 발견한 새로운 유형의 인간들이었다. 이들은 80년대 대학교에서 학생운동을 하거나 그 영향을 받으며 자란 세대였다. 활동가들은 생존권 싸움을 하는 주민들과 달리 가치관과 신념에 따라 봉천6동에 흘러들어왔다. 허세욱은 활동가들을 신뢰하지 않았다. 이러한 불신을 그는 신장식에게 고백했다.

"처음엔 같잖고 우습게 봤어요. '학삐리들이, 지들이 와서 하면 얼마나 하겠냐, 웃기고 있네'였죠. 젊은 놈들의 치기 어린 생각으로 치부했어요. 그런데 실천하는 모습을 보면서, 결정적으로 그 일을 겪은 후부터 자기 삶을 신념을 위해 헌신하고 살아가는 인간이 있다는 걸 처음 알게 됐어요. 평생 나는 나 자신만을 위해 살았는데……."

'그 일'은 1994년 여름 적준용역이 세대위 사무실을 강제 철거할 때 강인남이 맞서 싸운 사건을 이른다. 허세욱은 그 일로 활동가들에 대한 태도와 인식이 바뀌게 되었다.

허세욱은 활동가들을 만나면서 세상과 사람을 대하는 의식과 태도에 조금씩 변화를 겪게 되었다. 그들은 좋은 직장과 일상의 안락함을 포기하고 봉천6동을 찾아왔다. 처음엔 그게 이해되지 않았다. 필시 무슨 속내가 있을 거라고 짐작했다. 하지만 생존에 필요한 최소한의 대가만 받으면서도 매사에 헌신적인 모습을 보면서, 그리고 철거 싸움이 끝날 때까지 한결같이 주민들과 함께하는 일관된 모습을 보면서 생각이 바뀔 수밖에 없었다. 주민 한 사람 한 사람을 소중하게 대하는 낮은 자세도 인상적이었다. 그가 활동가들을 존경한 건 무엇보다 이타적 삶이 주는 감동이었다. 그들을 보면 자신만을 알고 살아온 40여 년 삶이 부끄러웠다. 활동가들이 보여주는 인간에 대한 애정은 그의 마음을 움직였다.

낯설기 짝이 없는 존재들인 활동가들은 한결같이 '인간 해방'을 말했다. 처음 '해방'이라는 말을 들었을 때 거부감이 일었지만 그들과 교류하면서 인간 해방의 참된 뜻을 자연스럽게 받아들였다. 억압과 굴레로부터 자유로운 인간. 그도 그것을 꿈꾸게 되었다. 허세욱은 자신의 편견을 하나씩 지우며 배움의 태도로 그들의 말에 귀를 기울였다. 활동가들의 말을 받아들이기 어렵고 이해할 수 없을 때면 종종 논쟁을 벌였지만 한 번 받아들인 내용은 실천으로 이어졌다.

허세욱은 활동가들을 만나면 두 손을 부여잡고 고개를 깊이 숙여 인사했다. 그의 인상적인 인사법은 활동가들에 대해 애정을 표시하는 자기만의 방식이었다. 허세욱은 나이 고하를 막론하고 활동가들에게 '선생님'이라는 호칭을 사용했다. 나이 어린 활동가들은 이 호칭을 들을 때마다 부담스러워 말렸지만 '선생님은 선생님'이라며 바꾸려 들지 않았다. 여러 단체 활동가들에 대한 허세욱의 각별한 관심과 애정은 봉천6동에서 비롯된 것이었다.

풍물 팀원이 된 후부터 허세욱은 세대위 사무실에서 살다시피 했다. 하릴없이 집에서 텔레비전을 보고, 소주나 막걸리를 마시는 대신 징을 치고 풍물 팀원들과 일상을 함께했다. 내 것 네 것을 따지지 않는 공동체 문화에 빠져들면서 주민들과 서서히 정이 들어갔다.

풍물은 그에게 있어 사람에게로 건너가는 징검다리였고 삶의 응어리를 풀어내는 일상적 씻김굿이었다. 풍물을 칠 때면 닫힌 마음이 열리는 것 같았다. 온 힘을 다해 징을 두드리면 들끓는 화와 세상을 향한 알 수 없는 적의가 풀려 나왔다. 마음의 비겁과 두려움, 인간에 대한 불신도 씻겨 내려갔다. 지나온 삶의 절망과 실패가 준 응어리가 씻겨 나갔다. 그는 거듭나 다른 삶을 시작하고 싶었다. 그런 그에게 세대위 공동체는 더 바랄 수 없이 적합한 곳이었다.

세대위는 그가 처음 애정을 둔 단체가 되었다. 세대위가 출범한 이후 한동안 허세욱은 주민들 눈에 띄지 않았다. 주민 모임에서 그는 구부정한 자세로 말없이 앉아 있다 사람들이 말을 걸거나 관심을 두지 않으면 조용히 사라졌다. 풍물패가 소속된 문화부에서도 초기엔 무뚝뚝한 표정으로 말없이 사람들을 지켜볼 뿐이었다. 수줍음이 많은 그의 성격 때문이었다.

어느 날 교육 시간에 강인남이 주민들에게 자신을 상징하는 그림과 단어를 적게 했다. 그림을 그린 후 발표 시간을 가졌다. 그림에 담긴 뜻과 단어에 함축된 저마다의 삶의 내력이 오갔다. 무언가를 열심히 그리던 허세욱의 차례가 왔다. 그는 자신의 차례가 되자 불안한 듯 주변을 둘러보더니 곧 요지부동이 되어버렸다. 구부정한 자세로 앉아 좀체 입을 열지 않았다. 그러자 주민들이 오히려 더 불안해지고 말았다. 결국 한 마디도 자신의 얘기를 꺼내지 않았다. 주민들이 번갈아가며 발표하는 수업은 그 후로도 몇 차례 있었지만 허세욱의 입은 끝까지 열리지 않았다. 지난 과거의 삶을 낯모르는 주민들에게 말할 수 없었고 자신을 어떻게 소개하고 설명해야 할지 알 수 없었다. 더러 주민들 앞에서 의견을 제시할 때도 조리 있게 설명하지 못하고 더듬더듬

하다 나중엔 말끝을 흐렸다. 단단한 마음의 자물쇠가 통째 열리진 않았다.

허세욱이 풍물을 하면서 본격적으로 신명을 타기 시작한 것은 반년가량 흐른 뒤였다. 철거 조직을 세운 봉천5동과 봉천9동으로 문화부에서 지원 풍물을 나간 것이 계기였다. 다른 지역 철거민들과 연대하는 지원 풍물은 소극적인 성격의 그가 낯선 사람들 앞에 자연스럽게 설 수 있는 기회를 만들어줬고, 자신의 쓸모를 발견하게 했다.

철거민들이 모이는 자리는 항상 풍물로 시작했다. 행사를 시작하기 전 동을 트는 역할이었다. 풍물 소리는 사람들을 단합시키고 쭈뼛거리며 자기 목소리를 내지 못하는 이들에게 용기와 흥을 불러일으켰다.

자신만을 생각하던 삶에서 타인과 함께하는 지원 풍물을 하게 되면서 그의 내면에서 삶의 열의와 자부심이 살아났다. 자신의 징 소리에 맞춰 어깨춤을 추는 철거민들의 모습을 보면 신기했다. 그는 영혼이 들린 사람처럼 풍물에 재미를 붙이고 열정적으로 징을 치기 시작했다. 지원 풍물 활동은 관악구 재개발 지역을 넘어 적준용역이 활동하는 하왕동까지 이어졌다.

"사부님! 풍물을 더 잘하고 싶어요."

허세욱은 강인남에게 이 말을 자주 했다. 두드러진 재능이 없는 그에게 풍물은 가장 잘할 수 있는 일이었다. 풍물은 사람들을 위해 그가 할 수 있는 최대의 것이었다. 일생에 걸쳐 자신의 소명으로 삼은 연대의 첫 발걸음이었다. 풍물을 칠 때 그는 누구보다 행복해 보였다. 풍물에 열중하기 위해 일하는 시간을 교대하는 일도 잦아졌다. 낮에 지원 풍물이 있으면 근무 시간대를 바꿔 공연에 참석했다.

허세욱은 지원 풍물에 나서면서 타자의 고통에 눈을 뜨기 시작했다. 자신의 세계에 갇혀 있던 삶에 주변이 있다는 것을 깨달았다. 그는 서울 곳곳의 철거민들의 삶을 바라보았다. 닫혀 있던 문 밖의 세계가 한순간 열리면서 미처 상상하지 못한 풍경을 드러냈다. 택시를 타고 지나쳐가며 보던 동네들이었지만 그네들 삶의 속내를 들여다보는 지금은 전에 보던 풍경이 아니었다. 그 풍경들을 마주할수록 허세욱은 이상하게 자신의 아픔이 조금씩 지워져가는 느낌이 들었다. 마르고 갈라진 마음 바닥에 조금씩 물이 스며들었다. 고통이 타자의 고통을 만났을 때 고통은 더해지는 것이 아니라 감소되었다. 그것이 연대라는 것을 허세욱은 깨달았다.

주민들 앞에서 그의 태도가 일순간 변한 것은 아니었다. 그는 여전히 어눌한 태도로 사람들을 대했다. 그가 세대위 주민들 앞에서 발언할 때면 얼굴 표정부터 바뀌었다. 수줍은 표정을 짓다가 생각에 집중하는 듯 얼굴을 찡그리고, 눈을 몇 번이나 깜박거렸다. 그러다 한참 눈을 감고 난 후에야 입이 열렸다. 잠시 동안에도 표정이 변화무쌍했다. 말을 하면서도 뒷짐을 지고 몸을 배배 꼬았다. 어디에 두어야 할지 모르는 양손은 부자연스러웠다. 입을 열면 주저하면서 '내가 이런 얘기해도 될지 모르겠네요'라는 말이 먼저 나왔다. 머릿속에서 몇 번을 연습하고 나서야 심혈을 기울여 이야기를 꺼냈다. 그러면서도 발언하는 자리가 있으면 반드시 의견을 제시했다. 참고 기다리다 결국 마지막에 의견을 내놓는 때가 많았다. 이마저도 매끄럽지 못해 말을 질질 끌고 나서야 얘기를 마쳤다. 듣는 사람이 애가 탈 정도였지만 차마 말하는 도중 자리에 앉힐 수는 없었다. 정작 본인은 말을 마친 후에도 하고 싶은 말을 다 하지 못했다는 안타까운 표정이었다. 다음 말을 잇지 못해 전전긍긍하고 있을 때 보다 못한 주민이 말을 이어 받을 때도 있었다.

사람들에게 요청할 일이 있을 때는 특유의 배시시 웃는 표정을 지으며 자신감 없는 말투로 부탁했다.

"사부님, 커피 한 잔 타 먹으면 안 돼요?"

"저기, 국 한 그릇 더 먹고 싶은데……."

'~하면 안 돼요?'라는 의문사로 말을 맺거나 말끝을 흐리는 식이었다. 어린아이 같은 그의 지나친 겸손함은 세상에 대한 방어적인 태도에서 나온 것이었다. 그는 사소한 것이라도 꼭 주민들에게 양해를 구했고, 양해를 구할 때면 예의 배시시 웃는 표정이 먼저 말하고 있었다. 허세욱이 주민들 눈에 띌 때는 사람들에게 껌과 사탕을 주거나, 막걸리를 사올 때였다.

세대위 사무실 벽엔 '철거민들이 갖추어야 할 행동'이라는 제목의 게시물이 붙어 있었다. 게시물 내용은 '내부에서 담배를 피우지 않습니다', '내부에서 술을 마시지 않습니다', '내부에서 소란하지 않습니다' 등 일상적인 것들이었다. 허세욱은 '철거민들이 갖추어야 할 행동'에 관해 훗날 "그 가르침이 가슴을 파고들었어요"라고 고백했다.

원칙주의자인 허세욱이 세대위에서 세운 규칙 중 유일하게 지키지 못하는 것은 술이었다. 그가 풍물을 배우러 사무실에 들어설 때면 종종 손에 막걸리가 들려 있었다. 강인남은 세대위 사무실에선 막걸리를 마실 수 없다고 말했다.

"우리가 정당한 싸움을 하는 만큼 동네 주민들이 볼 때 흐트러진 모습을 보여줘선 안 돼요."

허세욱은 이 일로 여러 차례 핀잔을 들었다. 하지만 허세욱은 다른 생각이었다.

"풍물과 술은 뗄 수 없는 건데 왜 술을 마시지 못하게 해요?"

허세욱은 입에서 술을 뗴면 갈증에 목이 마르고 애가 탔다. 술을 마셔야 입이 열리고 마음이 열리고 사람이 보였다. 술이 없으면 쌓아둔 말을 꺼낼 수 없었다. 술이 없는 삶은 상상할 수도 없었다. 오랫동안 술에 의지한 생활은 좀체 바뀌지 않았다. 어쩌다 술자리가 생기면 얼굴에 생기가 돌았고 술심부름을 자처했다.

허세욱은 어색한 대로 철거민 공동체에 서서히 동화되었고, 세대위 일에 적극적으로 참여했다. 때로는 그게 지나쳐 세대위에서 벌어지는 일이라면 무슨 일이든 참견하고 알고 싶어 했다. 특히 문화부원들 사이에서 허세욱의 참견은 정도를 넘어선 것이었다. 풍물팀 모임에 한 사람이라도 늦으면 허세욱의 타박이 먼저 나왔다. 시간은 철저하게 지켜야 한다는 것이 그의 원칙이었다. 그는 원칙에서 한 발자국도 물러서지 않았다. 타협 없고 융통성 없는 태도 때문에 누구라도 한 사람 늦을 때면 다툼이 벌어졌다. 강인남은 규율대장 노릇을 하려는 그를 못마땅하게 여겼다.

그는 분위기를 어색하게 하는 데 일가견이 있었다. 그 버릇은 나이가 들어도 변하지 않았다. 세대위 총회를 준비하는 시간에 부위원장이나 여성부장이 앞에서 구호와 노래로 분위기를 만들었다. 그런데 허세욱이 느닷없이 끼어들어 구호를 외치거나 〈철거투쟁가〉를 부르겠습니다' 하면서 노래를 했다. 그럴 때면 주민들로부터 웃음 섞인 핀잔을 들었다. 눈치 없는 행동이었지만 주민들은 그의 순수한 면모라는 생각에 싫은 내색을 하지 않았다.

언젠가부터 허세욱은 술자리에서 늘상 부르던 뽕짝을 공식적인 자리에서는 부르지 않았다. 뽕짝은 개인적인 자리에서 부르는 것이라며 우직하게 민중가요를 고집했다. 철거 싸움 이후 개인적인 술자리에서도 분위기를 개의치 않고 민중가요를 불러 분위기에 찬물을 끼얹는 일이 많았다. 적당히 눈치를 줘도 들으려는 기색이 일절 없었다. 오히려 그럴수록 큰 목소리로 노래를 불렀다. 기분이 상한 사람들은 '파장 분위기를 만든다'며 한마디 하고야 말았다. 그의 노래는 음정이 잘 맞지 않았고, 구호를 외칠 때처럼 반 박자가 늦었다. 그런 그가 박자를 정확히 맞춰야 하는 풍물을 배우는 일이 얼마나 어려웠는지를 헤아리기는 어렵지 않았다.

'비겁한 자'의 슬픔

1994년 초여름. 허세욱은 판자촌 쪽방에서 나와 여느 때처럼 세대위 사무실을 향해 좁은 골목길을 오르고 있었다. 구름 한 점 없는 공중을 장악한 햇볕은 루핑 지붕들을 달궜다. 계단을 오르는 자신의 발걸음 소리만 규칙적으로 들려왔다. 여름날 오후의 정적은 신경을 자극하는 소리가 끼어들면서 일순간 깨졌다. 그는 신경을 곤두세웠다. 알루미늄 야구방망이로 땅을 긁는 소리였다. 그는 좋지 않은 예감에 흠칫, 몸을 떨었다.

남자들이 모두 일터에 가고 없는 시간이었다. 철거 용역들이 사무실을 향해 가는 모습이 보였다. 선두에 선 남자는 해머를 들고 있었다. 행렬은 꼬리를 쉬이 드러내지 않았다. 작년 4월 180명가량의 세입자들이 모여 만든 세대위는 여름이 되었을 때 채 50명도 안 되는 주민들만 남게 되었다. 철거 용역들의 행패와 난동에 질린 주민들의 숫자가 줄어드는 데 비해, 그들의 숫자는 변함없었다.

허세욱은 행렬이 완전히 사라지고 난 후에야 다시 걸음을 내디뎠다. 그는 저도 모르게 주먹에 힘을 주었다. 골목 계단길을 다 빠져나가려다 말고 담장 모서리를 짚었다. 걸음이 더 이상 떼어지지 않았다. 그의 눈동자 속에 무리 지어 위협하고 있는 철거 용역들과 대치하고 있는 주민들, 그리고 세대위 사무실과 옥상 위 망루가 담겨 있었다. 맨 앞에 서 있는 철거 용역 한 명이 해머를 들었다 내렸다 하며 내리칠 기세로 서 있었다. 거친 욕설의 파편이 사무실을 향해 튀었다.

허세욱은 고개를 당겨 벽에 등을 기대고 눈을 감았다. 이 자리를 벗어나야 할지 고민했다. 하지만 지금 발걸음을 되돌리는 일은 비겁한 일이었다. 오늘 무슨 일이 벌어질 게 틀림없었다. 쪽수로도 철거 용역들이 몇 배 많았고 체격의 차이도 현격했다. 게다가 세대위 주민들은 모두 여성들이었다. 당해낼 재간이 없어 보였다. 사무실을 잃는 것은 싸움의 패배를 의미했다. 허세욱은 다시 사무실을 향해 고개를 내밀었다.

철거 용역들이 움직이면서 대치 상태가 한순간에 허물어졌다. 사무실을 부수기 위해 몇 명이 달려들었다. 겁에 질려 있던 주민들 중 앞으로 나선 것은 강인남이었다.

"야, 들어가지 마. 니들이 뭔데 함부로 들어가!"

외침이 끝나기도 전에 철거 용역의 주먹질이 강인남을 향했고 곧이어 머리채를 흔들었다. 금세 한 뭉치의 머리카락이 뽑혀나갔다. 그들은 머리카락을 잡으면 여성들이 사지를 움직일 수 없는 것을 잘 알고 있었다. 곧이어 발길질이 이어졌다. 그녀의 몸은 허공에 떴고 땅바닥을 굴렀다. 허세욱은 자신의 눈을 의심했다.

세대위의 암묵적인 원칙 중 하나는 활동가들이 앞에 나서지 않는 것이었다. 그 싸움의 주체는 봉천6동 주민들이었기 때문에 모든 것들을 주민들이 논의하고 결정하고 실행했다. 활동가들의 역할은 주민들이 필요로 하는 교육을 하거나 문화패 공연을 돕는 정도였다. 게다가 세대위 임원들과 활동가들은 적준용역이 우선적으로 노리는 대상이었기 때문에 그들의 눈에 띄지 않으려 노력했다. 하지만 강인남이 이날 먼저 나서게 된 것은 누군가 나서지 않으면 주민들 마음속의 용기를 끌어낼 수 없기 때문이었다.

"이 새끼들아, 저리 꺼져!"

용기를 낸 주민 한 명이 나섰다. 그러자 망설이던 다른 주민들도 그녀를 구하기 위해 뛰어들었다. 그녀를 감싸고 그들의 주먹질을 대신 받아들였다. 철거 용역들의 옷자락을 잡고, 팔뚝을 물고 늘어졌다. 허세욱의 옆집에 살고 있는 정금희는 빗자루를 들고 휘둘렀다. 말수 적고 태도가 얌전하던 그녀의 어디에서 저런 용기가 나오는 것인지 알수 없었다.

"차라리 나를 죽여. 이 개새끼들아!"

주민들은 살면서 한 번도 내뱉어 본 적 없는 욕설을 내지르며 저항했다.

허세욱은 굵은 마디손이 떨렸다. 근육은 경직되고 오금이 저려왔다. 나서서 도와야 한다는 것을 알면서도 용기가 나지 않는 고통 속에서 그는 끝까지 지켜봐야 한다고 다짐했다. 허세욱의 눈동자는 세대위 사무실이 아닌 자신의 비겁을 보고 있었다.

언제 누가 눌렀는지 비상 사이렌이 울렸다. 사무실 옥상에 설치된 확성기를 통해 지원을 요청하는 소리였다. 사이렌 소리는 골목 계단을 타고 집집마다 방문을 두드렸다. 주민들은 골목을 뛰쳐나갔다. 주민들의 발걸음 소리가 어지럽게 골목을 흔들었다. 학생들과 어린아이들도 사무실을 향해 달려갔다.

주민들은 아직 사무실을 지켜내고 있었다. 그들의 저항은 기껏해야 때리면 맞고, 밟으면 신음을 토하는 것이었다. 하지만 끈질긴 저항에 기가 질렸는지 철거 용역들이 욕설을 내뱉으며 일시적으로 물러섰다. 주민들의 머리카락은 모두 산발이 되어 있었다. 숨이 차고 정신이 아뜩했다. 강인남이 정신을 수습하고 말했다.

"주민 여러분! 여기서 더는 물러날 수 없습니다. 여기서 물러서면 우리가 지는 겁니다. 이제까지 싸운 게 다 물거품이 돼요. 이렇게 싸웠는데 우리가 몸 눕힐 방 하나는 얻어 나가야 되지 않겠어요? 그렇지 않나요?"

그녀의 말에 주민들의 가슴마다 설움과 분노가 올라왔다. 허세욱도 그 말을 들었다. 자신이 하고 싶은 말을, 자신이 해야 할 실천을 하고 있는 것은 강인남이었다. 남상화와 김정렬 등 임원들에게 소식이 전해졌다. 임원들이 오는 사이 대치와 폭력, 폭력과 대치 상태가 반복되었다. 뒤늦게 출동한 경찰들은 팔짱을 끼고 지켜볼 뿐이었다. 임원들이 도착하고 나서야 철거 용역들이 서서히 물러났다. 남성들 간의 싸움이 되면 돌이키기 어려운 폭력 사태로 흐를 수 있기 때문이다. 그들이 물러난 후 주민들은 우두망찰 서 있다 주저앉고 말았다. 피가 터진 얼굴이며 손등을 수건으로 감싸며 울고 있는 엄마들을 붙잡고 아이들은 훌쩍였다. 주민들은 산발된 머리와 옷매무새를 가다듬었다. 상황이 마무리되자 조용히 관망하던 경찰들이 나서서 주민들을 모두 연행했다.

허세욱은 사건이 마무리될 즈음, 도망치듯 골목을 빠져나갔다. 내리막길에서 그는 자꾸 발을 헛디뎠다. 무슨 낯으로 세대위 사무실을 다시 방문해야 할지 알 수 없었다. 그는 허청허청 봉천동 판자촌 아랫녘으로 걸어 내려갔다.

경찰서에 연행된 주민들이 돌아왔을 때는 판잣집 지붕마다 어둠이 내려앉은 후였다. 세대위 사무실에선 주민들이 모여 그날 벌어진 일에 대한 평가회를 열었다. 한창 회의를 하고 있을 때 사무실 문이 열렸다. 허세욱이었다. 그는 계면쩍은 표정으로 사무실에 들어섰다. 그동안 어디에서 술을 마시고 왔는지 불콰한 얼굴이었다. 양손엔 막걸리가 들려 있었다. 주민들은 황당한 표정을 짓고 말았다. 강인남은 낮술에 취해 다짜고짜 평가회에 끼어드는 그의 태도가 마뜩지 않아 어이없는 눈빛으로 노려보았다. 강인남이 쏘아붙였다.

"아저씨, 이제야 나타나서 뭐하시는 거예요? 오시려면 일찍 와야죠. 싸움이 다 끝났는데 이제 오면 무슨 소용이 있어요?"

그 말이 허세욱의 아픈 곳을 찔렀다. 하지만 그는 개의치 않는다는 듯 그녀의 옆자리에 막걸리를 내려두고 앉았다.

"물론 일찍 오고 싶었죠. 그런데 제가 늦게 가 보니까 여성들만 있잖아요. 내가 끼어들면 싸움이 커지지 않겠어요?"

자신의 비겁을 인정하기 어려워서 나온 변명이었다. 허세욱은 들어올 때와 다르게 옷매무새를 고치며 정색하고 말했다.

"미, 미안해요. 사부님. 앞으로는 제가 열심히 싸울게요. 그리고 사부님을 제 인생의 스승으로 삼겠습니다."

뜬금없는 얘기에 주민들은 헛웃음을 쳤다. 강인남은 어안이 벙벙했다. 세대위의 풍물팀 주민들은 그녀를 사부라고 불렀다. 그녀는 사부라는 말이 부담스러웠지만 그 말 속에 주민들의 신뢰가 느껴지곤 했다. 허세욱은 이날 처음 그녀를 '사부님' 이라고 불렀다.

"다음에 다시 깡패놈들이 쳐들어오면 내가 사부님 옆에서 지켜드릴게요. 평생 사부님을 모시면서 지켜드릴게요."

허세욱은 다시 한번 강조했다. 술에 취하긴 했지만 진심어린 애정을 담은 목소리였다. 그는 낮술을 마시던 대폿집에서부터 그 말을 생각해 두었다. 하지만 강인남은 허황된 말에 대꾸하고 싶지도 않았고 더 핀잔을 던질 기운도 없었다.

그 일이 있은 지 얼마 지나지 않은 술자리에서 허세욱은 강인남에게 말했다.

"사부님, 나도 사부님처럼 살고 싶어요. 나도 가난한 사람들이 주인 되는 세상을 만들어보고 싶어요. 제가 혼자 사는데 그걸 열심히 못하겠어요? 사부님이 잘 가르쳐주고 이끌어주면, 나도 사부님처럼 살 수 있지 않겠어요?"

이 말 속에는 불의를 두려워하지 않는 용기와 자신이 믿는 신념을 위해 기꺼이 몸을 던지는 삶을 살고 싶다는 허세욱의 소망이 담겨 있었다. 하지만 그녀는 술자리에서 하는 말이라 마음에 새겨두지 않았다. 그녀는 자신이 누굴 가르칠 사람이 되지 못한다고 생각했다. 더군다나 그녀에게 허세욱은 나이가 두 배나 많은 어른이었다.

허세욱은 그해 여름의 부끄러움과 비겁을 일생에 걸쳐 가슴에 담고 살았다.

산다는 것이 얼마나 위대한가를

1995년 여름 들어 사이렌이 자주 울렸다. 최근 들어 저녁마다 철거 용역들이 찾아와 시비를 걸고 난동을 부렸다. 주민들은 번갈아가며 매일 두 명씩 사무실에서 당직을 섰다. 그들은 갑자기 등장해 욕설을 내뱉었고, 어떤 날은 사무실 유리를 박살내고 황급히 사라졌다. 그때마다 비상 스피커를 통해 봉천6동에 사이렌이 울렸다. 사이렌이 울릴 때마다 허세욱은 사무실로 내달렸다.

사이렌 소리에 앞뒤 살피지 못하고 주민들이 황급히 뛰쳐나오는 것을 이용해 적준용역이 야비한 짓을 시도했다. 골목을 가로질러 판잣집 건물 사이에 낚싯줄을 걸어둔 것이다. 낚싯줄은 주민들 목에 걸릴 정도의 높이에 설치했다. 사이렌 소리를 듣고 뛰쳐나가던 주민들이 낚싯줄에 걸려 쓰러지는 일이 발생했다. 낚싯줄에 목이 배여 피가 흐르고, 숨이 막혀 주저앉곤 했다. 낚싯줄은 한밤중 어둠 가운데 불쑥 나타나는 칼처럼 주민들의 목을 위협했다. 허세욱은 사이렌이 울릴 때마다 공포를 느끼며 어둠 속으로 발을 내디뎠다.

적준용역은 '바바리맨'들을 보내기도 했다. 봉천6동에 출몰하기 시작한 바바리맨들은 주로 숲이 가까운 외진 골목 어귀에서 나타났다. 그들은 여성들 앞에 갑자기 나타나 바바리 코트를 열어 벌거벗은 몸뚱이를 내비치면서 위협했다. 신고를 받고 주민들이 급히 쫓아가면 발 빠르게 종적을 감추었다. 눈으로 보고도 잡지 못하는 상황에 주민들은 분통을 터뜨렸다.

봉천6동 주민들은 계속 동네를 떠나고 있었다. 다 큰 여자애가 있는 집은 앞으로 무슨 일을 당할지 알 수 없는 분위기에서 더 버틸 수 없었다. 사이렌이 울려도 모여드는 주민들 숫자가 줄어들었다. 주민들은 몇 차례 사무실을 적준용역에게 뺏길 뻔한 위기를 넘긴 후 사무실 옥상에 나무와 폐타이어를 엮어 망루를 세웠다. 망루 사방에 확성기를 달고 '가이주단지 보장하라'는 글씨를 적은 깃발을 세웠다.

세대위 임원들은 테러의 위협에 노출되어 있었다. 몇 명의 임원들은 호루라기를 들고 다니며 위협에 대비했다. 주민들은 밤에 철거 용역들이 불시에 습격하는 것에 대비해 순찰조를 짜서 마을을 돌았다. 허세욱은 일 때문에 귀가가 늦어도 순찰과 불침번을 반드시 지켰다. 적준용역은 세대위를 무너뜨리기 위해 임원들에게 수시로 협박 전화를 걸었다.

"조용히 동네를 떠나는 게 사는 길입니다."

"쥐도 새도 모르게 죽을 수 있다는 건 아시죠?"

돈으로 회유할 때도 있었다. 평생 만져보기 어려운 액수였다. 정종세, 남상화, 김정렬 등에게 전화가 잦았다. 식사를 대접하겠다거나 한의원에서 보약을 지어줄 테니 한번 만나자는 식이었다. 주민들은 누구도 그들의 만남에 응하지 않았다. 회유가 먹혀들지 않자 물리력을 행사하는 횟수가 늘었다.

1993년부터 시작된 포클레인 철거 작업은 갈수록 기승을 부렸다. 동네에 여성들만 있을 때를 주로 노렸다. 포클레인은 동네 아래쪽부터 빈집들을 부수고 들어왔다. 적준용역 외에도 수백 명의 용역 깡패들이 동원됐다. 포클레인이 동네 입구로 들어오면 사이렌이 울렸고 주민들은 달려 내려갔다. 철거 용역들은 포클레인을 중심에 두고 빙 둘러서서 큰 원을 만들었다. 주민들은 철거 작업을 막기 위해 철거 용역들을 뚫고 들어가야 했다. 경찰들은 멀찌감치 서서 구경했다. 철거를 막는 과정에서 주민들의 부상이 줄을 이었다. 싸움이 벌어지는 동안, 적준용역은 동네를 다니며 빈집이나 주민들의 집에 불을 질렀다. 주민들은 이를 '도깨비불'이라고 불렀다. 방화범이 어느 쪽 사람인지는 뻔히 아는 일이었지만 현장에서 붙잡지 않는 바에는 달리 도리가 없었다. 세간이 온통 불에 탄 주민들은 꼼짝없이 빈손이 되었다. 봉천6동 주민들에게 가장 혹독했던 계절이 지나가고 있었다.

1995년 봄 관악구 빈민지역 활동가들이 모여 '관악주민연대모임'을 결성하고 1996년 2월 15일 '관악주민연대'로 명칭을 변경했다. 관악주민연대는 관악구 각 지역 철거 싸움을 하나로 모아 구 단위의 재개발 투쟁을 이끌었다. 1995년 11월 15일과 16일엔 관악구청 3층 구청장실에서 점거 농성을 벌였다.

1995년 12월 둘째 주. 봉천6동 철거민들은 조합 측과 협상을 벌였다. 세대위는 이주 이후에도 공동체를 유지하기를 원했다. 다음 해인 1996년 4월. 주민들은 협의 끝에 신림10동 임대아파트로 이주를 결정했다. 관악구청과 도시개발공사의 타협안을 받아들인 것이다. 세대위 출범식이 열린 지 2년만이었다.

봉천6동 주민 48세대는 임대아파트가 세워진 신림10동으로 이주했다. 친구교회와 주민들이 떠나는 모습을 허세욱은 착잡한 심정으로 지켜보았다. 그가 살던 쪽방도 이제 사라지게 되었다. 2년간의 싸움이 끝나고 허세욱에게 남은 것은 280만 원의 주거이전비가 전부였다. 그는 임대아파트에 입주할 수 없는 '비해당자'였다. 허세욱은 자신이 비해당자인 것을 알고 있으면서도 마지막까지 주민들과 함께했다.

철거 싸움을 통해 세상의 부조리에 눈을 뜨고 분노했지만, 그는 세대위 공동체에서 행복했다. 그곳에는 사람과 사람이 어울려 사는 기뺨이 있고, 그가 꿈꾸는 삶이 있었다. 그는 언제나 부침개 냄새가 골목을 따라 퍼지던 봉천동의 삶으로 돌아가고 싶었다. 사람이 사람을 미워하지 않고 서로의 삶을 돌보는 공동체 경험은 그 후 봉천5동, 봉천9동 철거 싸움으로 그를 이끌었다. 허세욱은 다른 주민들보다 철거민 공동체에 늦게 합류했고, 서서히 깨쳤다. 철거 싸움이 끝난 후 그는 말했다.

"철거 싸움이 나를 인간답게 만들었어요. 봉천6동에서 내가 살아가는 방법을 배웠습니다."

지난한 철거 싸움이 마무리되면서 허세욱에게 행복했던 한 시절이 저물고 있었다.

허세욱의 걸음은 봉천6동 주민들과 다른 방향으로 내딛고 있었다. 관악주민연대의 강인남 사무국장과 신장식 간사는 관악구 전체 철거 지역을 뛰어다니며 새로운 단체의 주민 공동체를 만드는 데 힘을 기울였다. 봉천6동 주민들은 대부분 가입을 주저했다. 진저리치는 철거 싸움을 계속하는 것을 상상할 수 없었다. 그러던 어느 날, 허세욱이 강인남에게 가입 의사를 밝혔다. 철거 싸움 기간 눈에 띄는 활동을 보이지 않았던 허세욱의 가입은 봉천6동 주민들에게 의외의 일로 여겨졌다. 그는 관악주민연대에 가입해 풍물을 통한 연대를 계속하고 철거민 없는 세상의 꿈을 간직하고 싶었다.

공동체적 신명을 되살려라!

허세욱은 봉천6동에서 나와 봉천1동으로 이사했다. 공동체에서 홀로 떨어져 나온 그는 재개발의 비극은 다름 아닌 공동체의 해체라는 것을 비로소 깨달았다. 긴 싸움이 마무리된 후 주민들은 가족들과 임대아파트로 돌아갔다. 그가 존경하던 활동가들의 보금자리는 관악주민연대로 바뀌었다. 철거민 공동체를 만나면서 그는 앞으로 외롭지 않을 것이라고 생각했다. 그것은 오해였다. 이제 주민들은 철거민이 아니었고, 철거 투쟁은 싸움이 끝나면 흩어지는 주거 투쟁이었다. 두 해에 걸친 싸움도 사람들이 흩어지는 과정이었다. 한 사람씩 떠날 때마다 가슴속엔 그만큼의 빈자리가 생겼다. 지난 2년간 살붙이처럼 살아온 이웃들과 함께할 수는 없었다. 그는 갑자기 들이닥친 외로움으로 불안했다.

허세욱은 한동안 주민들이 이사 간 임대아파트를 찾아갔다. 운전을 하는 틈틈이 방문해 안부를 물었다. 그들을 만나면 외로움을 잠시나마 잊곤 했다. 하지만 매일 함께 밥을 짓고 술을 나누던 지난 시절과 같을 수는 없었다. 그는 사람에 대한 허기에 시달렸다.

허세욱은 관악주민연대를 통해 지원 풍물을 나가면서 징을 쳤다. 관악구의 철거민들을 만나고, 집회에 빠짐없이 참여하며 활동의 보폭을 넓혔다. 그 외에도 관악구의 시민사회운동을 접하면서 시야를 넓혔다.

허세욱은 풍물을 계속할 수 있는 곳을 찾았다. 그가 지니고 있는 내면의 끼와 흥이 장구와 북과 징을 찾고 있었다. 공동체를 잃은 그에겐 풍물과 함께 만나게 될 사람들에 대한 기대도 있었다. 하지만 관악주민연대에서는 봉천6동에서처럼 거의 매일 징을 치고 북채를 잡을 수 없었다. 소속 없이 부유하던 허세욱은 1997년 5월, 강인남에게 부탁했다.

"사부님, 난 정말 풍물을 더 배우고 싶어요. 풍물을 칠 수 있는 곳을 소개해주세요."

강인남은 관악구에서 활발한 활동을 하고 있는 '봉천놀이마당'을 소개했다. 허세욱은 1997년 7월 봉천놀이마당에서 활동을 시작했다. 그는 강습신청서에 장구와 북을 배우고 싶다고 적었다. 그동안 징을 전담한 그에게 장구와 북은 새로 배우고 싶은 꿈의 소리였다.

허세욱은 2개월 동안 김종천에게 장구 강습을 받은 후 회원으로 가입했다. 봉천놀이마당의 강습은 전라좌도 진안 중평굿의 진행 순서에 따라 가락을 배우는 과정이다. 그는 김종천이 부담스러워할 만큼 장구에 몰입했다. 늦게 배우기 시작한 터라 젊은 회원들에 비해 몇 배의 노력을 필요로 했다. 허세욱은 강습이 끝난 후에도 종종 개인 장구를 집에 들고 가 혼자서 연습했다. 장구는 가입 후 얼마 지나지 않아 구매했다. 당시 회원 중 절반가량은 개인 장구를 따로 사지 않았다. 허세욱은 나중에 장구를 연습실에 비치해 자신의 장구를 회원 누구라도 칠 수 있게 배려했다. 세대위에서 배운 풍물은 단순하고 쉬운 가락 위주였던 데 비해 이곳에선 좀 더 세련된 가락을 배울 수 있었다.

장구를 시작으로 징이며 북을 하나씩 배워나갔다. 그에게 징을 가르쳐준 사람은 수징 김홍수였다. 나중엔 허세욱도 수징을 맡아 공연에서 소리를 이끌었다. 징은 모든 소리들을 끌어안는 소리였다. 소리들의 다툼도, 소리들의 흩어짐도 하나로 모으고 화합하고 어우러지게 하는 소리였다. 그가 가장 오래 다룬 악기인 징의 이러한 속성은 그가 꿈꾼 품성이었다. 공연이 있을 때면 사람들은 기예가 화려한 꽹과리나 장구를 선호하고 무거운 악기인 징을 꺼리는 경향이 있었다. 허세욱은 공연을 앞두고 역할을 나눌 때면 자청해서 징치배로 나섰다. 새로운 꿈의 소리인 장구와 북 대신 그는 여전히 공연장에서 징 치배였다.

정기 공연에서 허세욱이 주로 맡은 또 다른 역할은 판굿에서 가장 높은 지위를 지닌 잡색이었다. 관객과 치배들 사이에서 참여를 주저 하는 관객들을 판굿 안으로 끌어들여 즐겁게 놀 수 있게 이끄는 것이 잡색의 역할이다. 잡색의 여러 역할 중 그는 파계승으로도 불리는 조 리중 역할을 했다. 공연장에서 그는 익살스런 분장을 하고 관객에게 우스꽝스런 연기로 웃음을 자아냈다. 잡색도 그 중요성과 달리 공연 에서 회원들이 꺼리는 것이었고 허세욱은 그 역을 자처했다.

공연장에서 그는 세대위에서도 그랬듯 남들 눈에 보이지 않는 무대 설치나 짐 나르는 일 등 허드렛일을 찾았다. 특별한 역할을 맡지 않을 때면 그는 회원들에게 있는 듯 없는 듯 눈에 띄지 않는 존재였다. 그 는 공연장에서 으레 한두 가지 빠트리게 마련인 일들을 찾아 빈틈을 메웠다. 허드렛일을 하는 그를 보고 회원들이 만류해도 소용없었다.

"내가 해줄 게 없어서 그래. 이런 일이라도 잘 해줘야지."

공연 도중 허세욱은 돌출 행동으로 회원들의 타박을 들을 때가 많 았다. 유난히 아이들을 좋아한 그는 공연 중에 아이들이 눈에 띄면 한 창 징을 치다 말고 대열을 빠져나가 아이들을 덥썩 끌어안거나 손을 잡고 덩실덩실 춤을 추었다. 악기에 열중하던 회원들은 소리를 이끌 어줘야 할 징치배가 빠져나가는 바람에 당혹스러운 적이 많았다. 눈 썰미 있는 관객들은 그 장면을 놓치지 않고 흥미로워했다.

봉천놀이마당 회원들은 그가 길가에서 만난 아이를 그냥 지나치지 않는 것을 대부분 기억하고 있었다. 그는 회원들의 자녀들을 한 번 만 나면 이름을 잊지 않았다. 다시 아이를 만날 때면 이름을 부르며 천

원을 쥐어주었다. 중년의 나이였지만 그는 아이들을 포옹하고 "나, 할아버지야!"라고 말하는 것을 즐겼다. 나이에 비해 머리가 하얘서 아이들은 깜박 속았다. 회원들은 그가 천성적으로 아이들을 귀여워하는 성품인 것을 알면서도 혹시라도 젊은 부모들이 오해하지나 않을까 걱정했다.

허세욱은 공연 중에 징에만 집중하지 않고 덩실덩실 제 신명에 달아 자유롭게 춤사위를 곁들였다. 그런 모습은 전문 풍물패의 모습이라기보다 대보름날 흥에 겨워 징을 두드리는 농부의 모습에 가까웠다. 그는 형식에 얽매임 없이 풍물을 자유롭게 즐겼다.

창립과 함께 오랫동안 각종 집회와 철거민과의 연대, 진보적 풍물울림에 앞장섰던 봉천놀이마당은 90년대 중반경부터 현장으로부터 서서히 멀어지고 있었다. 새로운 사회적 경험과 성향을 지닌 회원들이 늘면서 '순수하게' 풍물을 즐기기를 원했다. 허세욱이 가입한 시기는 봉천놀이마당의 성격을 둘러싼 갈등이 불거지던 때였다.

봉천놀이마당은 문화운동 단체로서 성격을 잃고 '순수한' 풍물터로 변모하고 있었다. 창립 초기엔 관공서의 요청 행사에 가지 않는 것이 원칙이었지만 이제는 지켜지지 않았다.

허세욱은 봉천놀이마당의 방향을 되돌리기 위해 무던한 노력을 기울였다. 그에게 풍물은 공동체로 나아가는 소리이지 개인적 차원에서 즐기고 만족할 수 있는 것이 아니었다. 풍물은 헐하고 낮은 자리에서 언 땅을 뚫고 움트는 희망의 소리여야 했다. 봉천놀이마당 정기총회에서 그는 비판의 목소리를 높였다.

"지금의 마당은 장구만 치고 있습니다. 관악 지역의 공동체적 신명을 되살리지 못하고 있어요. 우리 마당의 창립 취지로 돌아가야 합니다."

그의 목소리는 공감을 불러일으키지 못했다. 언변이 조리 있거나 설득력 있는 편이 아니라서 회원들과 다투거나 드잡이하는 일도 발생했다. 매사에 고집을 꺾지 않는 그의 원칙주의적인 성격 때문에 그와 거리를 두는 회원들도 있었다. 허세욱은 끈질기게 봉천놀이마당의 운전대를 돌리기 위해 노력했지만 수포로 돌아갔다.

시간이 흐르면서 관악주민연대나 새로 인연을 맺게 된 시민운동 단체의 포스터를 봉천놀이마당 연습실에 붙이고 유인물을 올려두는 일도 줄어들었다. 그리고 언젠가부터 봉천놀이마당의 바뀐 성격을 인정하고 더 이상 적극성을 띄지 않았다. 철거민 공동체를 만난 이후 그의 생애에서 누린 유일한 휴식이고 취미이며 즐거움이었던 풍물을 통해 예전의 기쁨을 누릴 수 없었다. 그는 봉천2동에서 천막을 치고 철거 싸움을 하고 있던 강인남을 만나 말했다.

"사부님, 아무리 일이 바빠도 시간을 내서 풍물을 치고 싶어요. 그런데 봉천놀이마당엔 기술적으로 잘하고 오래된 사람들이 많아서 제가 설 자리가 없어요. 다른 데서 좀 더 활동하고 싶어요. 제가 필요한 곳이 있지 않겠어요?"

1998년 허세욱의 시야는 관악구를 벗어나 처음으로 전국적인 시민단체인 '참여연대'를 만난다. 그리고 2000년엔 민주노동당을 만나며 배움의 영역을 넓혀갔다.

남이랑 싸움 한 번 못했지. 크면서 싸웠다는 걸 보지도 듣지도 못했어. 소심한 성격이고 너무 착했어. 어려서 같이 클 때는 뚜렷이 표시 나는 행동을 하는 사람이 아니었지. 친구들과 대화하면 여자 같은 행동이 있었고, 남이랑 다투지 않고 베푸는 형이야. 돌아가시기 전에 찾아왔는데, 무슨 고민이 있어 보였어.

－ 중학교 동창 유곡형

그러니까 그렇게 생각할 수 있지 않을까요? 세상에 엄청 많은 잡초들이 있잖아요. 이름 있는 꽃도 있고 예쁜 꽃도 있고 미운 꽃도 있고……. 그런데 어느 날 이름이 붙여진 꽃이 되는 거죠. 아저씨는 그 이전까지는 이름이 없는, 길가에 피어 있는 잡초 같았다가 철거 싸움을 겪은 이후부터 자기 이름이 생긴 거죠. 그 이름대로 살아가려고 애를 쓰다가 꺾여진, 아니 스스로 꺾이는 것을 선택한 그런 꽃이지 않을까……

－ 관악주민연대 이명애

식물 같은 사람이었어요. 생태계는 먹이사슬이 있어서 다른 존재를 통해 영양을 공급받지만 식물만큼은 태양과 비로부터 영양분을 공급받고 동물들에게 주잖아요. 주는 존재셨죠. 주목받진 못하지만 자연에 가까운. 다른 존재들은 식물을 짓밟지만, 식물은 짓밟히면서도 다른 존재에게 가해하지 않잖아요. 그러면서 다시 일어서는……

– 참여연대 공성경

세상 대하는 태도가 원래 순진했어요. 아이들과 참 잘 통했어요. 아이들에게 늘 껌과 사탕을 줘요. 남성보다는 여성, 어른보다는 아이들과 친했어요. 신림10동에 같이 들어가고 싶어 했어요. 주민들과 헤어지는 것을 두려워했어요.

마지막에 굉장히 말을 잘하셨어요. 늘 자신이 말주변이 없다는 얘기를 하셨어요. 그것에 대한 콤플렉스가 굉장히 강해서 표현을 못하셨던 것 같아요. 존경해야 할 사람과 존경하지 않아도 될 사람의 구분이 확실해요. 존경하는 사람에 대해서는 아무리 밉보여도, 아닌 모습을 보여도 무조건적인 신뢰와 존경이 있으셨어요.

– 관악주민연대 강인남

저 하늘을 보면서 어떤 꿈에 부풀어 있는 영정 사진 있잖아. 강한 투사의 이미지보다는 세상을 안으려고 하는 모습이 보여. 저 양반을 볼 때마다 어떤 느낌이 드냐면, 옛날에 낡을 대로 낡아서 언니 때 쓰고, 오빠 때 쓰고, 동생이 쓰고 있는 천기저귀가, 빛이 바랜 그게 맑은 하늘에 달동네 어느 마당가에 널려 있는 그런 인상이 저 양반이야. 쓸 만큼 쓰고 낡고 빛이 바랜 것이 햇빛을 받아서 영롱한, 그러니까 그 양반 얼굴을 보면 얼굴 자체가 그렇게 생겨먹었어.

자기는 '산전수전 다 겪었습니다. 그렇지만 아직은 멀었습니다. 아직은 더 쓸 날이 있겠지요.' 그것이 과장된 겸손일 수도 있는데, 그것보다도 그분의 인간성에서 비롯된 거야. 잘못 살아왔던 인생들, 이십 대 삼십 대 사십 대 때 당신이 이렇게 저렇게 가족에게 치이고, 사회에서 치이고, 사람들에게 냉대 받고, 주변 이웃들이 아파하는 것들을 보고, 느끼고, 겪고 난 다음, 자기를 어떻게 할 것인가를 결정한 후에는 굉장히 겸손해지지 않았나. 당신 인생에 대한 정리 기간이라고 할까요? 결단 기간이라고 할까요? 그런 기간을 마치고 난 사람의 얼굴. 그런 것이 그분의 얼굴에서 보여지는 거죠. 회한과 할 일과 이런 것들로 인해서 이제는 배워야겠다. 내지는 겸손해야겠다. 그리고 저 같은 경우도 그랬고, 인남이도 그랬고, 주변 사람들을 함께 이야기를 나눌 수 있는 사람으로 생각하기보다는 아예 존중하고 존경하고 이런 사람으로 봤으니까.

– 희망교회 전춘우

2부 달리는 학교

꿈꾸지 않는 것을 사는 게 아니에요

2002년 2월 19일. 허세욱은 경계의 눈빛을 늦추지 않고 있었다. 그는 한독운수 운전사들이 비상총회 장소인 '킹당구장'에 들어서는 모습을 바라보았다. 지하 1층에 있는 킹당구장은 조합원들의 단골 당구장이었다. 오늘 비상총회는 상급단체 변경을 위해 모인 것이다. 한독운수노동조합의 상급단체는 한국노총 산하의 전국택시로, 총회 결과에 따라 민주노총 산하의 민주택시로 바뀔 수 있었다. 비상총회는 첩보전을 방불케 하는 조심스럽고 빠른 준비를 거쳤다. 조합원들이 당구장에서 모이게 된 데에는 민주택시 서울본부에서 일하는 조규범의 제안이 있었다.

"회사 안에서 총회를 진행하면 안 됩니다. 관리자들이 눈치를 주면 나오지 않는 사람이 많을 겁니다. 총회 장소는 조합원들이 마음 편히 나올 수 있는 곳으로 잡으셔야 돼요."

허세욱은 당구장 입구를 지키고 선 다부진 체구의 정기열에게 다가갔다.

"기열아, 오늘 회사에서 투표통을 날치기할 수 있으니 잘 지켜야 된다. 회의록도 잃어버려선 안 돼. 내가 너만 믿으마."

허세욱은 간곡한 표정으로 정기열에게 당부했다.

"행님, 걱정 놓으십시오. 지깐 놈들이 해봐야 한주먹감도 못 됩니다. 이 몸이 부서져도 투표통은 못 가져갈 낍니다."

정기열은 믿음직한 조합원이었지만 마음 한편에 감도는 불안감마저 어찌할 수 없었다. 투표통 분실로 상급단체 변경이 무산된 사례가 있기 때문이다. 김기태 조합장의 야반도주로 위원장 직무 대행을 맡고 있는 양정환과 허세욱을 포함해 270여 명에 이르는 조합원들이 모두 모였다.

몇 해 전부터 허세욱은 민주노총 가입을 꿈꾸었다. 그는 민주노총에서 두 명의 '사부'를 만났다. 박채영은 민주노총 택시연맹 조직부장으로 2000년부터 '미조직 조직화사업' 모임을 이끌었다. 한국노총소속 택시노동자들을 민주노총으로 전환시키기 위한 모임이었다. 그는 이 모임에서 매월 두 차례 전국택시 소속의 노동자들을 만났다. 모임 장소인 민주택시 사무실엔 전국택시 노동자들의 방문이 잦았다. 노동조합이나 회사로부터 받은 피해를 하소연하거나 불합리한 노사관계를 논의하기 위해서였다. 그들은 노동조합에 문의해도 도움을 받을 수 없기 때문에 민주노조 단체인 민주택시를 찾아와 자문을 구했다. 박채영은 허세욱을 전화기의 목소리로 먼저 만났다.

"택시는 도로에 주차하지 말고 골목에 주차하셔야 합니다."

민주택시 사무실 인근에 차를 세워두면 회사에서 발견해 꼬투리를 잡는 일이 많기 때문이었다. 두 사람은 곧 의기투합했다. 박채영은 열 살 때 서울에 올라와 산전수전을 겪고 스물네 살 때부터 민주노조 운동에 뛰어든, 택시 현안과 정세를 분석하는 데 자질이 뛰어난 사람이었다. 허세욱은 스펀지처럼 그의 말들을 빨아들였다. 그는 모임에 빠짐없이 참석하며 다른 택시운전사들의 현실이 자신과 다르지 않다는 것을 알게 되었다.

허세욱이 민주노총을 염원하게 된 것은 우선적으로 자신의 삶을 위한 것이었다. 민주택시의 전액관리제 실현과 제도 개선 투쟁은 택시노동자들의 목소리를 대변한 것이었다. 택시운전사들의 가장 큰 바람은 전액관리제였다. 전액관리제는 택시운전사가 수입금 전액을 회사에 입금하고 임금을 지급받는 방식으로, 현실적으로 전액관리제를 시행하는 회사는 거의 없었다. 한독운수도 불법 사납금제를 시행하는 회사였다. 택시업계의 가장 고질적인 문제인 사납금제는 회사에서 정한 금액을 입금하고 나머지 수입을 노동자가 가져가는 방식의 제도이다. 사납금은 법으로 정한 전액관리제를 위반한 것이지만 대부분의 택시 회사에서는 이를 지키지 않았다. 사납금을 납입하지 못하면 택시운전사 개인 돈으로 채워 넣어야 했다. 이 때문에 과속과 합승을 하지 않을 수 없고, 결국 사납금은 시민들에게 피해를 주었다.

노동자들은 매일 12시간 도로를 주행하면서 사납금을 바쳐야 했다. 택시운전사들은 평균 100만 원 남짓한 저임금을 받고 사는 빈곤 노동자였다. 하루 평균 400킬로미터를 달리는 중노동 속에서도 가난을 벗어날 수 없었다. 사납금의 압박에 시달리며 액셀러레이터를 밟았고, 교통사고의 위험 속에 도로를 질주했다.

가까운 나라 일본과 달리 이 땅의 택시운전사들은 매일 죽음의 위협을 비끼며 달리고 있었다. 교통사고로 사망하는 택시운전사들은 일본에 비해 60배가 많았다. 노동의 대가도 택시 운임의 80퍼센트를 받는 일본과 달리 한국은 그 절반에도 미치지 못했다. 세계 최대 교통사고 국가의 오명은 열악한 노동환경도 그 원인이었다. 허세욱은 속도를 위해 달리는 기사가 아닌 안전을 위해 달리는 기사가 되고 싶었다. 이런 환경에서 해마다 택시운전사들의 70퍼센트가 회사를 떠났다. 평균 10년 가까이 일하는 일본과 달리 한국의 노동자들에게 택시 회사는 잠시 머물며 기계처럼 일하다 떠나는 곳이었다. 택시 운전은 다시 하고 싶지 않은 일이었지만 결국 다시 돌아오는 곳이었다.

400킬로미터의 운행 끝엔 삶의 좌절과 원망, 분노가 기다리고 있었다. 대부분 회사에서 복지는 전무했다. 복지는커녕 노동자들에 대한 탄압이 일상적이었다. 시민들은 택시운전사들에게 친절함을 요구하지만, 사납금에 시달리는 환경을 이해하기보다 비난이 앞섰다. 가끔 제도 개선을 외치는 택시운전사들의 집회가 있으면 교통 체증에 짜증을 내고 얼굴을 붉히는 게 전부였다.

택시마다 설치된 태코미터를 통해 노동은 실시간으로 감시되었다. 태코미터는 영업을 마치고 차고지에 돌아오면 그날의 주행 기록을 자동으로 기록하고 보고하는 기계이다. 몇 시간을 일했고, 몇 명의 손님이 탔고, 차문이 몇 번 열렸고, 어떤 속도로 운행했는지까지 모두 기록되었다. 태코미터는 택시 회사들이 월급제를 실시하기 위해 도입한 기계였지만 감시 기능만 남게 되었다. 회사 관리자들은 노동자들을 끊임없이 의심하고 통제했다. 허세욱도 이 기계 때문에 관리자들과 다투는 일이 많았다. 태코미터로부터 벗어날 수 없는 인생이었다. 택시운전사들은 감시와 통제의 대상이고, 더 많은 이윤을 위한 기계일 뿐이었다.

이와 같은 환경에서 노동자들은 민주노총을 통해 지속적으로 제도를 개선하고 생활임금 쟁취를 위해 싸웠다. 택시운전사들의 저항은 5·18 광주민중항쟁에서 비롯되었다. 1980년 5월 20일 시위대를 향한 공수부대의 최초 발포가 있던 날, 독재 정권의 만행에 격분한 택시운전사들이 200여 대의 차량을 이끌고 시위를 벌였다. 이날의 저항 정신은 면면히 이어져 1995년 민주노총 창립에 힘입어 1997년 민주택시를 건설했다. 민주택시는 기업과 정부의 하수인으로 전락한 한국노총 소속의 노동조합을 민주택시로 꾸준히 전환시켜왔다. 허세욱은 민주택시 건설 소식을 듣고 설렘으로 잠을 이루지 못하며 가슴에 꿈을 품었다.

허세욱과 함께 모임에 참석한 노동자들은 민주택시가 절차에 있어 민주적이고, 노동자들의 입장에 서고 있다는 점에 모두 수긍했다. 하지만 민주택시로 전환하기 위한 실천에는 한계를 체감하고 머뭇거리거나 포기하는 경우가 많았다. 이에 비해 허세욱은 끈질기게 기회가 오기를 기다렸다.

박채영은 2001년 민주노총 위원장 선거 후보자 토론회에서 허세욱을 조규범에게 소개했다.

"허세욱 동지는 민주노총을 흠모하는 택시운전사입니다."

박채영의 소개말은 조규범에게 잊을 수 없는 인상을 남겼다. 그 후 허세욱은 종종 조규범을 찾아가 조언을 구했다. 조규범은 그가 닮고 싶은 품성을 지니고 있었다. 차분하면서도 인내할 줄 알았고, 냉철한 이성의 소유자로 사람을 설득하는 자질이 뛰어났다. 노동자로서 품성을 고민하는 허세욱에게 조규범이 조언했다.

"허세욱 선배! 노동조합은 대중화하려는 노력을 기울이지 않으면 안 됩니다. 대중화하려면 일단 내 마음을 미루어야 해요. 내 일상보다 남의 일상에 맞추고, 남의 주장이 틀렸다고 생각하면 인내심을 갖고 정확한 통계를 준비해서 설명해야 합니다."

허세욱은 고개를 끄덕였다. 하지만 사람과의 소통에 능숙하지 않은 그가 인내심을 갖고 사람을 만나는 일은 어려웠다. 설득력 있게 사람들에게 다가서려 노력했지만 논리적 화술이 부족한 그에겐 요원한 일이었다. 앞뒤 맥락 없이 주장이 먼저 나왔다.

"민주노총으로 무조건 가야 해요."

"한국노총은 노동조합도 아닙니다."

그의 갑작스럽고 뜬금없는 주장에 사람들은 곤혹스러워했고, 자리를 피하기 일쑤였다. 그는 지난 2년간 한독운수 노동자들을 한 명 한 명 만나며 민주노총으로 상급단체를 변경해야 한다고 주장했지만 대중적 공감대를 얻진 못했다. 그는 자신의 성격을 바꾸고 싶었지만, 그것은 적잖은 시간을 필요로 했다. 상대방에 대한 존중과 배려보다 자신의 주장이 앞설 때마다 허세욱은 부끄러웠다. 어떤 사람들은 그를 고집이나 아집이 많은 사람이라고 단정했다. 한 번 쌓인 오해는 풀기 어려웠다.

한독운수에서 10년 넘게 일하면서 충분한 신뢰 관계를 쌓지 못한 것이 장애였다. 사람 관계는 논리적인 측면보다 인정적인 측면이 많이 반영되게 마련이다. 술자리에서 허세욱의 돌출적인 행동을 모르는 사람들은 없었다. 1991년 입사 후 철거 싸움을 하기 전까지 그는 술독에 빠져 세월을 보냈고 매번 가눌 수 없을 만큼 술을 마셨다. 사람들이 손사래를 칠 만큼 주사가 심했다. 술이 들어가면 엎드려 있던 마음의 화가 불쑥 뛰쳐나왔다. 화를 자제하지 못해 회사 앞 '안성식당' 유리창을 박살내는 일이 비일비재했다.

그를 모르는 사람들은 각진 얼굴에 짧게 깎은 머리를 하고, 말수가 없으면서도 주사가 유독 심한 그를 건달 출신으로 오해했다. 흰머리 숱이 도드라지는 게 싫어 스포츠머리를 하는 것이었지만 그것을 알 리 없었다. 평소에도 그를 피하는 사람들이 많았지만 특히 그와의 술자리를 피하는 사람들이 많았다.

그가 술자리에서 술병을 깨트리고 멱살잡이를 하는 것은 예사로운 일이었다. 안성식당 주인아주머니는 그가 나타나기만 해도 체머리를 흔들었다. 식당 입구 유리문이 박살날 때면 매번 황택열이 그를 대신해 유리를 갈아 끼우고 선팅을 했다. 운전사들이 술자리에서 자신을 피할 때면 억하심정이 더해졌다. 그는 사람들을 원망할 뿐 술을 절제하려는 노력은 기울이지 않았다. 한독운수에는 매일 술과 도박으로 연명하는 사람들이 많았지만 허세욱만큼 술독에 빠져 사람들과 어울리지 못하는 사람은 드물었다.

가까운 동료들이 마음을 달래보려고 해도 끙끙대기만 할 뿐 좀체 말이 없었다. 끄응, 하는 그의 특이한 버릇은 동료들의 답답함을 배가시켰다.

"형님, 그러지 말고 말을 해보셔유. 왜 그르신대유?"

"끄응, 끄으응."

"……"

"끄응, 니, 니가 뭘 안다고 그래? 끄으응."

"아이고, 답답해 죽겄시유. 화가 났으믄 뭣 땀시 화가 난 건지 말이라도 해줘야 맴을 풀어드릴 거 아뉴?"

끄응, 하는 소리는 병자의 신음처럼 들렸다. 마음속에 있는 말들이 밖으로 나오지 못하고 마음의 방 좁은 창문을 찾다 찾다 결국 찾지 못해 폭발하듯 나오는 소리였다. 시원하게 폭발하지도 못하고 나오는 소리였다. 언어화되지 못하고 전신이 울림통이 되어 나오는 몸의 소리였다. 끄응, 하는 소리에 질려 다시는 그와 상종하지 않겠다며 술자리를 박차고 일어서는 사람도 있었다. 허세욱은 사람들이 자신에게서 멀어지면 상대에 대해 원망하거나 자포자기해버렸다. 동료들은 내심 혼자 사는 그가 무슨 사연이 있을 거라고 짐작했지만 누구도 그의 내면을 들여다볼 수 없었다.

허세욱은 봉천6동 철거민 공동체를 만난 이후 다른 사람으로 변모

했다. 자신의 옛 모습을 기억하는 동료들의 인식을 되돌리는 일은 부단한 노력을 기울여야 했다. 술버릇은 금세 고쳐지는 것이 아니어서 간혹 옛 술버릇이 나왔다. 파업 도중 과음으로 도로에 쓰러져 있다 파출소에 끌려간 일도 있었다.

허세욱은 조규범을 만나면 택시와 관련된 정책이나 한독운수에서 벌어지는 문제점들을 논의했다. 조규범은 대화를 나눌 때마다 말미에서 중요한 점을 강조했다.

"선배님, 회사 측에 대항해 혼자 싸워서는 안 됩니다. 현재 한독운수에서 나타나는 문제점이 무엇이고 그것이 왜 잘못된 것인지 회사 동료들과 공유해야 돼요. 함께 논의하면서 뭉치기 위해 준비해야 돼요. 그래야만 그 힘으로 민주노조를 만들 수 있어요."

조규범은 노동자들에게 항상 동지라는 호칭을 썼지만 유독 허세욱에겐 선배라는 호칭을 썼다. 그가 허세욱에게 예외적이었던 것은 사심 없이 사람들을 대하는 그에 대한 존경과 신뢰 때문이었다. 그는 보다 친밀감이 느껴지는 선배라는 호칭을 쓰고 싶었다.

박채영과 조규범은 허세욱을 통해 한독운수 상황을 꾸준히 지켜보고 있었다. 2001년 정부의 택시 기본요금 인상안이 발표되었다. 김기태 조합상은 협상 결과에 자신하면서 전국택시 서울지역본부에 협상을 위임하지 않고 개별 협상에 들어갔다. 회사와 김기태는 사납금 1만 6000원 인상안에 합의했다. 결과적으로 택시운전사들의 1인당 급여에서 30~40만 원가량의 차이가 발생했다. 그러잖아도 한독운수는 다른 택시 회사에 비해 사납금이 높고 노동환경이 열악한 곳이었다. 김기태는 회사의 사납금 인상에 합의한 후 보따리를 싸고 줄행랑을 쳤다. 이 사실을 알게 된 허세욱은 화들짝 놀랐다. 김기태는 노동자들에게 신뢰를 받고 있는 사람이었다. 허세욱은 아무리 인간적으로 좋은 사람이라고 해도 민주노조 없이는 한계를 가질 수밖에 없다는 것을 깨달았다.

과거 한독운수 조합장들은 대부분 임기 마지막에 회사와 모종의 협상을 마치고 다음 날 조용히 사라졌다. 이를 일러 조합원들은 '보따리 위원장'이라고 비아냥댔다. 재임 중 조합원들로부터 신뢰를 받던 조합장들도 비슷한 뒷모습을 남기는 일이 많았다. 그럴 때마다 조합원들은 노동조합에 대한 불신이 쌓일 수밖에 없었다. 조합장들은 대부분 제 살길만을 찾아 떠났다.

2002년 1월 10일 아침. 정기열은 12월 급여 명세서를 받고 흥분을 가눌 수 없었다. 택시 요금 인상에도 불구하고 지난 달에 비해 40만 원가량 줄어든 급여가 입금되어 있었다. 모여선 조합원들은 무슨 일이 벌어졌는지 깨달았다. 정기열은 교대 시간에 몇 명의 노동자들과 함께 정문을 봉쇄했다. 이날의 정문 봉쇄는 준비된 것이 아니라 일시적인 저항에 머물고 말았다.

사납금 인상 문제가 불거지자 허세욱은 박채영에게 이 사실을 알렸다.

"박채영 동지! 큰일 났어요. 김기태 조합장이 회사에 사표를 쓰고 날았어요. 그 사람이 어떻게 이럴 수 있습니까?"

허세욱은 믿었던 김기태의 배신에 고개를 저었다. 그는 김기태에게 근로자 아파트 입주권을 건네준 적도 있었다. 김기태가 조합장으로 있을 때 허세욱은 세 차례에 걸쳐 박채영에게 한독운수가 민주택시로 전환될 수 있게 도와달라고 부탁했다. 허세욱의 소개로 박채영은 김익래와 함께 김기태를 만났다.

"민주노총은 완전 월급제 실현을 위해 싸우고 있고 잘못된 택시 제도의 개선을 위해 싸우고 있습니다."

박채영은 한 시간 남짓 민주택시의 활동과 비전을 제시하며 민주택시 전환을 요청했다. 다음에 한 번 더 만나자는 약속을 한 지 보름도 지나지 않은 시기에 그가 사표를 쓰고 행방불명이 된 것이다. 택시 업계에서 김기태의 경우와 같이 조용히 사라지는 위원장은 그나마 양심 있는 편에 속했다. 대부분의 위원장들은 회사 측에 붙어 노동자들을 탄압하는 데 앞장서기 때문이다. 조합원들 사이에서는 그가 사표를 쓰고 나간 게 오히려 도와준 것이라는 자조 섞인 말까지 나왔다. 허세욱은 재촉했다.

"빨리 비상대책위원회를 구성해야겠어요."

박채영은 민주택시 서울본부에 이 사실을 알리고 대응을 요청했다. 서울본부의 조규범은 마장동 사무실에서 허세욱을 통해 한독운수의 양정환과 노동조합 간부들을 만났다. 조규범을 만나기 전 노동조합 간부들은 허세욱의 주장에 따라 민주택시로 상급단체를 변경하는 데 의견을 모은 상태였기 때문에 대화는 수월했다. 조규범은 상급단체를 변경하는 절차와 방법을 일러주었고 오늘 비상 임시총회에 이르게 된 것이다.

당구장은 조합원들로 꽉 차 발 디딜 틈이 없었다. 노동조합 간부들은 당구장 입구를 통제하고, 언제 발생할지 모르는 불상사에 대비했다. 몇 분 전에도 회사 관리자들이 당구장으로 내려오는 계단에서 창문을 통해 엿보다 쫓겨났다. 조합원들은 만약의 사태에 대비해 큐대를 들고 있거나 주머니 속 당구공을 매만졌다. 당구장에 모인 모든 조합원들이 상급단체 변경에 동의하는 것은 아니었다. 전 위원장과 회사에 대한 분노가 비상 임시총회로 이어졌지만 어느 누가 회사의 앞 잡이 노릇을 하고 있을지 모를 일이었다.

"존경하고 사랑하는 한독운수 노동자 여러분! 지금부터 상급단체 변경을 위한 비상 임시총회를 실시하겠습니다!"

총회를 선포하는 양정환의 목소리와 박수 소리가 당구장 안에 울려 퍼졌다. 민주택시 서울본부의 김효기 사무처장과 조규범 노사대책부 장은 건물 바깥에서 박수 소리를 들으며 총회를 성공리에 마치고 가 져올 회의록과 투표함을 기다렸다.

투표가 시작되었다. 조합원들은 표기를 마친 투표용지를 투표함에 넣었다. 허세욱도 자신의 투표용지를 두 손으로 조심스럽게 잡고 투 표함에 넣었다. 투표용지를 잡은 그의 손에서 경건함마저 느껴졌다. 그에게 민주노조 건설은 봉천6동에서 세대위를 만드는 것과 같은 것 이었다. 허세욱은 민주노조의 염원을 담아 투표를 마쳤다. 투표는 일 사천리로 진행되었고 곧이어 개표가 시작됐다. 조합원들은 그동안의 침묵과 인내의 시간들을 돌이켜보며 개표가 끝나기를 기다렸다.

"한독운수노동조합의 상급단체 변경안에 관한 투표 결과를 알려드 리겠습니다."

양정환의 목소리에 일순 당구장이 조용해졌다.

"투표 결과는 찬성 95퍼센트입니다. 이로써 한독운수노동조합 상 급단체가 전국택시에서 민주택시로 변경되었음을 선포합니다."

양정환 의장이 망치를 두드렸다. 기대 이상의 결과였다. 조합원들 대부분 민주노총을 원하고 있었던 것이다. 당구장 가득히 박수 소리 가 터져 나왔다. 조합원들은 큐대로 당구대를 두드리고, 벽을 탁탁 치 면서 환호성을 울렸다. 모두가 환호성을 내지르고 있을 때 유독 한 사람이 격정을 이기지 못하고 눈물을 흘렸다. 허세욱이었다. 정기열은 감격의 눈물을 흘리는 허세욱을 보며 다소 황당한 느낌마저 들었다. 이게 무슨 대단한 일이라고 눈물까지 흘리는지 의아했다. 허세욱은 눈물을 훔치며 노동조합 간부들과 함께 회의장을 신속하게 빠져나와 초조하게 기다리는 조규범에게 다가갔다. 허세욱은 울먹이며 조규범에게 소식을 전했다.

"조규범 부장님! 찬성 95퍼센트입니다. 가결이에요."

조규범도 예상하지 못한 결과에 놀란 표정이었다. 조규범과 김효기는 지체할 시간이 없었다. 간부들이 가져온 회의록과 투표함을 차에 싣고 허세욱, 정기열과 함께 마장동의 민주택시 사무실로 향했다. 허세욱은 택시 안에서 정기열에게 말했다.

"제가 10년 동안 택시를 하면서 꿈이 있었는데, 이제 여한을 풀었습니다."

"아따, 형님! 그렇게도 좋소?"

"그럼요, 좋구 말구요. 그걸 말이라고 합니까?"

"하하하! 형님 나도 좋습니다."

정기열은 그의 꿈을 이루는 데 자신도 한몫했다는 생각에 기분이 좋아 호탕한 웃음을 터뜨렸다.

민주택시를 향해 달려가는 허세욱의 눈동자에 푸른 하늘이 어려 있었다.

한독운수노동조합은 상급단체 변경을 마친 후 노동조합 위원장을 뽑는 선거에 돌입했다. 변화된 민주택시 사업장을 이끌 첫 번째 위원장을 뽑는 중요한 선거였다. 조합원들은 이번만은 '보따리 위원장'이 아닌 노동자들과 마지막까지 함께할 수 있는 사람을 뽑고 싶었다. 허세욱은 위원장 선거에 신중하게 관심을 기울였다. 그는 후보들이 내세우는 공약과 후보자의 품성과 의식을 살펴보았다.

세 명의 후보 중 허세욱의 눈에 띈 사람은 황규금이었다. 그는 한눈에 보기에도 강단 있어 보였다. 전라남도 영광 태생의 황규금은 1999년 6월 한독운수에 입사했다. 스물한 살 되던 해 광주에서 5·18 민주화운동에 참가했고 광주 KBS 방송국을 점거했다. 그와 달리 광주 상무대에서 전경으로 근무한 고향 친구는 학살된 시체들을 광주 인근 야산에 파묻는 일을 했다. 친구는 그때 경험을 견디지 못하고 자살했다. 광주에서 겪은 일들은 그에게 커다란 충격으로 남았다.

황규금은 그 후 서울에서 사업을 하던 중 IMF를 겪으며 부도가 났고 택시운전사가 되었다. IMF 이후 택시 사업장엔 황규금과 같이 사업에 실패하거나 구조조정을 당한 새로운 직종 출신의 노동자들이 늘고 있었다.

황규금은 '일번지나이트클럽' 앞에서 스무 명가량의 폭력배들에게 일방적으로 구타당하던 시민 한 명을 구출한 일이 있었다. 또 한번은 신림사거리에서 불량한 손님을 만나 곤경에 빠진 환갑 넘은 조합원을 도와줬다. 이런 일들로 그는 회사에서 의리 있는 사람으로 알려지게 됐다. 허세욱은 황규금에 대한 평가를 조규범에게 일러주었다.

"제가 보니 황규금 후보의 인품이 제일 낫습니다. 이 양반이 광주에서 지 목숨 내놓고 참여했으면 믿을 만한 사람 아니겠어요? 이 정도면 의리도 있고 운동도 아는 사람입니다. 적어도 배신은 하지 않을 사람이에요."

그에 대한 믿음을 황규금은 선거운동 과정에서 보여줬다. 지난 선거에서 후보들의 선거비는 3000~4000만 원이 예사였다. 이번 선거에서도 막상 출마하지도 못한 후보가 회사 관리자들에게 잘 보이기 위해 수백만 원을 접대비로 쓴 일이 있었다. 황규금의 선거운동은 A4 용지에 공약을 적어 회사 정문에서 나눠주는 것이 전부였다. 그의 공약은 민주택시에서 적용하고 있는 월급제를 쟁취하는 것과 연월차를 마음대로 쓸 수 있게 하는 것이었다. 그가 구성한 집행부는 믿음직하고 성실한 사람들로 단 한 사람도 친목계에 소속되어 있지 않았다. 택시 회사 노동조합의 발목을 잡는 가장 큰 문제는 친목계를 통한 사조직의 난립이었다.

택시 회사들엔 교통 봉사대를 비롯해 등산, 축구, 바둑, 탁구 모임 등 친목계 모임이 사조직화되어 있었다. 이런 사조직들은 대부분 회사 관리자들과 연관되어 있었다. 회사에선 사조직을 이용해 노동조합을 분열시켰다. 조합원들은 대부분 노동조합을 하면서 사조직 모임에도 가입돼 있었다. 사조직과의 불협화음 때문에 많은 노동조합이 제 기능을 발휘할 수 없었다. 당선 후 황규금은 노동조합 내에 문화체육부를 두어 친목계 모임이 노동조합 내에 귀속되도록 유도했다.

허세욱은 분주하게 황규금의 선거운동을 도왔다. 2002년 3월 19일 선거에서 압도적인 표차로 황규금 후보가 위원장에 당선되었다. 그는 선거 과정에서 헌신적으로 활동한 허세욱을 대의원으로 추천했다.

위원장 선거를 마치자마자 조규범이 직접 협상에 나섰다. 한독운수 노동자들의 가장 큰 불만은 사납금 문제였다. 지난 협상 내용이 법적으로 시효가 남아 있기 때문에 이를 우선 개선해야 했다. 조규범과 김효기는 한독운수 기갑표 회장의 아들 기형서 사장에게 좀 더 합리적인 방법을 모색하지 않으면 더 곤란한 상황에 직면할 수밖에 없다며 은근히 겁을 줬다. 한독운수 사장도 지난 단체협상의 지나친 불합리에 동의했다. 그는 회사 관리자들을 통해 노동자들의 분위기와 불만을 파악하고 있었기 때문에 지난 단체협상안을 폐기했다. 노사 간 교섭이 다시 시작되었다. 회사 측에서는 기갑표 회장과 최창준 차장 등의 임원들이, 노동조합에서는 조규범, 황규금, 양동조, 허세욱이 협상 테이블에 앉았다. 회사 측은 노동조합이 제시한 협상안을 받아들이지 않았고, 결국 5·24 총파업에 이르게 됐다.

노동자의 학교에 입학하다

2002년 5월 24일 새벽 1시. 한독운수노동조합은 회사 정문을 봉쇄했다. 보건의료노동조합과 민주택시연맹이 함께한 5·24 총파업이 시작됐다. 총파업의 목표는 사납금 철폐, 월급제 실시, 생활임금 보장이었다.

5·24 총파업은 서울지역 일부 택시 회사 노동조합과 인천지역 민주택시 소속 노동조합 서른세 곳 전체가 참여했다. MBC 방송국은 이날 뉴스 첫머리로 총파업 소식을 전하며 황규금의 인터뷰를 내보냈다. 파업 기간 동안 단 한 대의 택시도 정문을 빠져나가지 못했다. 조합원들은 아침 8시부터 저녁 8시까지 파업 현장을 지켰다. 밤중엔 노동조합 간부들이 불침번을 섰다. 예상치 못한 시간에 용역 깡패들이 습격할 수 있기 때문이었다.

허세욱은 정문 옆에 설치한 천막을 지키고 있었다. 회사 마당엔 새벽의 적막만이 감돌았다. 간헐적으로 도로를 달리는 자동차 소리가 들려왔다. 그는 모든 것이 멈춰버린 회사가 낯설었다. 택시노동자가

운전대를 놓자 택시가 멈추었고 회사가 멈추었다. 허세욱은 1993년의 파업을 떠올렸다.

한독운수에 입사한 지 2년째인 그해, 전국택시 서울지부 총파업이 서울의 도로에 브레이크를 걸었다. 민주노총이 없던 시절이었지만, 70년대 민주노조 운동에 투신한 원풍모방 출신의 임재수 조합장과 민통련 출신의 이달원 등이 파업을 주도했다. 한 달간의 파업은 임재수의 구속을 불러왔고 노동조합은 와해되다시피 했다. 그해 파업은 정액급여제를 도입하는 결과를 낳았다. 정액급여제는 40만 원가량의 월급을 지급하고, 회사에서 제공하는 기름 20리터 외엔 택시운전사가 자신의 돈으로 기름을 넣는 방식으로 노동환경을 후퇴시킨 제도였다. 기갑표 회장이 만든 정액급여제는 서울지역 택시 회사들이 도입하기 위해 한독운수에 교육을 받으러 올 정도로 친기업적인 것이었다.

그해 파업의 실패는 한독운수 노동자들에게 좌절과 무력감을 안겨주었다. 패배 의식에 젖은 노동자들은 그 후 억울한 일을 당해도 항의할 수 없었다. 허세욱은 당시 파업에 별다른 의미를 두지 않았고 열의 있게 참여하지도 않았다. 그로부터 10년 가까이 흘렀다. 이직이 심한 택시 회사의 성격상 파업 실패의 경험을 간직한 사람들은 몇 남지 않았다. 새로운 얼굴들이 파업을 이끌고 있었다. 그리고 그때와 다르게 지금은 민주노총이 함께하고 있었다.

정비실의 탕탕거리던 소리는 더 이상 들리지 않았다. 교대 시간이면 정문을 빠져나가는 택시도 볼 수 없었다. 목청을 높이던 관리자의 목소리도 들리지 않았다. 연월차를 쓸 때마다 눈치를 봐야 하는 일도 파업과 동시에 사라졌다. 한독운수 회장과 관리자들은 어딘가로 사라져버렸다. 파업이 만든 낯선 풍경이었다.

파업은 모든 것을 정지시켰다. 허세욱은 생각했다. 파업은 일하지 않는 것이 아닌, 브레이크를 걸고 지나온 시간들을 성찰하는 것이었다. 문제를 점검하고 대안을 헤아리는 것이었다. 파업은 노동자와 노동자 사이의 거리를 좁히고 있었다. 서로를 원망하던 노동자들은 단결하고 서로를 의지했다. 같은 일터에서 지내면서도 얼굴 한 번 볼 수 없던 동료를 만나고 서로 모르던 속내도 들여다보았다. 인간이 인간을 만나는 시간이었다. 파업 공동체가 만들어진 것이다.

허세욱은 민주노총의 사부들에게 파업은 노동자의 학교라고 배웠다. 파업은 발 딛고 선 이 세계의 본디 모습을 보게 하고, 진짜 노동자가 되어가는 과정이라고 배웠다. 노동자로서 어떻게 살아야 할지 배울 수 있는 기회라고 들었다. '노동자의 학교'에 갓 입학한 허세욱은 파업의 교실에서 배울 준비가 되어 있었다.

한편으로 그는 파업이 실패하면 이 모든 것을 잃어야 한다는 것을 알고 있었다. 파업의 실패를 상상하니 경적 소리가 들리는 듯했다. 기갑표 회장과 회사 측 간부들은 침묵과 버티기로 일관하며 시간을 벌었다. 회사 측은 파업 기간이 길어지고 재정이 약화되면 파업을 포기할 것으로 예상하고 있었다.

파업을 승리로 가져가기 위해서는 현실적으로 재정이 문제였다. 전노동조합 집행부에서 받은 계좌엔 한 푼도 남아 있지 않았다. 외상 파업을 벌여야 했다. 황규금 위원장은 조합원들 앞에서 선의의 거짓말을 하지 않을 수 없었다.

"고향 영광에 가면 저희 집안 땅이 끝이 보이지 않습니다. 그뿐입니까? 추수 때가 되면 10톤짜리 트럭으로 쌀을 나르는데, 하루 종일 날라도 다 나를 수 없습니다. 파업이 길어져서 두 달이 가고 세 달이

가면 영광에 가서 수백 대의 택시에 쌀을 싣고 오겠습니다."

없는 돈을 끌어들이는 것도 한계가 있었다. 노동조합은 회사 마당에 솥단지를 걸기로 했다. 회사에서 밥을 해 먹기로 결정하자 전직 주방장 출신도 나오고 식당을 하다 망한 조합원도 나왔다. 너도 나도 손을 모으니 돈 들 일이 줄어들었다. 조합원의 가족들도 파업에 동참하다시피 하며 일손을 도왔다. 끼니때면 회사 마당에 모락모락 김이 올랐다. 허세욱은 밥 심부름이며 잡다한 일거리를 도맡으며 분주했다. 식사 시간이면 밥이며 국거리를 다 배달한 후에야 식사를 했다. 허세욱은 한 끼에 두 그릇을 비웠다. 밥을 허겁지겁 먹는데다, 양푼에 밥을 비벼 두 그릇을 거뜬히 비우는 허세욱을 두고 조합원들이 놀렸다.

"일이 안 풀리면 단식 투쟁 들어갈 낀데, 세욱이 형님은 단식 1순위입니다잉."

"곧 단식할 양반이 뭣하러 그렇게 드슈?"

허세욱은 웃으면서 대답했다.

"미리 든든하게 먹어놔야 버티지요."

파업에 돌입할 때 허세욱은 봉천6동의 '철거민들이 갖추어야 할 행동'을 염두에 두고 제안했다.

"황 위원장님! 파업 기간 중 술은 일체 허용해선 안 돼요."

누구보다 술을 좋아하는 그의 제안에 황규금은 놀랄 수밖에 없었다. 허세욱 자신도 주사가 심하면서 술 취한 조합원들끼리 싸우는 것을 매우 싫어했다. 한독운수엔 알코올중독자들이 많았다. 전체 노동자들 중 마흔 명가량이 매일 술에 의지해 사는 사람들이었다. 알코올중독은 조합원들 사이에 반목을 만들었다. 황규금은 제안을 받아들여 술자리를 파업 이후로 미루었다.

관악지역 시민단체를 두루 알고 있는 허세욱은 각 단체들을 방문하며 파업 지지를 요청했다. 한독운수 맞은편에 사무실이 있는 '관악청년회'에서 지지 방문을 왔다. 관악청년회 이동영 회장은 허세욱의 소개로 황규금과 조합원들을 만났다. 관악청년회 회원들은 노래와 율동으로 파업의 흥을 돋우었다. 파업은 한독운수와 지역단체가 교류하고 연대하는 계기가 되었다.

회사 입구엔 스피커를 걸었다. 아침부터 저녁까지 〈불나비〉, 〈철의 노동자〉, 〈민주택시 연맹가〉가 울려퍼졌다. 허세욱은 북채를 잡고 파업의 신명을 세상에 내보냈다. 밤낮으로 풍물 소리가 봉천동에 울려퍼졌다.

"생활임금 쟁취하자!"

"월급제를 쟁취하자!"

"인간답게 살고 싶다!"

한독운수노동조합의 움직임은 배차실 최 과장을 통해 실시간으로 기갑표 회장에게 전달되었다.

"오늘 파업에 동참한 조합원은 180명입니다."

"오늘 파업에 동참한 조합원은 195명입니다."

"오늘 파업에 동참한 조합원은 208명입니다."

"오늘 파업에 동참한 조합원은 모두 230명입니다."

관리자들 중에서 현장 상황을 보고하기 위해 배차실의 최 과장만 출근하고 있었다. 합리적인 사고를 지닌 최 과장은 노동조합의 필요성을 이해하는 유일한 관리자였다. 그는 황규금과 가까운 사이였지만 이를 모르는 기갑표는 그의 보고만 믿고 있었다. 최 과장은 노동조합에 힘을 보탰다. 기갑표는 갈수록 줄어들어야 할 파업 참가자들이 늘고 있다는 말에 아연실색했다. 듣도 보도 못한 상황이었다. 날이 갈수록 초조했다.

"회장님! 갈수록 파업에 동참하는 근로자들이 늘어나고 있습니다."

"아닙니다. 술을 마시는 사람도 없고, 직원들끼리 다투는 모습도 볼 수 없습니다."

불안해진 기갑표는 하루에도 수차례 최 과장에게 전화를 걸어 확인했다. 최 과장은 자세하게 파업 상황을 전달했다. 황규금은 시간을 길게 끌지 않고 파업을 승리로 이끌 방안을 고민했다. 아직도 꿈쩍하지 않는 회장을 흔들 묘안이 떠올랐다. 그는 경찰서에 집회 신고를 했다. 장소는 한남동 기갑표 회장 집 앞이었다. 최 과장은 다급한 목소리로 이 소식을 전했다.

"큰일 났습니다, 회장님. 오늘 노동조합에서 회장님 댁 앞으로 집회 신고를 냈습니다. 전국에서 몰려온 민주노총 조합원들이 집회를 연다고 합니다."

기갑표는 깜짝 놀랐다. 일이 잘못돼가고 있었다. 민주노총으로 전환하는 것을 무슨 수를 써서라도 막았어야 했다. 하지만 이미 돌이킬 수 없는 일이었다. 실마리를 풀어야 했다.

"황 위원장과 통화를 하고 싶네."

최 과장은 기갑표의 의사를 황규금에게 전했다. 황규금은 속으로 쾌재를 부르며 답변했다.

"언제든 좋으니까 회장님께 전화하라고 하세요."

곧이어 기갑표에게서 전화가 왔다. 황규금이 수화기를 들자마자 한숨 섞인 목소리가 들려왔다.

"황 위원장! 이번 한 번만 살려주시게."

황규금은 미소를 짓고 있었다.

"회장님, 나는 사람 죽이는 위원장이 아닙니다. 모든 신변을 보호할 테니 나와서 협상합시다."

기갑표는 협상장에 나서기로 했다. 협상이 시작됐다는 말에 조합원들은 함성을 내질렀다. 다음 날인 5월 31일 정오. 기갑표가 회사 입구에 도착했다. 회사 관리자들은 이미 회사에 도착해 있었다. 잠시 후 노동조합 간부들이 기갑표를 에워싸고 회사에 도착했다. 조합원들은 열을 지어 회사 마당에 앉아 구호를 외쳤다. 조합원들에게 회장 쪽은 보지 말라고 미리 당부해 두었다. 울분에 찬 조합원이 돌출 행동을 할 가능성을 막기 위한 것이었다. 허세욱과 함께 북을 든 조합원들은 오로지 정면을 향해 북을 쳤다. 그것이 더 큰 공포 분위기를 자아냈다. 기갑표는 보이지 않는 곳에서 노동자들을 통제하는 절대 권력이었다. 그런 그가 피곤한 몰골로 회사에 들어오고 있었다. 기갑표는 지축을 울리는 북소리를 들으며 조합원들의 대오를 통과해 협상장으로 걸어갔다.

파업 상황을 염려하고 있던 민주택시 위원장으로부터 전화가 왔다. 조규범의 답변은 명쾌했다.

"이만한 조직으로 승리할 수 없으면 저는 노동조합 하지 말아야죠."

조규범은 예상과 달리 짧은 기간에 파업을 마칠 수도 있겠다는 생각이 들었다. 대개의 경우 저녁에 협상단이 협상장에 들어가면 조합원들이 흐트러지게 마련인데, 250여 명 한독운수 조합원들은 아침부터 밤 늦은 시간까지 흐트러짐 없이 회사를 지키고 있었다. 이런 분위기는 협상단을 지원하는 커다란 힘이었다.

협상장인 회장실에 기갑표 회장과 최창준 차장, 조규범과 황규금, 서동빈 부위원장이 들어섰다. 협상 테이블에 함께 들어가자는 말에 허세욱은 난색을 표했다.

"못 들어가요. 나는 말이 안 돼서요."

허세욱은 중요한 협상 자리에 자신이 함부로 들어가선 안 된다고 생각했다. 협상이 시작되었고, 협상장 바깥에서 조합원들의 구호 소리와 북소리, 〈파업가〉가 울렸다. 조규범은 합의각서를 내밀었다.

"이 합의각서에 도장을 찍으십시오. 우리가 요구하는 것은 두 가집니다. 첫 번째는, 지금까지 파업했던 것에 대해 민형사상의 책임을 묻지 않는다는 것입니다. 두 번째는, 이후로 단체 협상을 민주택시 안으로 하겠다는 것입니다."

어쩔 수 없이 협상장에 들어섰지만 공군 출신 기갑표 회장의 자존심 또한 만만치 않았다. 76세의 기갑표는 불우이웃돕기 성금 한 번 내지 않는, 택시업계에서 인색하기로 소문난 사람이었다. 한독운수 창립자인 그는 다른 많은 택시 회사의 회장들처럼 군 간부 출신이었다. 한독운수 임원들도 대부분 소령, 중령 등 최하 대위 이상의 군 출신들이었다. 그는 공군 중령으로 예편한 후 한독운수를 현재 규모의 회사로 키워낸 입지전적인 인물이었다. 하지만 한독운수의 성장에는 열악한 노동환경과 노동자들의 피와 땀이 있었다. 그는 의자에 등을 붙이고 앉아 한동안 미동도 없었다. 예상한 대로 노동조합이 내민 합의각서는 그가 볼 때 터무니없는 것이었다. 지난 일주일간 영업 정지로 인한 손해만도 이만저만이 아니었다. 처음부터 너무 밀리면 앞으로 협상에서 노동조합 측이 기고만장해질 수 있기 때문에 의미 없는 생떼라도 잡아야 했다.

"이 문구를 좀 더 완화하시게."

"이 장은 너무 명령조잖아."

"이 단어는 빼는 게 좋겠어."

기갑표는 그다지 중요하지 않은 문구들을 물고 늘어졌다. 합의각서를 벌써 몇 번째 다시 출력하고 있었다. 참다못한 황규금이 책상을 걷어찼다.

"오늘 합의 볼 거요? 말 거요? 똥덩이 한번 뒤집어쓰고 싶소?"

말을 마치자마자 몸을 돌려 회장실 문짝을 걷어찬 후 협상장을 박차고 나갔다. 깜짝 놀란 기갑표는 관리자를 시켜 사정했다.

"어서 나가서 황 위원장을 불러오시게."

그는 속으로 고개를 절레절레 흔들었다. 황규금이 협상장에 다시 들어왔다. 이번엔 쿵, 쿵, 쿵 하는 소리가 연달아 방바닥을 흔들었다. 협상장 밖에서 조합원들이 야구방망이로 기둥을 치며 위협하는 소리였다. 곧이어 노동조합 간부들의 목소리가 문 밖에서 들려왔다.

"위원장님! 여그 똥물 다 준비됐는디 들어갈까요?"

간부들은 페인트 통에 든 똥물을 협상장 앞에 내려놓았다. 당장이라도 똥물을 협상장에 뒤집어씌울 태세였다.

"갖고 들어와부러라. 씨발, 난 여그서 기 회장하고 둘이서 죽어불란다."

황규금의 말에 독기가 서려 있었다.

"어떻게 하실라요? 지금 당장 도장 안 찍으면 똥물 갖다 씌워버릴 팅게."

문이 닫혀 있었지만 벌써 똥 냄새가 협상장에 퍼져 있었다. 기갑표는 똥 씹은 표정으로 일그러졌다. 정말 똥물을 끼얹고도 남을 놈들이라는 생각이 들었다. 민주택시 간부들이 거들었다.

"어차피 합의하자고 들어온 자린데, 불필요한 문구로 애꿎은 사람들 고생시키지 말고 그만 도장 찍읍시다."

기갑표는 최대한 꿈뜬 속도로 합의각서에 도장을 찍었다. 그가 찍은 도장이 인감도장이 아닌 행정도장인 것을 알아챈 노동조합 협상단이 다시 윽박지른 후에야 제대로 된 합의각서가 완성되었다. 기갑표가 합의각서에 도장을 찍었다는 소식을 접한 조합원들은 회사 마당에 모여 환호성을 질렀다. 북소리와 함성이 잦아들 즈음 황규금이 마이크를 잡았다.

"모두가 알다시피 본격적인 협상은 지금부터입니다. 우리가 불과 8일 만에 이렇게 승리를 이끌어낼 수 있었던 요인은 무엇입니까? 딱 하나입니다. 여러분의 자발적인 참여로 이뤄낸 단결입니다. 여러분 중에 단 한 명도 누가 이 자리에 나오라고 해서 나온 사람은 없습니다. 위원장으로서 저는 여러분에게 한 가지만 요구하겠습니다. 단결합시다. 첫째도 단결이고, 둘째도 단결이고, 셋째도 단결입니다. 여러분이 단결만 해준다면 저는 회장실 안에서 죽을 자세가 돼 있습니다."

허세욱은 용기 있게 한 걸음씩 나아가는 황규금이 미더웠다. 합의각서에 도장을 찍고 6월 1일부터 한독운수 택시는 서울 시내를 운행하기 시작했다. 노동조합은 합의각서를 쓴 후 일주일 동안 임금협정에 들어갔다.

협상 대표들은 민주노총의 방침인 전액관리제와 연월차의 자유로운 사용을 요구했다. 그동안 한독운수 노동자들은 근로기준법에 명시된 연월차를 마음대로 쓰지 못했다. 노동자들은 농담 삼아 배차실을 '슈퍼마켓'이라고 불렀다. 연월차를 쓰려면 배차실 직원들에게 음료수며 선물을 제공해야 했기 때문이다.

협상장의 기갑표 회장은 버티기로 일관하며 협상을 길고 지루하게 끌었다. 기갑표가 버틸수록 협상자들도 끈질기게 대응했다. 새벽까지 이어지는 마라톤 협상이었다. 협상단은 알루미늄 야구방망이가 움푹 패이고 찌그러질 때까지 벽을 때리며 협상을 종용했다. 팽팽한 힘의 균형은 노동조합 쪽으로 기울었다. 수차례의 줄다리기 끝에 6월 9일 민주택시 안으로 임금협정이 체결되었다. 단체 협약은 이상적으로 마무리됐지만 앞으로 이를 어떻게 지켜낼 것인가가 관건이었다. 이를 위해 현재의 단결이 흔들리면 안 되었다.

완전한 승리를 얻을 때까지 조합원 결속을 위한 민중가요는 멈추지 않았다. 기둥에 설치한 스피커에서 3년 넘게 민중가요가 울려 퍼졌다. 노동자들은 출근하면 민중가요부터 틀었다. 스피커 때문에 시끄럽다고 주민들에게 항의 전화가 오면 회장실로 전화를 돌렸다. 주민들의 항의는 고스란히 기갑표가 떠맡아야 했다. 나중엔 동네 사람들도 노래를 따라 불렀다. 청소하는 아주머니들도, 회사 관리자들도 노래를 따라 불렀다. 회사 관리자들의 애창곡은 〈불나비〉였다. 노래가 들리지 않으면 관리자들이 찾아와 슬쩍 〈불나비〉를 신청했다.

임금협정 후 1년 동안 회사는 번번이 약속을 파기하고 노동조합 분열을 시도했다. 약속을 어길 때마다 노동조합은 회사 측에 즉시 공문을 보냈다. 공문을 적은 대자보는 옆으로도 붙이고, 거꾸로도 붙였다. 글꼴도 다양했다. 기갑표 회장과 관리자들은 공고를 읽기 위해 고개를 위아래로, 때론 옆으로 돌려야 했다. 공문과 함께 운행 중인 조합원들을 회사로 소환했다. 비상이 걸리면 조합원들은 집에서 잠을 자다 나와 정문을 봉쇄할 때도 있었다.

아울러 준법투쟁을 병행했다. 한번은 택시에 넣는 LPG 가스를 회사와 약정 체결된 주유소가 아닌 다른 주유소에 넣었다. 법적으로 한 주유소에서만 넣어야 할 이유는 없었다. 노동조합은 공고를 내걸었다.

"LPG 가스 주유는 법적으로 어떤 주유소에서 하더라도 무관하오니 조합원 여러분께서는 아무 주유소나 찾아가 맘껏 주유하십시오."

조합원들은 회사에서 지정하지 않은 주유소를 찾아가 택시 운임으로 받은 현금으로 값을 치렀다. 회사 측으로선 현금이 들어오지 않고 환급금을 받을 수 없기 때문에 하루만에 손을 들었다.

'동전 투쟁'도 극단적인 갈등을 피하기 위한 고민에서 나온 준법투쟁이었다. 운전사들은 입금된 수입을 10원짜리 동전으로 환급해 입금시켰다. 회사 직원들은 동전을 세기 위해 날을 새워 근무했다. 다음엔 동전에 본드를 붙여 입금했다. 직원들은 동전을 셀 때마다 애를 먹었다. 회사 측에선 동전을 저울에 달아 계산했다. 그러자 이번엔 조합원들이 10원, 50원, 100원짜리 동전을 섞어 입금했다. 한독운수노동조합은 들어보지도 못한 희한한 준법투쟁을 구상했고 그때마다 조합원들은 일사분란하게 참여했다.

문제가 생기면 머리띠를 두르고, 회장 차를 둘러싸고 앉아 구호를 외쳤다. 정문을 봉쇄한 것도 수십 차례였다. 퇴근하는 기갑표를 가로막고 조합원들이 불룩한 배를 내밀며 밀고 들어가 회장실에 감금했다. 기갑표는 열 번 이상 감금됐다. 언젠가 기갑표가 황규금을 보고 웃으며 말했다.

"내가 몇 번을 감금당하면서도 신고할 줄 몰라서 안 한 게 아닐세."

황규금도 넉살 좋게 대답했다.

"공소시효가 지난 것도 아닌디, 지금이라도 맘대로 허십시오. 형사

처벌이야 달게 받지요. 우린 구속도 훈장이고, 형사 처벌도 훈장입니다."

두 사람은 너털웃음을 터뜨렸다. 허세욱과 노동조합 간부들은 1년 동안 주말 없이 출근하며 헌신적으로 일했다. 그들은 조합원들의 목소리에 항상 귀 기울였고, 민원이 있으면 즉시 해결했다. 고된 일정에도 허세욱의 얼굴엔 항상 생기가 돌았다. 철거 싸움에서는 일방적으로 내몰리고 당하는 처지였지만 한독운수의 싸움은 정반대였다. 열이면 열 번 모두 노동조합이 승리했다. 그것은 노동조합 단결의 힘이었다. 많은 세입자들이 초기에 이사 간 것과 달리 한독운수 노동자들은 거의 모두가 하나가 되어 노동조합과 함께했다. 허세욱은 노동자가 단결하면 승리할 수밖에 없다는 것을 경험을 통해 깨달았다. 어느 날 허세욱이 황규금에게 말했다.

"우리 조합원들이 술 마시는 것도 문제고, 도박도 문제예요. 특히 도박하는 사람들은 약점이 있기 때문에 회사에 붙는 경우가 많아요. 남의 돈을 떼먹는 경우도 있고……. 조합원 간 불화의 원인 중에 하나가 도박입니다. 그런 사람들이 나중에 사고도 크게 쳐요. 이런 부분은 규율을 엄격하게 할 필요가 있어요."

한독운수 회사 정문 앞에서 일수 장사를 하는 사람이 있을 만큼 택시운전사 중에는 도박을 하는 사람들이 많았다. 택시운전사들만 상대하는 전문 하우스 도박장도 몇 군데 있었다. 한독운수 노동자 반 이상이 손님이었다. 돈을 잃은 사람들은 일수를 썼다. 어느 날 얼굴이 보이지 않는 동료가 있으면 일수를 갚지 못했거나 동료들에게 빌린 돈을 갚지 못해 도망친 것이었다.

택시운전사들은 새벽 영업을 마치고 사납금을 제한 수입금으로 도박을 하거나 술을 마시고 귀가하기 일쑤였다. 도박은 주로 훌라와 포커였다. 가까운 봉일시장 안에도 열 군데가량 도박장이 있었다. 회사에선 그동안 술과 도박으로 문제를 일으킨 사람들의 사표를 받고 재입사하는 것을 되풀이했다. 도박으로 돈을 잃으면 빠른 시간 안에 만회하기 위해 대부분 신호를 무시하는 난폭 운전을 했다. 한번은 도박을 일삼는 조합원의 택시가 사십대 여성 두 명에게 뛰어들어 여성들이 큰 중상을 입은 사고가 있었다. 이 사고로 회사 보험료가 크게 올랐다. 회사 입장에서도 교통사고는 손해가 크기 때문에 그 택시운전사를 다시 고용하지 않았다. 허세욱은 택시운전사들의 문화를 바꿔야 한다고 역설했다. 그것은 철거민 공동체에서 배운 것이었다. 건강한 공동체 문화 없이 힘 있는 노동조합이 만들어질 수 없었다. 노동조합은 허세욱의 제안을 받아들여 규율을 엄격하게 적용했다.

허세욱의 노력으로 도박장을 이용하는 사람들이 줄어들었고, 결국 회사 인근 도박장이 완전히 사라졌다. 도박장이 사라진 것은 전액관리제 쟁취로 월급제가 정착된 것도 큰 요인이었다. 황규금은 조합원 윤리와 관련된 방안에 관해서는 항상 허세욱과 논의했다.

노동조합은 이번엔 회사 중간 관리자들이 일으키는 문제를 개선했다. 택시 회사에는 중간 관리자들이 개입해 운전 중 발생하는 사고를 보험 처리하지 않는 관행이 있었다. 회사 보험료를 낮추기 위한 것이었다. 택시운전사들은 대부분 퇴사하면 개인택시를 하고 싶어 했다. 그래서 무사고 경력을 살려주겠다는 회사의 유혹에 쉽게 넘어갔다. 중간 관리자들은 사고 처리 대가로 노동자들의 돈을 몇백만 원씩 떼먹었다.

이런 관행을 막기 위해 문제를 일으킨 상무를 노동조합의 요청으로 회사에서 내쫓았다. 이렇게 쫓겨난 회사 상무가 여덟 명이었다. 노동조합의 힘이 강력해지면서 한때 회사 관리자들을 지나치게 무시하는 병폐가 발생하기도 했지만 한독운수 조합원들은 관리자들의 인격을 존중해야 한다며 자정 능력을 발휘했다.

만국의 노동자여, 단결하라!

2003년 여름. 일곱 대의 택시가 도로를 질주하고 있었다. 행렬의 선두에 있는 택시 안의 사내들 표정에는 긴장감이 감돌았다. 한 명은 체구가 작았고 불안한 표정이 역력했다. 옆자리의 황규금은 낌새를 채고 불안을 누그러뜨리려 노력했다.

"형님, 걱정 마십시오. 저희들이 선봉에서 다 잡을팅게요. 형님은 오늘 구경만 하시면 돼요."

"위원장님, 무슨 소립니까? 숫자 하나 채우자고 따라온 줄 아세요?"

허세욱은 무안스러워 큰소리치긴 했지만 두려움을 지울 수는 없었다. 황규금과 허세욱은 여느 때처럼 오늘도 한 차를 타고 연대의 도로를 달리고 있었다. 파업 이후 한독운수노동조합은 63일간 지속된 5·24 총파업 기간 동안 일부 인원만 회사에 남겨두고 인천지역 택시 노동자들을 찾아가 총파업에 동참했다. 택시를 타고 행진하거나 관광 버스를 대절해 인천을 향해 달려갔다. 연대의 길 위에서 택시마다 헤드라이트가 켜졌다. 이를 시작으로 천안, 광주, 전주, 충주, 대구 등 전국에 걸쳐 줄기차게 택시를 내달렸다. 5·24 총파업을 함께했던 보건의료노조와는 항상 연대했다. 허세욱에게 연대는 지원 풍물을 가는 것과 같은 것이었다. 풍물 대신 택시를 타고 연대의 도정에 오른 그의 도로엔 해가 지지 않았다.

평균 사흘에 한 번 꼴로 다른 택시 회사 사업장이나 파업을 벌이는 다양한 업종의 노동자들을 찾아갔다. 노동조합 간부들은 일할 시간이 모자랄 정도였다. 전국의 택시노동자들의 투쟁이 있는 곳엔 한독운수 조합원들이 있었다. 양산박의 호걸들처럼 조합원들 저마다의 개성을 뽐내면서 하나 된 힘으로 연대했다. 한독운수 조합원들이 쉼 없이 연대할 수 있었던 것은 노동자들의 단결력 때문에 가능했다.

한독운수노동조합 사무실엔 전경들에게 빼앗은 헬멧과 방패, 곤봉이 가득 쌓여 있었다. 파출소 하나를 차릴 만큼의 숫자였다. 나중엔 무기를 빼앗긴 전경들이 선임병들에게 구타당한다는 사실을 알고 빼앗은 장비들을 모두 돌려주었다. 조합원들은 용역 깡패들은 제압하되, 어린 전경들은 때리지 말자는 규칙을 두었다. 조합원들은 항상 선봉에 서서 싸웠고, 그런 만큼 부상자도 많았다. 싸움에서 돌아오면 멍든 부위를 서로 확인하며 모험담을 나눴다. 허세욱은 연대의 길에서 돌아올 때마다 어린아이처럼 신이 났다. 하지만 그가 앞장서서 싸운 것은 아니었다. 그는 여전히 주먹다심이 있는 곳에선 겁이 많았다. 전경들이나 구사대가 몰려오면 눈 깜짝할 사이에 사라졌다. 그 후 상황이 종료되면 어디선가 다시 나타나 옆에 서 있었다. 신출귀몰한 허세욱의 줄행랑을 두고 조합원들은 농담을 던졌다.

"세욱이 형님이 달리기를 그렇게 잘하는지 몰랐는디. 오늘 처음 알아부렀고만."

"아따, 세욱이 형님은 도망질 하나는 최고로 잘 칩니다잉. 민주노총에서 따를 자가 없어부러."

허세욱은 부상당한 머리를 붕대로 감싸고 있는 동료들을 보며 오히려 큰소리쳤다.

"한독운수 동지 여러분, 오늘 정말 멋져부렀어요. 앞으론 더 분발해서 싸워주십시오. 오늘은 제가 한잔 쏘겠습니다."

무안스러워 대답은 이렇게 하면서도 그는 주먹다짐은 못하니 집회라도 자주 나가고 유인물이라도 더 나눠줘야겠다고 다짐했다. 황규금은 겁 많은 허세욱을 배려해 격한 싸움이 벌어지는 곳엔 그를 제외시키려 했지만, 그때마다 허세욱은 펄쩍 뛰었다. 자신이 나서서 싸우진 못하더라도 하나의 숫자라도 채워주고 목소리라도 크게 내서 힘을 보태고 싶었다. 특히 파업 중인 노동자들의 집회엔 무슨 일이 있어도 참여했다. 허세욱은 쉬는 날에도 집을 나서 택시를 타고 전국 방방곡곡을 내달렸다. 연대투쟁의 도로 위에서 허세욱과 황규금은 언제나 같은 차를 탔다. 황규금 옆엔 허세욱이 있었고, 허세욱 옆엔 황규금이 있었다. 황규금은 허세욱의 올곧은 성품과 사사로움 없는 희생정신, 철저함에 가까운 실천력을 존경했고, 허세욱은 황규금의 용기와 결단력을 존경했다. 허세욱에게 황규금은 여러 가지 면에서 자신과 다른 유형의 인간이었다. 두 사람은 서로 다르면서도 같은 곳을 바라보고 있었고 눈빛만 봐도 서로의 마음을 읽을 수 있었다. 집회 장소로 가는 길에서 허세욱의 옛 직업이 하나씩 나왔다. 숭실대 언덕길을 오를 때면 막걸리 배달 얘기가 나왔고, 대학로 넘어가는 언덕길에서는 박카스 배달 얘기가 나왔다. 끝을 모르는 배달 시리즈에 고개를 절레절레 흔들며 황규금이 말했다.

"세욱이 형님! 그라지 말고 그동안 누비고 다닌 직업들을 한꺼번에 써서 서면으로 제출하쇼잉.”

“허허. 위원장님도 차암. 그렇게 한꺼번에 애기해버리면 재미없지요.”

한독운수 택시들이 안산 톨게이트를 빠져나왔다. 톨게이트를 벗어나자마자 조합원들은 인근에 차를 세우고 차문을 열었다. 조합원들에게 노란 손수건이 하나씩 배당됐다.

“떨어지지 않게 단단히들 매라.”

정기열 조직부장이 말했다. 서른한 명의 조합원들은 팔목에 노란 손수건을 맸다. 노란 손수건은 피아가 뒤섞인 혼란스런 상황에서 아군을 확인하기 위한 것이었다. 이번엔 비표를 돌렸다. 허세욱은 상의 앞뒤로 비표를 붙였다. 조합원들의 표정이 결연했다. 그들은 다시 빠른 속도로 차에 올라탔다. 출발과 함께 바퀴가 지면을 긁으며 내달렸다. 얼마 지나지 않아 택시는 톨게이트 인근 충전소 옆 공터에 도착했다. 조합원들이 차문을 열고 지체 없이 속속 밖으로 빠져나왔다. 한여름의 햇볕이 도로 위에 작렬했다. 상록운수 앞에서 민주노총 노동자들이 전경들과 대치하고 있다는 소식이 들려왔다. 정기열이 소리쳤다.

“자, 시간 됐다. 오늘 뒈지게 한번 붙어불자. 전원 출발!”

조합원들은 빠른 속도로 열을 지어 골목 안으로 달려갔다. 노란 손수건이 위아래로 움직이며 강렬한 문양을 만들어내고 있었다. 이제 쉰 살이 된 허세욱은 대열에서 이탈하지 않기 위해 숨을 헉헉대며 발을 멀리 내디뎠다.

황규금은 어제 민주택시 간부들과 함께 상록운수를 방문했다. 정문 앞에서 150여 명의 용역 깡패들이 가로막고 서 있었다. 상록운수노동조합 상급단체를 총회를 통해 민주택시로 변경하기 위한 행보였지만 요령부득이었다.

한독운수 조합원들이 상록운수에 도착하자 오늘도 정문 앞엔 용역 깡패들이 총회장을 원천봉쇄하고 있었다. 정문 안엔 전경들이 진을 치고 있었다. 현장엔 민주택시 구수영 위원장과 인천·경기 지역 조합원 수백 명이 기다리고 있었다. 반면 전국택시의 경기본부장은 아직 전국택시 소속인 사업장을 지키기 위해 현장에 와 있었다.

360명가량의 택시노동자들이 일하는 상록운수는 노동자와 노동자 사이의 갈등이 심각했다. 상록운수는 김준태 전 노조조합장이 퇴사를 며칠 앞두고 안산시 삼진기업·은성교통 노동조합과 함께 사납금 6000원 인상안에 합의했다. 상록운수는 삼진기업, 은성교통보다 사납금이 4000원이 더 많은 회사였다. 노동자들은 사납금을 내고 하루 2만여 원 정도의 수입으로 생계를 유지하고 있었다. 기본급은 40만 원이었지만 세금을 공제한 수입은 30만 원에도 미치지 못했다. 법정 최저임금은 꿈도 꿀 수 없었다. 노동자들은 사납금 인상 원천 무효를 선언하고 김항수를 노조위원장으로 선출했다.

상록운수노동조합은 회사 측에 여러 차례 재협상을 요구했지만 받아들여지지 않았다. 노동조합은 사납금 인상분을 제외한 금액을 회사에 입금하는 투쟁을 전개했다. 수입금이 줄어들자 회사 측은 바로 응수했다. 사납금 입금 시간을 지정하고, 급여에서 사납금을 공제한 것이다.

위기에 처한 상록운수노동조합은 상급단체인 전국택시에 도움을 요청했다. 그러나 전국택시에선 정당하지 않은 사납금 인상을 인정하는 태도였다. 노동조합은 2003년 7월 22일 상급단체를 민주노총으로 변경하는 총회를 성사시켰다. 하지만 이날 저녁 회사 측의 구사대 역할을 맡고 있는 운동부 사조직과 일부 조합원들이 노조 사무실을 점거했다. 사조직 노동자들이 투표함을 강탈해 비상총회 결과는 수포로 돌아갔다. 곧이어 노조위원장과 간부들에 대한 해임장을 공고했다. 한독운수 조합원들은 오늘 이같은 상황에 처한 상록운수노동조합의 두 번째 비상총회를 성사시키기 위해 달려온 것이다.

택시노동자들에 대한 공권력과 자본의 폭력이 난무하는 상황에서 노동자들은 스스로를 지킬 수 없었다. 폭력 앞에 언제나 당하고 순응할 수만은 없었다. 민중에 대한 폭력을 막아야 할 때, 순응만을 요구하며 비폭력을 외치는 것은 민중에 대한 테러였다. 불량배 여럿이 어린 학생을 집단 구타하고 있을 때 모른 척 지나가는 것과 다름없는 일이었다. 오늘 노동자들과 전경, 구사대, 용역 깡패들이 합세한 대치상태는, 거인에 맞선 난장이들의 생존을 건 저항의 일전이었다.

정문 앞의 용역 깡패들은 웃통을 벗어젖히고 으름장을 놓고 있었다. 정문 너머 회사 마당에는 전경 수백 명이 열을 지어 서 있었다. 한독운수 조합원들은 도착하자마자 망설임 없이 행동에 들어갔다. 황규금은 정기열에게 외쳤다.

"기열아! 우리가 비상시 용역들하고 어떻게 싸우냐?"

정기열의 대답은 짧았다.

"알겠습니다. 씨벌."

그는 서슴없이 정문을 막고 선 용역 깡패 한 명을 골라 허리끈을 잡아당겼다. 완력으로 치면 장비 못지않은 정기열의 기세에 금세 용역이 끌려나왔다. 그와 동시에 황규금, 서동빈 등이 몸싸움을 벌이며 스크럼을 짠 용역 깡패들을 풀어헤치기 시작했다. 스크럼이 하나씩 풀릴 때마다 한독운수 조합원들이 용역 깡패들의 발을 잡아 끌어당겼다. 허세욱이 소리쳤다.

"다시는 돈 받아 처먹고 이런 데 오지 못하게 밟아줘라."

용역 깡패들은 안간힘으로 반격을 가했다. 그들 중 몇 명이 정기열을 에워싸고 무릎을 꺾어 넘어뜨리려 했지만 꿈쩍도 하지 않았다. 스크럼이 빠른 속도로 풀리며 정문이 뚫리고 있었다. 몇 분 동안 수십 명의 용역 깡패들이 한독운수 조합원들에 의해 정문 밖으로 끌려나왔다. 한두 명씩 끌려 나올 때마다 뒤에서 대기하는 한독운수와 민주노총 노동자 연합군이 용역들을 혼쭐을 내고 있었다. 두들겨 맞다 가까운 골목을 향해 도망치는 용역들이 한 둘이 아니었다. 앞뒤 가리지 않고 도망치다 땅 위에 불거진 나무뿌리에 걸려 쓰러지는 놈도 있었고, 담장에 부딪혀 나자빠지는 놈, 저희들끼리 부딪혀 나자빠지는 놈, 신발을 잃고 맨발로 줄행랑치는 놈도 있었다. 이제 정문엔 용역들이 열 명도 남지 않았다. 때는 지금이었다. 정기열이 외쳤다.

"야, 뚫어!"

선두에 선 네댓 명의 조합원들이 마지막 기세를 모아 정문으로 밀고 들어갔다. 정문이 완전히 뚫렸다. 그런데 예상치 못한 일이 발생했다. 지금까지 옆에서 도열하고 보고만 있던 전경들이 정문을 향해 몰려들어 용역 깡패들이 빠져나간 자리를 차지했다. 그들은 열을 지어 정문을 봉쇄했다. 그 와중에 한독운수 조합원들의 선두 그룹과 후위 그룹이 갈렸다. 누군가 소리쳤다.

"앞머리가 잘렸습니다."

이번에 당황한 것은 조합원들이었다. 선두그룹이 회사 안에 갇힌 것이다. 정문 너머로 들어간 조합원들이 수적으로 당해낼 수 없는 전선이 형성됐다. 회사 마당에 모여 있던 무리들의 주먹이 선두 그룹 조합원들의 얼굴과 복부를 가격했다. 분풀이하듯 집단 구타가 쏟아졌다. 허세욱은 조합원들이 당하는 모습을 보고 발을 동동 구르며 조진희에게 외쳤다.

"진희야, 큰일났다. 네가 어떻게 좀 해야겠다."

말이 끝나기 무섭게 조진희는 입구를 찾아 이동했다. 정문을 지키고 선 전경들을 뚫고 조합원들을 구출하는 것은 불가능했다. 조합원들 일부는 담을 부수기 시작했고, 조진희를 비롯한 세 명의 조합원들은 담장 옆 철조망 쪽으로 달려갔다. 곧이어 맨손으로 철조망을 벌려 틈을 만들었다. 허세욱은 담을 부수고 있는 조합원들 사이에서 조진희가 철조망 틈으로 들어가는 것을 보았다. 이를 본 용역 깡패들이 철조망 너머에서 달려오고 있었다. 허세욱은 몇 걸음 조진희 쪽으로 가다가 뒤돌아섰다. 함께 가서 몸을 던져 싸워야 할 상황인데 발걸음은 떼어지지 않고 속만 까맣게 타들어갔다. 답답한 심사에 허세욱은 전경들을 향해 손가락질을 하며 욕설을 내뱉었다.

집회에서 싸움이 벌어지는 일이 생기면 허세욱은 늘 그만큼의 분노를 표현했다. 흰머리가 많아 실제 나이보다 늙어 보이는 그는 전경들 앞에서 노인인 양 말하고 행동했다. 그러면 전경이나 용역 깡패들도 자신에게는 심하게 대하지 않기 때문이었다. 실제 허세욱은 연대투쟁을 오는 한독운수 노동자 중에 가장 나이가 많았다. 그렇다 해도 정작 싸워야 할 때 싸우지 못하고 이방인처럼 바라보는 자신의 모습이 몹시 싫었다.

허세욱이 망설이는 사이 조진희는 철조망을 뚫고 상록운수 마당으로 들어갔다. 그의 눈앞엔 용역 깡패들이 기다리고 있었다. 순박한 인상의 조진희는 어릴 때부터 맷집 하나는 남부럽지 않았다. 맞아봐야 죽기밖에 더하겠냐는 심사였다.

조진희에게 발길질이 쏟아졌다. 그의 머리가 짓이겨졌다. 뺨이 땅에 긁히며 피가 배었다. 발길질이 옆구리를 연타했다. 뒤따르던 두 명의 조합원이 연달아 들어왔고 이들도 용역 깡패들에게 에워싸여 구타당했다. 허세욱은 철조망 너머 용역 깡패들을 향해 욕설을 내뱉었다.

그때 갑자기 담장 무너지는 소리가 들렸다. 곧이어 "와!" 하는 함성이 울렸다. 함성은 '암행어사 출두' 소리처럼 대지를 흔들었다. 무너진 담을 타고 민주노총 조합원들이 우르르 회사 마당으로 쏟아져 들어갔다. 조합원들은 담을 타넘고 질주했다. 허세욱도 담장을 타고 넘어갔다.

상록운수 마당 곳곳에서 백병전이 벌어졌다. 전세는 금세 역전됐다. 조합원들의 기세에 전경들은 어쩔 수 없이 정문을 포기하고 회사 바깥으로 빠져나갔다. 조합원들 중 한 무리는 가격당하고 있는 조진희를 구하기 위해 달려갔고, 또 한 무리는 정기열과 황규금을 구하고 있었다. 마당에 들어선 허세욱은 전쟁터 같은 주변을 둘러보았다. 마당 맞은편엔 2층으로 지은 회사 건물이 있었다. 1층은 정비 창고며 화장실 등이 있었고 2층에 총회를 하기로 한 사무실이 있었다. 2층 사무실을 따라 복도 난간이 'ㄱ'자 형태로 주욱 늘어서 있는 것이 한눈에 다 보였다. 2층으로 들어서는 입구는 총회를 막기 위해 용역 깡패들이 집중적으로 지키고 있었다.

허세욱은 마당가에서 계속 상황을 주시했다. 그는 주먹을 내두를 엄두가 나지 않았다. 용역 깡패 여러 명에게 조합원 한 명이 당하고 있는 것을 볼 때도 도울 수 없었다. 용역 깡패들도 굳이 희끗한 머리의 허세욱에게 달려들진 않았다.

황규금과 노동조합 간부들은 2층 사무실 쪽으로 신속하게 내달렸다. 2층 사무실로 오르는 입구가 가장 치열했다. 조합원들은 발로 걷어차고 머리로 박으며 용역 깡패들을 한 명씩 제압해 나갔다. 그 사이 허세욱은 정신없이 마당 이곳저곳을 뛰어다녔다. 몹시 흥분한 상태로 마당을 누비는 허세욱의 모습은 전투가 벌어지는 전쟁터에서 무기를 지니지 않고 돌아다니는, 하지만 전투 의지는 지나치게 강한 이상한 병사 같았다. 한참 동안 부지런히 장소를 옮기며 뛰어다니던 허세욱은 이방인처럼 잠시 서서 주변을 둘러보았다. 비록 민주노총 조합원들이 승세를 잡아가고 있지만 끔찍한 모습이었다. 그는 자신이 서 있는 장소가 낯설었다. 그리고 싸워야 하는 장소에 와서 그저 뛰어다니기만 하는 자신이 이곳에 왜 서 있는지 알 수 없었다. 강인남이 용역 깡패들에게 구타당하던 모습이 떠올랐다. 자신이 이곳에서 무엇을 할 수 있는지 알 수 없었다. 어지러움을 느꼈다. 그는 이곳에서 아무것도 할 수 없었다. 하지만 그는 마음 밑바닥에서 잠자는 용기가 샘솟을 것이라고 믿으며 고개를 돌려 사무실 쪽을 바라보았다.

총회 장소인 사무실을 되찾기 위한 싸움은 한독운수가 선봉대를 맡았고, 민주노총 노동자들은 후방에서 백병전을 벌이고 있었다. 이 모든 상황은 회사에서 고용한 사람들이 여덟 대가량의 카메라로 고스란히 촬영하고 있었다. 전경들은 회사 정문 밖에서 보기 드문 희한한 싸움을 넋 놓고 바라보고 있었다.

황규금과 서동빈, 정기열, 조진희를 선두로 한 조합원들은 쉴 새 없이 주먹을 날리며 2층으로 한걸음씩 올라섰다. 지금 선두에 선 한독운수 조합원들은 대부분 지방 출신들로 낯설고 물설은 서울에 올라와 산전수전 다 겪은 동지들이었다. 조합원들 중 일부는 조직폭력배 노릇을 하다 손을 씻고 택시 운전을 하는 사람도 있었다. 파업 이후 한독운수 조합원들은 가족보다 더 많은 시간을 함께하면서 결의를 다져왔다. 정당성 없이 싸우는 용역 깡패들에 비할 바가 아니었다. 하지만 계단을 뚫고 올라가는 일은 쉽지 않았다. 용역 깡패들도 뒤로 물러설 자리가 없었다. 그들은 젖 먹던 힘까지 써가며 조합원들을 향해 발길질을 해댔다. 양측 모두 하나의 계단도 양보할 수 없었다. 허세욱은 주춤거리며 사무실 쪽으로 걸어갔다.

조합원들은 기세를 몰아 2층까지 진격했다. 가장 힘겨운 계단에서의 격투에서 승리했으니 남은 것은 사무실을 점거하는 것이었다. 어느새 허세욱도 2층에 올라왔다. 선봉에 있던 사람들의 옷과 주먹은 피로 물들어 있었다. 이제 2층엔 용역 깡패들이 몇 남지 않았다. 그들은 난간을 붙잡고 인간 사슬을 만들어 완강하게 버텼다. 조합원들은 남은 용역 깡패들을 하나씩 제압했다.

처음 점령한 곳은 회사 측 사조직인 축구부 사무실이었다. 그곳에 몇 명의 노동자가 겁에 질린 얼굴로 서 있었다. 허세욱은 이들을 보자 한독운수에서 노동조합 활동을 사사건건 방해하던 사조직들이 생각났다.

"이놈들이 회사 측에 붙어 개노릇하는 놈들입니다."

말이 끝나기 무섭게 허세욱은 책상이며 집기들을 뒤집어엎고 사무실에 가득 쌓인 트로피들을 마당으로 내던졌다. 트로피들은 바닥에 떨어지며 박살났다. 두려움에 질린 회사 측 관리자들과 축구부원들이 줄행랑쳤다. 조합원들은 사무실을 하나씩 점거해갔다. 2층 사무실 앞 복도에서 황규금의 눈앞에 전국택시 경기본부장이 떼어낸 문짝을 바리케이드 삼아 버티고 있었다. 황규금이 소리쳤다.

"야, 너 노동자야? 노동자면 저리 비켜!"

"……."

경기본부장은 할 말을 잃은 듯했다.

"너, 뒈지게 맞고 나갈래? 네 발로 조용히 나갈래?"

이번엔 대답을 기다리지 않았다. 말이 끝나기 무섭게 황규금은 발
차기로 그를 넘어뜨렸다. 시간을 지체할 수 없었다. 다음 사무실 문을
열어젖혔다. 한 사람이 겁을 집어먹고 놀란 표정으로 서 있었다.

"저, 전 아닌데요."

"그럼, 넌 누구야?"

"노동부 직원입니다."

"야, 이 새끼, 너 이리 와. 회사에 빌붙어 뒷구녁이나 핥고 다니는
게 노동부 직원이 할 일이냐? 개새끼, 너 이리와!"

그때 노동조합 간부 한 명이 급히 황규금을 불렀다. 노동부 직원은
운이 좋았다.

"위원장님, 카메라를 찾아야 합니다."

촬영 중인 카메라를 없애야 했다. 경찰들은 민주노총 조합원들에게
불리한 동영상만 증거로 제시해 구속시킬 게 뻔했다. 노동조합 간부
들은 흩어져 신속하게 카메라를 찾았다. 카메라는 발견 즉시 부수고
해체시켰다. 마지막 남은 카메라를 제거하고 돌아나올 때 황규금 앞
에 어깨가 떡 벌어진 용역 깡패 하나가 막아섰다. 쉽지 않은 상대임을
직감적으로 간파했다.

"넌, 뭐야?"

황규금의 말이 끝나자마자 용역 깡패의 주먹이 그의 얼굴에 날아들

었다. 퍽, 소리와 함께 머리가 깨질 듯 얼얼한 기운이 머리를 강타했다. 연이어 날아오는 주먹을 피한 그는 용역 깡패의 가슴에 바짝 붙어 잡을 곳을 찾았다. 살집이 꽉 차 허리춤에 잡을 곳이 없었다. 별 수 없이 바짓단을 잡고 용역 깡패의 얼굴을 향해 박치기를 날렸다. 퍽, 소리와 함께 용역 깡패가 나뒹굴었다. 용역 깡패는 쓰러지며 핏물을 내뱉었다. 황규금은 2층에서 전체 상황을 살펴봤다. 1층에선 여전히 백병전이 치열했다. 옆 건물에선 전경들이 집결해 있었다. 전경들의 움직임이 심상치 않았다. 곧 진압이 들어올 낌새였다. 그때 복도 난간에서 구수영이 그를 향해 외쳤다.

"황 위원장, 빨리 빠져!"

황규금은 돌아서서 방금 점령한 사무실에 들어갔다. 그는 재빠르게 피범벅이 된 옷을 벗고 다른 조합원의 옷으로 갈아입은 후 현장을 빠져나갔다. 한독운수 조합원들이 사무실을 완전 장악하자 상황을 지켜보던 상록운수 조합원들이 2층으로 올라왔다. 조합원들이 총회 장소에 들어서자마자 빠른 속도로 비상총회가 진행됐다. 순식간에 투표를 마치고 개표가 진행됐다. 개표를 마치자 진행자가 우렁찬 목소리로 선포했다.

"상록운수 조합원 여러분! 오늘 진행된 상급단체 변경 투표 결과는, 98퍼센트 찬성입니다. 따라서 상급단체가 민주택시로 변경됐음을 알려드립니다!"

허세욱은 상록운수 조합원들과 함께 감격의 환호성을 질렀다.

현장을 빠져나간 황규금은 택시를 주차한 장소로 되돌아가 정기열에게 전화를 걸었다.

"기열아! 단 한 명도 누락시키지 말고 서른한 명 전원 집결지로 데리고 와라. 한 명도 빠트리면 안 된다. 특히 세욱이 형님은 각별히 잘 모셔와라."

정기열은 인원을 세면서 경찰들이 눈치채지 못하게 한 명씩 조합원들을 헐린 담장을 향해 내보냈다. 약속 장소에 도착한 황규금은 조합원들을 초조하게 기다렸다. 한참을 기다린 후에야 멀리서 조합원들이 뛰어오는 것이 보였다.

약속 장소에 도착한 조합원들은 손을 맞잡고 서로를 얼싸안았다. 허세욱은 동료들의 어깨를 두드리면서 격려했다. 조합원들은 다시 택시에 탑승했다.

앞선 택시 한 대가 액셀러레이터를 밟았다. 뒤선 택시들이 경적을 울리며 속도를 높였다. 퉁퉁 붓고, 멍들고, 핏자국이 있는 얼굴로 조합원들은 차창을 열고 손을 흔들며 목청껏 노래를 불러 젖히고 괴성을 질렀다. 열을 지은 일곱 대의 택시는 만국의 노동자들과 연대하는 도로 위를 달려갔다. 도로는 세상의 노동자들을 연결하고 있었다. 치열했던 상록운수 연대투쟁의 하루가 도로 위로 미끄러졌다. 바람은 이들의 함성과 노랫소리를 싣고 어디론가 흘러갔다. 아스팔트 위로 서서히 석양이 지고 있었다.

이대걸, 김장수, 홍장걸, 변형진, 장용훈, 문용섭, 석광수······

2004년 5월 7일. 허세욱은 택시를 타고 봉천고개를 오르고 있었다. 한낮의 봉천고개에 택시 수백여 대가 열을 지어 나아갔다. 긴 행렬 사이 간격을 두고 예닐곱 명의 사내들이 서서 봉을 들고 교통을 지휘했다. 차는 한 대씩 서울대 사거리 방향으로 이동했다. 봉천고개에서 서울대 사거리까지 열을 지은 택시들을 보며 맞은편 차선의 승용차들이 흥미로운 듯 차문을 열고 고개를 내밀었다. 어떤 승용차들은 택시 행렬을 향해 손을 흔들었다. 수백 대의 택시들이 헤드라이트를 켜고 달리는 모습은 좀체 보기 힘든 장관이었다.

"대통령을 경호하는 차량들도 이렇게 많지는 않을 겁니다."

신이 난 허세욱이 말했다. 그는 고개를 빼서 뒤를 돌아보았다. 끝이 보이지 않는 행렬이었다. 신호등을 건널 때마다 노동조합 간부들이 내려 봉을 들고 교통을 지휘했다. 교통경찰들은 행진을 무사히 끝마칠 수 있게 협조를 아끼지 않았다. 집회에 참가하는 택시노동자들을 경찰들이 엄호하는 흥미로운 풍경이었다.

장엄한 택시 물결은 경찰의 호위 하에 광화문까지 이어졌다. 목적지는 광화문 열린시민공원이었다. 오늘 공원에서는 '택시 회사 부가세 부실운영 국세청 규탄 대회'가 열릴 예정이다. 이 대회는 전국 13개 도시에서 동시에 진행됐다. 대회에 앞서 구수영과 함께 민주택시 대표단이 국세청을 방문했다. 대표단은 부가세를 부실 운영하는 택시 회사에 대한 세무조사를 요구했다. 택시노동자들은 공원에서 사전 집회를 진행했다. 열린시민공원에서는 집회의 열기가 무르익고 있었다. 허세욱은 택시를 주차하고 집회 장소에 모여 구호를 외치고 있었다. 사람들은 택시 회사별로 열을 지어 앉아 있었다. 한독운수 조합원들은 무대를 바라보고 한가운데 자리를 잡았다. 거의 전 조합원이 참여한 한독운수는 다른 회사보다 대열이 두 배 이상 길었다. 한독운수 대열 맨 앞에서 허세욱은 피켓을 들고 있었다. 무대에서 3미터 정도 떨어진 자리였다. 행사를 진행하는 사회자가 구호를 선창했다.

갑자기 한 남자가 연단에 올라 사회자 쪽을 향해 걸었다. 무대 위의 남자는 비틀거리며 무대 중앙으로 이동했다. 허세욱은 연단에 오른 사람이 낮술을 마신 불청객이라는 생각으로 이맛살을 찌푸렸다. 그 남자는 무대 위에서 휘청거렸다. 하지만 그 모습은 낮술을 마신 사람 같지 않았다. 그렇다고 오늘 행사를 방해하기 위해 등장한 것 같지도 않았다.

집회에 참가한 1000여 명의 눈동자가 무대 위의 남자에게 집중됐다. 남자는 메고 있던 가방에서 무언가를 꺼냈다. 이상한 무대였다. 낯설게 등장한 남자의 움직임은 부자연스러웠고 공원에는 오직 그 사람만 움직이고 있는 듯했다. 남자는 가방에서 꺼낸 종이 뭉치를 모여 있는 사람들을 향해 휙, 뿌렸다. 공중을 향해 솟구친 종이 뭉치가 느린 속도로 떨어져내렸다.

허세욱은 자신 앞으로 떨어지는 종이를 멍하니 바라보았다. 그는 놀란 눈으로 남자를 향했다. 남자는 구호를 외쳤다.

"노동 탄압 중단하라!"

"부가세 경감분을 지급하라!"

허세욱의 귀에 그 외침이 닿았다. 발끝에서 머리끝까지 소름이 돋았다. 남자의 목소리는 이질감이 느껴지면서도 묘하게 허세욱의 가슴을 송두리째 휘감았다. 머뭇머뭇거리던 직감이 이제 그의 뇌리를 흔들었다. 허세욱의 심장박동이 몇 배, 몇십 배의 속도로 높아지고 있었다. 남자는 허세욱 쪽을 향해 손을 내밀었다. 허세욱은 놀란 눈으로 남자의 손을 바라보았다. 그 움직임은 마치 신을 경배하듯 올리는 손짓이었다. 그 순간 공원의 모든 소리가 사라졌다. 낯설고 짧은 적막이 공원을 훑고 지나갔다. 고요를 깨며 어디선가 '안 돼' 하는 소리가 허세욱의 귀에 들려오는 듯했다. 자신의 입에서 나온 소리인지도 몰랐다. 공원의 새들은 지저귐을 멈췄다. 봄날의 서럽도록 푸른 하늘도 두려운지 지상으로부터 더 멀어져갔다. 그리고 휘익, 하는 소리가 들렸다. 그 소리는 지금 벌어지는 사태를 되돌릴 수 없게 하는 소리라는 것을 허세욱은 알고 있었다. 휘익, 하는 소리에 이어 펑, 하고 점화되는 소리와 함께 남자가 순식간에 불에 타올랐다.

남자는 불이 되어버린 것이다. 남자는 모든 것을 태워버리는, 제 자신마저도 소멸시키는 불의 세계로 건너가 버린 것이다. 불의 세계로 건너간 것은 통나무도 장작도 아닌 한 인간의 가녀린 몸뚱어리였다. 너무도 얇은 피부로 덮여 있는 인간의 몸이었다. 불길이 무대 위를 비틀거렸다. 가녀린 인간의 몸에서 솟아올랐지만 불길은 맹렬했다. 너무도 맹렬하게 몸속을 파고들었다. 불길이 몸속을 파고들 때마다 남자의 비명이 터졌다. 불길은 멈추길 바라는 사람들의 애원에도 아랑곳하지 않고 공중에 솟구쳤다. 무대 바로 앞자리에 앉아 있던 허세욱은 그 순간 피켓을 떨어트렸다. 그는 갈증으로 목이 탔다. 가슴은 두방망이질쳤다. '제발' 하는 소리가 나오지 못하고 목울대를 맴돌았다. 입이 열리지 않았다. 남자의 고통은 찰나에 공원 전체로 퍼졌다. 허세욱의 귓가에 사람들의 비명이 메아리쳤다. 불길은 무대에서 한 걸음, 두 걸음, 세 걸음 갈짓자로 흔들리며 이동했다. 기괴한 그 걸음으로부터 사람들은 고개를 돌릴 수 없었다. 불길이 한 걸음씩 이동할 때마다 사람들의 비명이 더해졌다. 이동할 때마다 남자의 목소리가 들렸다. 불길은 마지막으로 한 번 더 목소리를 높였다.

"노동 탄압 중단하라!"

"부가세 경감분을 지급하라!"

남자가 입을 열 때마다 활활 타오르던 불길이 남자의 입속으로 빨려 들어갔다. 허세욱의 몸도 불길에 휩싸인 듯 활화산처럼 뜨거웠다. 몸의 온도를 견디지 못한 허세욱이 벌떡 일어섰다. 하지만 자신이 지금 무엇을 해야 할지 알 수 없었다. 아직 사람들은 남자의 고통을 고스란히 받아들이며 한 발자국 움직일 수 없었다. 동동 구르는 발소리가 들렸다. 일어선 허세욱은 불길에 집중해 있었다. 그는 눈을 부릅뜨고 불길에서 눈을 떼지 않았다. 사람들 쪽으로 걸어오던 불길은 무대 끝에 이르러 밑으로 툭, 떨어졌다. 누군가 함부로 꺾은 꽃처럼 꺾이듯 떨어졌다. 누군가 함부로 버리는 소모품처럼 툭, 버려졌다. 불길은 영상의 느린 화면처럼 남자를 따라갔다.

허세욱은 불길을 향해 들고 있던 물병의 물을 뿌렸다. 비명을 뚫고 몇 사람이 남자가 있는 곳으로 달려왔다. 다른 사람들도 뛰쳐나와 들고 있던 작은 물병을 남자에게 쏟아부었다. 하지만 불을 끌 수는 없었다. 2분이 지났고, 3분이 지나갔다. 불덩이는 아직까지 남자의 몸속을 파고들고 있었다. 허세욱은 공원 곳곳을 정신 나간 사람처럼 뛰어다녔다. 소화기는 찾을 수 없었다. 그런데도 그는 공원 이곳저곳을 가로지르며 무언가를 찾고 있었다. 군중 속에서 한 남자가 뛰어들었다. 허세욱의 한독운수 동료였던 이성원이었다. 그는 대학원에서 운동처방학을 전공했다. 그가 물을 끼얹고 옷을 벗어 남자를 덮었다. 불은 남자의 몸속으로 다 들어간 후에야 꺼졌다.

진화를 마친 후 드러난 남자의 모습은 까만 미이라 같았다. 누군가 구급차를 불렀다. 구급차가 오는 동안 이성원은 응급조치를 했다. 허세욱은 고통으로 몸부림치는 남자를 바라보았다. 타고 남은 옷의 천

쪼가리가 살갗에 붙어 있었다. 모두 까맣게 타서 옷과 사람을 구분할 수 없었다. 남자의 얼굴 피부는 온통 벗겨져 뼈가 허옇게 드러나 있었다. 허세욱은 진저리치며 눈을 감았다. 그는 더 이상 남자를 바라볼 수 없었다.

사람들은 남자가 뿌린 유서와 유인물을 주워 읽었다. 구급차가 현장에 도착했다. 이성원은 분신한 남자와 함께 한강성심병원으로 향했다. 남아 있는 사람들은 남자가 뿌린 유서를 읽고 흥분과 분노를 가누지 못했다. 허세욱도 남자가 친필로 대학노트 앞뒷면을 채운 유서를 읽었다.

> 택시 사업주 위주로 행정 정치를 하는 정부를 개탄하면서 나는 떳 떳한 택시노동자로 살고 싶다. (중략) 정오교통 대표 김종우는 노사합의 없이 자기 마음대로 임의로 부가세 감면분을 유용하고 있다. (중략) 노동자들이여 진정한 노동운동은 말로 아닌 몸소 실천해야만 우리의 권익을 빼앗기지 않고 지킬 수 있는 유일한 방법이다. 이 한목숨 바쳐 택시노동자의 해방이 됐으면 합니다.

허세욱은 마지막 문장을 읽으며 눈시울을 적셨다. 남자의 마음과 뜻이 고스란히 다가오는 것 같았다. 자신의 삶 역시 모든 것을 바쳐 '택시노동자의 해방'의 길을 향하고 있었다. 낯모르는 그에게 동지애를 느꼈다. 이날 분신한 남자는 악덕 회사로 널리 알려진 정오교통에서 일하는 조경식이었다. 그는 허세욱과 같은 봉천동 주민이었다. 두 아이의 아빠였고, 입사 7년차의 노동조합 활동을 이끄는 깨어 있는 노동자였다. 허세욱은 박채영이 택시운전사로 일했던 정오교통의 노동환경에 대해서 익히 알고 있었다. 그곳은 택시노동자 김성윤이 목을 매고 숨진 곳이었다.

정오교통 김종우 사장은 노동조합이 상급단체를 민주택시로 변경하자 2002년 5월, 차고지를 이전한다고 발표했다. 이에 반발하며 노동조합은 73일에 걸쳐 파업을 벌여 이전을 막았다. 김종우는 이때부터 본격적으로 노동자들을 탄압했다. 파업이 끝나자 택시운전사를 대규모 새로 고용하면서 NBC(New Brain Club)라는 반노조단체를 통해 노동자를 분열시켰다. 이들에겐 편의를 베풀며 노동조합 성향의 노동자들 6명을 부당해고하고, 연월차, 가불, 대체 근무, 배차 등에서 불이익을 주면서 조합원들에게 노동조합 탈퇴를 요구했다. 또한 사채업자인 동생 김종돈은 노동자들을 상대로 5부 이자를 받았다.

정오교통 외에 또 다른 택시 회사를 소유하고 있는 김종우는 부가세 경감액을 노사 합의 없이 유용하고 있었다. '부가세 경감제도'는 1995년 입법 · 시행된 제도로 택시 회사에 부과하는 부가가치세를 낮추고 경감된 금액을 노동자들의 복지를 위해 사용하도록 한 제도이다. 하지만 대부분의 부가세 경감분은 회사에서 착복하고 있었다. 정부는 수차례의 조사를 통해 그 사실을 잘 알고 있었지만 불법을 묵인했다. 노동자들은 부가세 경감액까지 사업주에게 빼앗겼다. 사업주들은 거의 모든 것을 차지하고도 노동자들에게 가야 할 적은 금액마저도 착복했다. 그들에게 노동자들은 목적이 아닌 수단이었다. 택시는 이윤을 위한 기계였고, 택시노동자도 기계였다. 택시는 도로 위를 더 오래, 더 빠르게 구를수록 이윤이 창출되었다. 노동자들은 서울의 도로 위에서 끊임없이 구르며 자신을 통제하는 사업주에게 사납금을 바쳐야 했다.

허세욱의 뇌리에 무대 위에서 휘청거리던 남자의 모습이 되풀이되며 떠올랐다. 또 한 명의 택시노동자가 몸에 불을 질렀다. 도시의 막장에서 일하는 탄부들인 택시노동자들은 가장 많은 열사들의 이름을 기억해야 했다. 허세욱은 그들의 이름을 떠올렸다.

이대건, 김장수, 홍장길, 변형진, 장용훈, 문용섭, 석광수, 박용순, 이석구, 박종만, 천덕명, 김성윤……

80년대 이후에만 서른 명이 넘는 가녀린 몸뚱어리들이 역사의 제단에 바쳐졌다. 1984년 박종만의 분신 이후 많은 싸움이 있었다. 매년 한두 명의 택시노동자들이 분신 등을 통해 목숨을 던졌다. 택시노동자의 이름으로 써내려간 유서 내용은 20년 전에도, 현재에도 동일했다. 그들은 지금도 생존에 몸부림치고 있었다. 조경식의 유서는 무려 열 가지에 이르는 회사의 불법·부당 노동행위를 고발했다.

1970년 전태일은 불덩이 속에서 인간은 기계가 아니라고 외쳤다. 인간의 몸은 기계가 아니라 불에 타는 가녀린 몸뚱어리임을 알려주었다. 전태일의 분신은 기계의 삶을 끝내기 위한 인간선언이었고, 사회적 소신공양이었다. 그의 뒤를 이어 이대건, 김장수, 홍장길 등의 택시노동자들이 인간선언을 했고 오늘 조경식이 인간선언을 했다. 전태일이 떠난 지 33년이 지났지만 택시노동자들은 기계처럼 일하고 있었다. 매일 열두 시간 바퀴는 굴러갔고 택시노동자들은 바퀴를 뒤쫓아갔다. 쉬고 싶어도 바퀴는 잠시도 멈추지 않았다. 노동자들은 자신의 의지로 택시를 멈출 수 없었고 바뀌지 않는 삶의 쳇바퀴를 멈추게 할 수 없었다. 사납금의 굴레에서 벗어나지 못하는 노동자들은 매일 자신의 몸을 굴렸다. 노동자들은 택시와 자신을 분리할 수 없었다.

허세욱은 조경식이 외친 구호를 떠올렸다. '노동 탄압'은 사업주들

입장에서는 기계에 대한 통제였다. 그들은 기계가 목소리를 높이는 것을 받아들일 수 없었다. 허세욱은 기계의 삶을 벗어나기 위해 노동자들이 사사로운 이익에 눈멀어선 안 된다고 생각했다. 자신의 사업장만이 아닌 세상의 모든 노동자들과 또 시민들과 연대해야 한다고 생각했다.

허세욱은 조경식의 몸이 검게 타는 것을 너무도 가까운 곳에서 생생하게 목격했다. 그의 몸은 분명 기계가 아니었다. 허세욱은 노동자로 살아온 지난 삶을 헤아렸다. 그렇게 많은 죽음들이 있었는데 그것을 모르고 살아온 지난날이 부끄러웠다. 탄광에서 탄부로 일하며, 울산에서 공장노동자로 일하며, 그리고 또 갖은 배달원으로 일하면서 의식 없이 살아온 자신의 삶이 부끄러웠다.

각성하지 않는 노동자는 인간의 삶이 아닌 기계의 삶을 살 뿐이었다. 시키는 대로 기계처럼 일하고 억울한 일을 당해도 침묵하고 살았다. 그는 조경식의 분신이 헛되지 않은 삶을 살겠노라고 약속했다. 언제 왔는지 황규금이 착잡한 심정으로 그의 곁에 서 있었다. 허세욱은 황규금에게 말했다.

"위원장님, 우리는 살아서 싸웁시다. 우리는 저렇게 죽으려 하지 말아요. 노동자들이 얼마나 더 죽어야, 얼마나 더 사라져야 저들이 정신을 차릴까요?"

슬픔과 분노가 섞인 목소리는 나지막했다.

"세욱이 형님 말이 맞습니다."

글썽이는 그의 눈동자를 보며 황규금이 대답했다.

"나는 내 자신을 버리지 않겠습니다."

허세욱이 혼잣말하듯 조용히 말했다.

집회를 마치고 허세욱은 택시를 타고 봉천동으로 향했다. 밤길은 적막했다. 헤드라이트 불빛이 길을 밝혀주었다. 허세욱은 그 빛을 응시했다. 함께 택시를 탄 황규금과 정기열 모두 말이 없었다. 침묵 속에서 세 사람은 오늘의 일을 떠올리고 있었다. 허세욱이 침묵을 깨며 입을 열었다.

"기열아!"

"네, 형님."

"무슨 일이 있어도 우리는 살아서 싸워야 한다. 이 말을 절대 잊지 말아라."

"물론입니다."

정기열은 고개를 끄덕였다. 이번에는 황규금을 향해 말했다.

"위원장님, 억울한 노동자가 왜 죽어야 합니까? 누구도 죽어선 안 돼요. 누구도 삶을 포기해선 안 돼요. 살아서 싸워야 다시는 이런 일이 되풀이되지 않죠. 그렇지 않나요?"

"그래요. 세욱이 형님. 우리는 힘을 내서 싸웁시다."

두 사람은 서로 자신에게 얘기하고 있었다. 서울의 도로는 오늘따라 더 어두웠다. 택시는 깊은 어둠을 헤드라이트 불빛으로 밝히며 나아갔다. 허세욱은 전태일의 유서 한 구절을 떠올렸다.

내 생애 다 못 굴린 덩이를, 덩이를,
목적지까지 굴리려 하네.

허세욱은 전태일이 다 굴리지 못한 덩이를 조경식이 굴리다 쓰러진 자리에서 택시운전사인 자신이 굴리겠노라고 다짐했다. 덩이를, 바퀴를 굴려 인간선언에서 자신이 꿈꾸는 인간해방으로 새움 트는 새벽의 땅으로 가겠노라고 다짐했다. 허세욱은 봉천동 한독운수 차고지를 향해 서러운 봄밤의 끝을 향해 나아갔다.

허세욱은 그날 이후 한동안 악몽에 시달렸다. 잠이 들면 공원에 설치된 무대 위에서 불길이 타오르고 한 남자의 모습이 보였다. 악몽에 시달리다 잠이 깨면 이마에 진땀이 배어 있었다. 꿈이었지만 생생한 현실감에 다시 잠들 수 없었다. 어떤 날은 무대 위에서 타오르는 불길이 불길한 느낌을 줬다. 불길을 향해 걸음을 걷던 그는 남자의 얼굴을 보고 소스라치듯 놀랐다. 그 남자는 허세욱 자신의 모습이었다. 몸부림치며 잠에서 깼지만 다시 잠들 수 없었다. 그는 찬 소주를 마시며 악몽을 떨쳐냈다.

허세욱은 그 후 한독운수 노동자들을 만날 때마다 얘기했다.

"우리는 살아서 싸워야 해요."

동료들은 그 말을 들을 때마다 화상을 입고 매일 고통 속에 병원 침대에 누워 있는 조경식과 택시노동자들에 대한 그의 애정을 헤아렸다.

정오교통 노동자들은 다음 날부터 파업에 돌입했다. 한독운수 조합원들은 면목동에 소재한 정오교통 파업 현장을 꾸준히 찾아갔다. 어느 날은 밥 한 끼 제대로 먹지 못하고 싸우는 노동자들을 위해 정오교통 인근 시장에 들러 돼지고기와 김치를 사 들고 찾아갔다. 인간에게 가장 중요한 것은 밥을 배불리 먹어야 한다는 허세욱의 지론에 따른 것이었다. 파업은 장기화되었다. 민주택시 구수영 위원장은 조경식이 화상 치료를 받고 있는 한강성심병원 앞에서 6개월에 걸친 텐트 농성을 벌였다. 농성장에 허세욱은 거의 매일 방문했다. 주로 택시 운행을 마치고 돌아가는 길이었다. 허세욱이 방문할 때면 손에 캔 커피나 박카스가 들려 있었다. 하루는 허세욱이 한강성심병원 건물을 바라보며 구수영에게 말했다.

"위원장님, 담뱃불이 살갗에 살짝만 스쳐도 쓰라리고 아픈데, 어떻게 뜨거운 불구덩이에서 저렇게까지 할 수 있었을까요? 저는 도저히 그런 건 할 수 없을 것 같아요."

구수영도 착잡한 심정으로 대답했다.

"세욱이 형님, 제가 민주택시를 하면서 몇 분이 분신해서 화상 치료 하는 걸 직접 봤는데요. 정말 끔찍해서 못 봐요. 너무 고통스러워서 몸부림을 치니깐 사지를 침대에 꽁꽁 묶어놔요."

민주택시에서 일하며 여러 명의 열사를 떠나보낸 구수영은 진저리치며 고개를 흔들었다.

정오교통 파업은 334일 동안 이어졌다. 한번은 불과 열 명 남짓한 노동자들이 천막을 지키며 잠든 새벽에 구사대가 파업 현장을 침탈했다. 회사는 파업 기간 동안 구사대 수십 명을 고용해 월급을 주고 있었다. 노동자들은 혹한의 찬바람 속에서 팬티 바람으로 회사에서 쫓겨났다.

허세욱은 정오교통을 비롯해 파업을 벌이는 노동자들과 연대하면서도 노동조합 활동에 머물지 않고 참여연대와 민주노동당, 관악청년회를 통해 깨달은 우리 사회의 문제점과 모순을 바라보면서 운전대를 돌리고 있었다. 대부분 노동조합 활동에만 전념하는 택시노동자들에 비해 그의 폭넓은 행보는 매우 드문 사례였다.

일하다 택시 트렁크를 여니까 두루마리 화장지 큰 거 하나가 들어 있는 거야. 직감적으로 형님밖에 없는 거야. 처음엔 아니라고 하시는 거야. "아이, 얘기해요. 형님밖에 없는데." "이사했다고 해서 서운해서 내가 싼 걸로 사다가 넣어놨어." 그러시더라고요. 조합원들 세세한 부분들까지 신경 써줬어요.

− 한독운수 유종대

술 드시면 빨개진 게 참 귀여우셨어요. 한번은 술 먹고 헤어질 때 택시 잡으려면 너무 힘들다고 불평했어요. "왜 택시운전사들이 사람들 가려가면서 태우냐?" 항의했더니 "전부 다 그런 거 아니다. 우리는 안 그런다. 민주택시 소속 택시는 안 그런다. 언제든지 연락 주면 어디든 내가 달려간다." 그러면서 명함을 주셨어요.

− 참여연대 하원상

2005년경 평통사에서 주점할 때 술 마시고 같이 나와서 택시를 잡는데, 저한테 그래요. "개인택시는 절대 타지 마세요. 회사택시 이용하세요. 회사에서 일하는 택시운전사들이 어려우니까." 그래서 그 후부턴 회사택시를 이용하고 있어요.

− 민주노동당 이승헌

2005년 겨울을 앞두고 까만 비닐봉지를 하나 주셨어요. 평택역에서 집회가 있던 날이었어요. 봉지 안에 겨울용 조끼가 들어 있어요. 추워지니까 몸 상하지 말라고. 너무 고생한다고. 조심하라고. 쑥스러워하고, 주면서도 미안해하면서. 저희가 선생님이라고 부르면 손사래를 치면서 말해요. "얼마나 열심히 해야 동지라고 불러주시겠어요?"
– 평화와통일을여는사람들 장도정

유인물 가져오면 배차실에 비치하고, 포스터는 배차실과 회사 게시판에 한 부, 입구 쪽에 한 부씩 올려뒀어요. 포스터는 갖고 다니면서 '그날이오면' 서점 앞이나 서울대 다니면서 직접 붙였어요. 포스터가 많을 때는 일 안 하고 혼자 여기저기 다니기도 하고. 새벽에 혼자 붙였대요. 본인이 커버하는 장소들이 있어요. 서울대 건물 게시판마다 다 붙였어요. 그런 와중에 관리자들하고 언쟁 붙는 경우도 많았대요.

소주를 가장 많이 드시고, 그 다음엔 막걸리요. "노동자의 술, 막걸리"라고 말하곤 했어요. 밥은 많이 먹었어요. 우리 두 배로 먹었어요. 두 공기, 세 공기. 밥 먹는 속도는 느려요. 항상 맨 마지막에 일어나다시피 했어요. 먹을 때마다 하는 말이 밥심으로 살아야 된다고 하셨죠.
– 한독운수 정기열

1999년도 여름에 전라북도 진안에서 전수받고 올 때였어요. 짐이 워낙 많은데다 차가 막혀서 밤 12시 넘어 서울에 도착하겠길래 전화했어요. 마침 야간 반이라 일하고 있다고 해서, 어디쯤이세요? 하고 물었죠. 운전하면서 전화받냐니깐 손님 없어서 서 있대요. 그래서 손님 없으면 우리나 태우러 오라고 했죠. 마침 그 근방이라고, 알았다고 해요. 터미널에 딱 내리니까 바로 앞에 계시길래 탔어요. 형님이 요금은 곧 죽어도 안 받는다고. 고집은 세가지고. 근데 알고 보니까 동서울 근방이 아니라 다른 데 멀리 계셨더라고요. 손님도 안 받고 일부러 온 거였어요. 성북구 어디였다고 나중에 들었어요. 거기서 동서울터미널 앞까지 달려온 거죠. 그래서 그 다음부턴 또 그러실까 봐 전화도 못했어요.

– 봉천놀이마당 오정훈

3부 촛불 연대기

유인물은 나의 교과서였다

2001년 봄. 허세욱은 봉천놀이마당 연습실에서 홍은광을 만났다. 서울대 교육학과에 재학중인 홍은광은 허세욱에게 '개인 학습 생애의 특징 사례연구' 리포트 작성을 위해 인터뷰를 요청한 상태였다.★ 연습실 바닥에 유인물과 신문 뭉치들이 쌓여 있었다. 두꺼운 종이 위에 신문 기사를 조각조각 오려 풀로 붙여놓은 것도 있고, 코팅한 것도 있었다. 기사의 어떤 문장엔 밑줄이 쳐져 있고, 볼펜으로 글씨를 적어두기도 했다. 스크랩한 신문 기사는 소재가 다양하고 폭넓었다.

홍은광이 민주노동당 활동을 하면서 만난 허세욱은 쉼 없이 배우는 사람이었다. 그는 쉬지 않고 질문을 던지는 사람이었다. 목마른 이가 우물을 파듯 그의 질문은 꼬리에 꼬리를 물었다. 허세욱은 가끔 홍은광에게도 전화를 걸어 궁금한 것을 물었다. 쌓여 있는 종이 뭉치를 보며 허세욱이 말했다.

"트렁크엔 이런 유인물이 가득해요. 어떤 유인물은 한 번 봐선 모르겠어요. 이렇게 두고두고 봐야 좀 이해가 돼요. 제가 모르는 단어가 나오면 사람들한테 물어보기도 하고요."

사람들이 집회 장소에서 받은 유인물을 한 번 읽고 버리거나 바닥에 깔고 앉는 반면 그는 유인물을 일일이 가져다 읽고, 또 소중하게 간직했다. 집회를 마친 광장 바닥에 버려진 유인물들을 주워 주머니

★ 세 차례에 걸친 인터뷰에서 허세욱은 자신의 이야기를 들려주는 데 관심이 더 많았다. 주변 사람들에게 과거 이야기를 하지 않는 그가 이례적으로 인터뷰에서 많은 얘기들을 털어놓았다. 홍은광과 인터뷰를 하는 동안 허세욱은 "처음 해보는 얘기다", "우리 둘만 아는 것으로 하자"는 말을 여러 차례 되풀이했다. 그는 철거 싸움 이전의 삶을 '길고 어두운 터널'이었다고 고백했다. 자신의 생애를 고백한 귀중한 녹음자료는 안타깝게도 유실되었다.

에 넣는 모습도 자주 보았다. 그의 조끼 주머니는 유인물들로 두툼했다. 인터뷰 이후 홍은광은 유인물을 함부로 버릴 수 없었다.

"왜 유인물을 이렇게 많이 가지고 다니세요?"

홍은광이 가장 하고 싶었던 질문이었다.

"우리가 왜 사회적으로 힘이 약할까요? 제가 생각할 땐 우리들의 주장이 잘못된 게 아니지만 대중에게 전달하는 면에서 너무 약해요. 시민들을 잘 모른다는 생각도 들어요. 저 같은 택시운전사가 사람들을 가장 많이 만나잖아요. 택시 안에 있으면 아저씨도 만나고 아줌마도 만나고 할머니, 할아버지도 만나요. 우리를 호의적으로 보게 하려면 사람들에게 많이 알리는 이런 실천이 중요하다고 생각해요."

허세욱은 아주머니나 할머니들이 짐을 들고 탈 때면 도와주면서 이야기를 나눴다. 더러 집까지 찾아가 하소연을 들어줄 때도 있었다.

그는 신문과 유인물에서 삶의 길을 배우고 찾고 있었다. 신문을 정기구독하지 않는 허세욱은 〈조선일보〉, 〈문화일보〉, 〈경향신문〉, 〈한겨레〉 등 몇 개의 신문을 매일 가판대에서 구매했다. 여러 개의 신문을 읽는 것은 각 신문의 논조를 비교하면서 읽기 위한 방안이었다.

그가 유인물을 처음 만난 곳은 봉천6동이었다. 허세욱은 세대위 모임에 참여하지 못할 때는 유인물을 돌리는 것이 자기의 역할이라고 생각했다. 그가 소속된 세대위의 문화부는 만장과 현수막, 대자보, 유인물 등을 제작했다. 허세욱은 대자보나 유인물을 읽으며 재개발의 문제점은 물론 사회에서 일어나는 여러 문제를 접할 수 있었다. 그에게 유인물은 세상에 눈뜰 수 있게 해준 교과서였다.

허세욱이 본격적으로 택시 안에서 유인물을 돌리기 시작한 것은 제16대 국회의원 선거에서 민주노동당 관악을 후보로 나선 신장식을 도울 때였다. 이때 400여 시민단체가 참여한 '총선시민연대' 의 '낙천낙선운동' 홍보물을 택시에 싣기 시작했다.

유인물이 실리면서 허세욱의 택시는 희망을 싣고 달리는 택시가 되었고, 세상의 작은 학교가 되었다. 이 학교의 교과서는 유인물이었다. 도로 위에서 그는 수천 종의 교과서를 만나야 할 교사였다. 녹록치 않은 다양한 성향들의 학생들을 만나기 위해 그는 수업 준비를 대충 할 수 없었다. 그는 택시 안에서 손님들과 문답을 통해 시행착오를 거치고 있었다. 손님들의 질문에 얼버무릴 때도 있었고 의견이 다른 손님들과 다투기도 했다. 손님들에게 조리 있게 설명하지 못할 때면 가슴이 답답하고 머리가 지끈거렸다. 허세욱은 시민단체 활동가들이 유인물을 가져가는 이유를 물으면 이렇게 대답했다.

"말로 하는 것보다 잘 정리된 유인물을 드리는 게 나아요."

유인물을 나눠주는 일은 시민들에게 조리 있게 설명할 수 없었던 그가 고민 끝에 찾은 방법이었다. 그는 명료하게 설명할 수 없는 질문을 받은 후엔 신장식이나 민주노동당 활동가들을 찾아가 이해할 수 있을 때까지 묻고 또 물었다. 맞장구를 쳐주는 손님을 만날 때면 한 평 남짓한 택시 안에 절로 신명이 돌았다.

허세욱의 학습과 고민은 삶에 맞닿는 구체적인 것들이었다. 사회적인 문제에 대해 어떤 입장을 취하고 어떤 실천을 해야 하는가를 고민했다. 그는 실천과 배움을 반복하면서 성장했다. 허세욱의 언어는 투박하고 단정적이었다. 홍은광이 '부르주아지' 라고 하면 그는 '있는 놈들' 이라고 표현했다. 그가 해석하는 방식은 삶의 경험에서 나온 직관적인 것들이었고 대화의 끝에서는 구체적 실천을 제시했다. '있는 놈들이 이러면 없는 놈들은 이렇게 단결해야 된다' 는 식이었다. 그의 말끝엔 '~해야 된다'는 말이 따랐다.

홍은광은 그의 다양한 단체 활동에 대해서도 궁금했다. 그가 들고 다니는 유인물은 주로 참여연대와 민주노동당, 관악주민연대에서 펴낸 것들이었다. 허세욱은 참여연대에서 펴낸 유인물을 보고 시민운동에 관심을 갖게 됐다. 참여연대는 철거 싸움 이후 그가 처음으로 직접 찾아 가입한 단체였다. 참여연대는 1999년 삼성그룹 이재용에게 과세를 촉구하며 국세청 앞에서 시위를 벌였고, 삼성 주주총회에 단골로 참여하는 등 재벌을 견제했다. 허세욱은 참여연대가 재벌에 대해 끊임없이 문제 제기하는 모습을 보고 신뢰를 갖게 됐다. 1998년 회원으로 가입한 후 그는 참여연대에서 진행하는 토론회와 공부 모임에 참여했다. 홍은광이 물었다.

"강연회도 자주 가시고, 시민 공부 모임도 하셨다고 했죠?"

"세상이 너무 궁금했어요."

허세욱은 잠시 말을 끊고 생각에 잠겼다.

"앵무새처럼 그냥 따라가는 건 싫었습니다. 내가 공부를 안 했으니까 무식하니까, 있는 사람들 머리 좋은 사람들 얘기하는 것을 그냥 따라가는 것이 아니라, 나도 내가 생각해서 근거를 가지고 얘기하고, 그 근거를 통해 실천하고 싶었어요."

그는 유인물과 신문에 밑줄을 그어가며 공부하게 된 배경도 일러주었다.

"일단은 알고 싶었어요. 시민운동하는 사람들 이야기를 들어보면 맞기는 맞는 것 같은데 가끔 탁탁 막히고 갑갑해요. 뭐, 단어도 모르겠고."

하나를 이해하게 되면 몇 개의 궁금증이 보태졌다. 허세욱은 시민과의 소통을 중요하게 생각하는 여러 단체들에서 시민들이 이해하기 어려운 언어를 사용하는 것을 나무랐다.

"유인물에 왜 이렇게 영어가 많아요? 우리 한글이 살아 있어야 되지 않나요?"

가끔 유인물을 작성하며 저도 모르게 사용한 말들에 홍은광은 부끄러움이 일었다. 허세욱은 시민단체 활동을 하는 이유를 덧붙였다.

"여지껏 배달이며 몸으로 때우는 일을 하다 시민단체 활동을 하게 됐어요. 그동안 살아온 삶을 돌아보지 않았습니다. 잘못 살아왔어요. 시민의식 없이 막 살았기 때문에 과거를 돌아보기 싫습니다. 부끄러워서."

생존권 싸움인 철거 싸움을 마친 허세욱은 참여연대를 만나면서 시민운동에 참여했고, 막연하게 생각한 사회의 부조리를 구체적으로 배우고 깨쳤다.

허세욱의 또 다른 배움의 장은 민주노동당이었다. 2000년 1월. 그는 택시노동자로서 노동자의 이익과 요구를 대변하는 새 정당의 탄생을 눈여겨보았다. 그는 홍은광에게 민주노동당과의 인연을 소개했다.

"지난 지방선거에서 관악구에서 나온 두 후보가 일반적인 정치인들과 다른 길을 걷고 있는 모습을 지켜봤어요. 두 분 모두 빈민운동을 하며 주민들의 존경을 받던 분들인데 민주노동당에 입당했어요."

빈민운동의 대모 김혜경과 신장식을 이르는 말이었다. 허세욱은 지난 지방선거에서 '관악구의 허준'이 되겠다는 약속으로 나선 신장식의 선거를 도왔다. 하지만 민주노동당 입당을 서두르지 않았다. 허세욱의 열정과 실천력을 발견한 당원들이 입당을 제의했을 때 그는 겸손하게 거절했다.

"내가 민주노동당에 입당을 해서 민주노동당 얘기를 하면 사람들이 선뜻 받아들이지 않을 수도 있잖아요."

허세욱은 제16대 국회의원 선거를 마친 후에야 민주노동당 당원으로 가입했다.

홍은광이 바라본 당원으로서 그의 활동은 성실하고 부지런했다. 간헐적으로 열리는 강연회나 교육에 빠지는 일이 드물었다. 2001년엔 시사토론반 모임에도 참여했다. 중학교에서 멈춘 배움에의 열의가 다시 불붙고 있었다.

민주노동당에서의 열정적인 활동의 결과는 2001년 민주노동당 모범당원상 수상으로 나타났다. 민주노동당 관악동작지구 지역위원회는 모범당원상 후보에 만장일치로 허세욱을 추천했다. 그들은 한결같이 허세욱이 지구당 활동가들 못지않은 당원이라는 데 이견이 없었다. 그는 민주노동당 창당 후 첫 번째 모범당원상 수상자였다. 2003년에는 자주통일위원회에서 모범당원상 수상자로 허세욱을 선정했다. 대전수련원에서 진행된 시상식엔 100여 명의 당원이 참가했다. 허세욱은 남색 점퍼에 청바지를 입고 운동화를 신은 평소 옷차림으로 단상에 올라섰다. 그는 허리를 90도로 굽혀 인사하고 소감을 전했다.

"너무 부족한 사람인데 이런 귀한 상을 주셔서 고맙습니다. 동지들이 이 상을 주었으니 몸이 부서지도록 열심히 하겠습니다. 끝까지 최선을 다해 열심히 하겠습니다."

허세욱의 표정은 감격에 차 있었다. 평생 내세울 만한 상 한 번 타보지 못한 허세욱에게 이 상은 자부심을 안겨주었다.

그는 택시 안과 밖을 아우르는 일상적 실천가로 변모하고 있었다. 그는 봉천놀이마당 회의에서 여권 신장에 관한 제안이나 진보적인 안

건들을 제시해, 민주노동당 강령과 규약을 봉천놀이마당에 적용시키기 위해 노력했다. 그는 택시 손님들이나 주변 사람들에게 참여연대와 민주노동당 가입을 권유했다. 촛불집회에서 자주 만난 참여연대 회원 이옥수를 민주노동당에 소개한 적도 있었다. 봉천놀이마당 회원 조미경이 민주노동당에 가입했을 때는 '이제 우리는 동지가 됐다'며 뛸 듯이 기뻐했다.

절친한 동료인 택시운전사 이성원에게도 당 가입을 수차례 권유했다. 처음 권유받았을 때 이성원은 거절했다.

"나는 더 철저한 사회주의 정당을 원합니다. 죽어도 민주노동당은 가입하지 않겠습니다."

하지만 허세욱은 포기하지 않고 여러 차례 당 가입을 권유했고 이성원은 매번 힘겹게 물리쳐야 했다. 2006년 부산에서 APEC 회의를 항의하는 집회를 마친 후 막걸릿집에서 허세욱이 말했다.

"성원아, 내가 소원이 하나 있는데 들어줄 수 있겠어?"

"뭔데요? 형님 부탁인데 제가 뭘 못 들어주겠어요."

"민주노동당에 가입하고 활동하면 안 되겠어?"

허세욱을 존경하는 이성원은 '소원'이라는 말에 두말없이 다음 날 민주노동당에 가입했다. 이런 그의 열정과 택시에서 유인물을 나눠주는 활동으로 그에게 '달리는 민주노동당'이라는 별명이 생겼다. 그는 택시 안에서 선전물과 함께 민주노동당과 참여연대 회원가입서를 시민들에게 나눠주었다.

허세욱은 2000년 하반기부터 민주노동당과 여러 시민단체들이 함께한, 미군기지 앞에서 진행하는 '반미 월례집회'에 참여했다. 그는 민주노동당 관악지구에서 일하는 차영민에게 일정을 확인하며 꼬박

꼬박 집회에 나갔다.

신효순, 심미선 그리고 붉은악마

허세욱은 혼자 택시를 몰고 의정부로 향하고 있었다. 2002년 6월 20일. 의정부 미2사단 정문 앞에서 집회가 열리고 있었다. 일주일 전 미군 장갑차에 의해 신효순, 심미선 양이 사망한 사건을 항의하는 제1차 규탄대회였다. 56번 지방도로에 접어들면서 폭이 좁은 2차선 도로가 나왔다. 지방도로는 위태롭게 모퉁이를 돌며 이어졌다. 매향리를 향해 달려가던 길처럼 지방도로의 풍경은 평화로웠다. 2년 전 그는 지금처럼 혼자서 두 차례 매향리를 방문했다. 매향리는 50년 동안 매일 포성이 그치지 않는 마을이었다. 그는 군 시절 이후 처음으로 오로지 인간의 생명을 해칠 목적으로만 불을 뿜는 폭격 훈련을 목격했고, 죽은 돌고래 떼처럼 널브러져 있는 탄피들을 보았다.

폭격 소리에 육·해상 폭격장과 미군기지를 지키는 전경들조차 저도 모르게 방패를 떨어트리는 일이 많았다. 지휘관들도 한창 교신 중인 무전기를 떨이트렸다. 시위대와의 대치가 주는 곤혹보다 폭격 소리가 준 고통과 환청 때문에 매향리의 전경들은 근무지로 돌아간 후에도 며칠씩 잠을 이루지 못했다. 잠이 들어도 환청 때문에 자주 잠에서 깨야 했다. 그것은 2년 전 매향리를 다녀온 후 허세욱이 겪은 일들이기도 했다.

허세욱은 그 후 매향리 싸움에 함께했다. 그는 택시 운전대를 돌리며 오랜 기억 속 총알과 수류탄 탄피를 가지고 전쟁놀이를 하던 어린 시절을 떠올렸다. 그는 한반도에 상주하는 외국 군대를 고향인 안성에서 처음 만났다.

마을 뒷산 쌍아치산과 허세욱이 다닌 명덕국민학교 뒷산의 세바위는 한국전쟁 당시 격렬한 전투 지역이었다. 어릴 적 친구들과 쌍아치산에 오르면 수류탄에 움푹 파인 땅과 총알에 뚫린 나무들이 많았다. 마을 사람들은 전쟁을 피해 피난을 갔다고 했다. 진열리에 있는 명덕국민학교에 다닐 때 학교 앞엔 전쟁 때 판 방공호가 앞산까지 이어져 있었다. 학교 앞은 남과 북이 서로 적이 되어 총을 겨누었던 37도선이었다. 진열리를 지나 고향 대농리 앞을 지나가는 위도 37도선은 한강 이남인 평택, 안성, 장호원, 제천, 삼척을 잇는 방어선이었다.

허세욱은 방공호에서 혼자 노는 때가 많았다. 방공호에서 놀다 보면 울타리나 나무에 박힌 총알과 탄피를 주울 수 있었다. 울타리 밑엔 녹슨 실탄이 많았다. 더러 땅을 파다 수류탄을 주울 때도 있었다. 화약이 귀하고 몸에 좋다는 얘기가 있어 밥에 섞어 먹는 사람들도 있었다.

학교를 파하고 집으로 가는 신작로 길에 종종 미군을 태운 트럭이 지나갔다. 안성 성은리와 평택 미군기지에서 온 군인들이었다. 얼굴색이 다르고 체격이 큰 미군들을 보면 주눅이 들었지만 국민학교 아이들에게 그들은 흥미로운 구경거리였다. 미군들은 초콜릿이며 이름을 알 수 없는 과자를 던져주었다. 미군이 나타나면 군용 트럭을 쫓아 친구들과 함께 달음박질했다. 숨이 차도록 달리다 보면 길 너머로 군용 트럭이 사라져가고 뽀얀 먼지도 사라져갔다. 쫓아가 잡을 것도 아니면서 그게 참 신기하고 재미있었다. 잡을 수 없기 때문에 더 신나게 달려갔는지도 몰랐다.

성은리엔 미군 미사일 기지가 있었다. 기지는 옛 산성인 천덕산성이 있는 천덕산에 자리했다. 외세를 방어하기 위해 만든 산성 자리에 미군기지가 들어서 있었다. 성은리 아이들은 미군이 버린 깡통을 따는 칼이나 탄피를 주웠다. 그것을 팔아 과자를 사 먹었다. 만세고개 너머 성은리엔 기지촌이 있었다. 안청중학교 친구들은 구경삼아 그곳에 다녀오는 아이들도 있었다. 기지촌 양색시들과 함께 미군들이 주말이면 성은리 저수지에 놀러왔다. 그 동네에 살던 친구는 미군 몇 명이 양색시를 일부러 저수지에 빠트린 후 다시 건지는 것을 여러 번 봤다고 했다. 미군은 양색시들을 장난감처럼 다루었다. 머리채를 잡고 물속에 던지면 양색시가 발버둥쳤다. 죽을 것 같으면 다시 건져냈다. 다시 물속에 빠트리고 건지고를 여러 번 반복했다. 그 얘기를 듣고 무서운 꿈을 꾼 적도 있었다. 미국은 그런 일을 놀이로 하는 나라인가보다 하는 생각에 우리나라에서 태어난 게 참 다행이란 생각이 들었다.

성은리 부대 앞엔 가게가 많았다. 성은리에 사는 친구가 마을에서 벌어지는 흉한 소문들을 들려주었다. 가게 주인이 미군들에게 돈을 빼앗긴 일이며 미군들이 칼부림을 했다는 얘기들이었다. 기지에서 근무하는 카투사와 양공주가 결혼하려다 가족의 반대로 저수지에서 동반 자살한 사건도 있었다. 미군기지에 얽힌 소문들은 어른들뿐만 아니라 어린아이들에게도 흘러들었다.

매향리에 갔을 때처럼 이번에도 민주노동당 사무실에서 두 여중생의 소식을 들었다. 장갑차에 깔리는 소녀들의 모습이 머릿속을 맴돌았다.

2002년 6월 13일. 지방선거 투표일인 이날 오전 양주군 조양중학교 2학년 학생 심미선과 신효순은 친구의 생일을 축하하기 위해 2차선 도로 옆 갓길인 흙길을 걷고 있었다. 날씨는 맑았고 햇볕은 다사로웠다.

훈련 중이던 미군 장갑차 부대가 다가왔다. 그중 56톤 무게의 브래들리 장갑차가 소녀들을 향해 굉음과 함께 달려들었다. 미군 장갑차 중 중량이 가장 큰 장갑차였다. 이 장갑차는 워커 마크 병장이 운전하고 있었다. 두 소녀는 장갑차를 피하기 위해 뛰었다. 두 소녀 중 한 아이의 운동화 한 쪽이 벗겨졌고, 등 뒤에서 장갑차가 소녀들을 덮쳤다.

이 사고는 다른 미군 범죄 기사들처럼 언론에 1단 기사로 간략하게 보도되었다. 병원을 찾아간 가족들은 병원 측의 만류로 두 소녀를 볼 수 없었다. 두 여중생이 죽은 지 사흘 만인 6월 15일 오전, 미군 측은 장례를 조건으로 가족과 기자들, 대책위 사람들에게 사후 대책을 위해 책임자인 미2사단장 면담을 약속했다. 두 소녀는 벽제화장터에서 화장되었지만 미군 측은 '면담을 약속한 적 없다'며 발뺌했다.

6월 17일 오후 4시경 미군은 유족에게 연락 없이 현장조사를 실시한 후, 6월 19일 한미합동조사 결과를 발표했다. 발표 내용은 '장갑차 운전병은 규정대로 운행을 했고, 단지 운전병의 시야가 제한되어 길 오른편으로 가던 소녀들을 볼 수가 없었다'는 내용이었다.

환한 대낮에 벌어진 이 사건은 석연치 않은 몇 가지 의문을 남겼다. 미군 운전병의 진술을 접한 시민들은 고의적인 살해라는 의혹을 떨칠 수 없었다. 현장 사진엔 두 소녀의 시신 위로 궤도 자국이 선명했다. 머리가 으깨지고 터져나온 창자는 참혹했다.

미군의 수사 결과 발표 직후, '평화와 통일을 여는 사람들'의 제안으로 '미군장갑차 여중생 故 신효순 심미선 양 살인사건 범국민대책위원회'를 꾸리는 데 이르렀다.

주한미군은 한미행정협정(SOFA)이 발효된 1967년부터 2001년까지 5만여 건의 범죄를 저질렀다. 평균 하루 5건, 한달 150건이었다. 범죄는 주로 미군기지 인근 지역에서 벌어졌다. 미군 범죄는 한미행정협정으로 인해 한국의 법적 지위 밖에서 불평등한 정치적·사법적 특권이 행사되었다. 재판권은 미군 측에 있었다. 한국 경찰의 역할은 미군 측에게 피의자의 신병을 인도하는 것으로 끝날 뿐이었다. 미군 범죄는 성역이자 치외법권이었다. 불평등한 한미 관계는 미군 범죄를 늘리는 역할을 했다.

6월 18일 '2002 한일 월드컵'에 참가한 국가대표팀은 상대팀인 이탈리아와 16강전에서 연장전 끝에 2대 1로 승리를 거뒀다. 이로써 한국팀은 월드컵 사상 처음으로 8강에 진출하게 됐다. 한국 축구대표팀의 연이은 승리는 전 국민을 세계적인 축구대회 월드컵에 빠져들게 했다. 시청 광장은 경기를 관람하는 시민들로 인산인해를 이뤘다. 시민들이 축구 경기에 도취되어 있는 동안 두 소녀의 죽음은 묻히는 듯했다.

허세욱은 집회가 열리는 미군기지보다 사고 현장을 먼저 찾아갔다. 사고 현장 인근은 갓길이 좁아 차를 댈 만한 장소가 없었다. 그는 차를 되돌려 삼거리 인근에 주차하고 차에서 내려 갓길을 걸었다. 도로 위에서 굉음을 내며 위태롭게 차들이 지나갔다. 허세욱은 차 소리가 들릴 때마다 불안감에 매번 돌아보았다. 아스팔트는 황량했다. 아스팔트 위로 두 여중생의 모습이 어슴푸레 떠올랐다. 생일을 축하하러 가던 두 소녀는 서로 손을 잡고 걸어가고 있다. 아마 휘파람을 불거나 노래를 부르면서 걸었을 것이다. 소리가 요란한 장갑차였으니 두 소녀의 귀에 달려오는 소리가 들렸을 것이다. 허세욱은 갓길에 서서 점퍼 주머니에 손을 찔러넣고 사고 현장을 바라보았다. 나이 어린 죽음은 그가 다 헤아릴 수 없었다. 허세욱은 왔던 길을 되돌아가 차를 타고 효촌리 마을을 둘러보았다. 마을 입구에는 주민들이 내건 현수막이 바람에 나부꼈다. 문구는 간명했다.

"탱크로 여중생을 무참히 살해한 미군놈은 대국민 사죄하고 이 땅을 떠나라."

미군기지에 그가 도착했을 때 미2사단 정문 앞엔 시민단체 회원들과 이 사건에 분노한 시민, 마을 주민들 100여 명이 모여 있었다. 미군기지 앞은 전경들이 가로막고 있었다. 집회 참가자들은 구호를 외쳤다.

"우리는 대한민국 경찰과 싸우고 싶지 않습니다."

미군의 요청으로 경찰들이 집회 참가자들을 연행한 것에 대한 항의였다. 집회 참가자들이 정문 앞에서 연좌농성을 하고 있을 때 앳된 얼굴의 의정부여고 2학년 학생들 150명가량이 교사들과 함께 도착했다. 의정부여고엔 두 소녀의 친언니 한 명이 재학 중이었다. 집회에 참가한 학생들은 친언니의 같은 반 학생들이었다. 미2사단 앞에서 면담을 거절당한 유가족들이 드러누워 항의했다는 소식을 접한 학생들이 자율학습도 하지 않고 찾아온 것이다.

집회 현장엔 참가자가 점점 늘어나고 있었다. 허세욱은 사회를 보고 있던 김종일이 쉬는 참을 기다려 다가갔다. 그는 들고 있던 꿀차를 건네며 말했다.

"고생 많으십니다. 저는 서울에서 택시를 운전하는 사람입니다."

김종일은 택시운전사가 서울에서 달려왔다는 말에 놀랍고 반가운 마음이 들었다.

"아니, 어떻게 의정부까지 올 생각을 하셨습니까?"

"이 소식을 듣고 오지 않을 대한민국 국민이 어디 있겠어요?"

허세욱의 답변은 단순했다.

"제가 운전을 하다 보니 하루에도 많은 시민들을 만나고 있습니다. 여중생들의 억울한 죽음을 손님들에게 널리 알리고 싶은데 선전물을 얻을 수 있을까요?"

"물론입니다. 선생님. 이렇게 관심을 가져주셔서 고맙습니다."

김종일은 흔쾌히 속보로 만든 유인물 200부가량을 허세욱에게 건네주었다. 의정부여고 학생들이 참여한 이날의 집회가 언론에 보도되었다. 의정부여고 학생들은 최초의 촛불소녀가 되어 두 소녀의 억울한 죽음을 시민들에게 호소했다. 허세욱은 촛불소녀들을 보며 자신이 이 사실을 최선을 다해 알려야겠다고 다짐했다.

이로부터 일주일이 채 지나지 않았을 때, 허세욱은 택시를 타고 숙명여대 앞에 자리한 평통사 사무실을 방문했다. 그의 손에는 1.5리터 용량의 음료수 여러 개가 들려 있었다. 그의 방문을 맞이하는 김종일에게 허세욱이 말했다.

"지난 번 주신 유인물을 손님들에게 모두 나눠줬어요."

"그래요? 정말 수고 많으셨습니다."

"선선물을 만드는 네 비용이 많이 늘죠? 제가 제작비를 드리고 싶은데, 얼마 정도 드나요?"

"걱정하지 마십시오. 시민·사회단체에서 함께 돈을 모아서 제작하고 있습니다."

허세욱은 시민들에게 나눠줄 유인물이 더 필요했다.

"선생님, 제가 봉천동 달동네에 살고 있습니다. 그 지역에 오래 살아서 알고 지내는 주민들이 많아요. 새벽에 퇴근하면서 주민들에게 선전물을 나눠주고 싶은데 더 가져갈 수 있을까요?"

김종일은 그에게 잔잔한 감동을 느꼈다.

"선생님, 택시 운전도 힘들 텐데, 일 마치고 선전물까지 돌리려면 고생스럽지 않겠어요?"

"아닙니다. 괜찮습니다. 정말 괜찮아요."

반색을 하며 허세욱이 말했다. 김종일은 그의 천진난만하기까지 한 맑은 표정을 보니 웃음이 절로 나왔다. 오랜 세월 통일운동을 하며 이렇게 잔잔한 감동을 주는 시민을 만난 건 처음이었다. 그는 새로 제작한 선전물 5000부 중에서 1500부가량을 허세욱에게 건네줬다.

"이번엔 넉넉하게 드릴 테니 천천히 배포하세요."

"이렇게 많이 주시니 너무 고맙습니다."

김종일은 헌신적인 활동가 한 명을 얻은 기분이었다. 그는 속으로 말했다.

'서울 시내를 종일 운행하며 시민들을 만나는 택시운전사들이 이 분과 같은 활동을 하면 얼마나 커다란 힘이 될까?'

허세욱은 이날 받은 선전물을 시민들에게 나눠주고 봉천놀이마당, 관악청년회, 민주노동당, 한독운수 등에도 직접 배포했다. 퇴근 후엔 해가 뜰 때까지 봉천동 집집마다 돌아다니며 우편함에 선전물을 집어넣었다. 그는 봉천동에서 유인물을 배달하는 새벽의 우편배달부였다. 그즈음부터 그가 선전물을 나눠주는 양이 갑자기 늘어났다.

그는 1500부 남짓한 선전물을 일주일 만에 시민들에게 나눠주고 다시 평통사를 찾아왔다. 김종일은 그의 두 번째 방문을 반갑게 맞이했다. 이번엔 그의 손에 편지 봉투가 들려 있었다.

"어서 오세요. 벌써 선전물을 다 소화하신 건 아니죠?"

"다 배포했어요. 소중한 돈으로 제작한 것이라 한 장도 다른 데 쓰지 않았습니다. 그리고 이거 받으세요. 승객들에게 선전물을 나눠드렸더니, 한 손님이 약소하지만 보태 쓰라고 해서 받은 돈입니다."

김종일은 편지 봉투를 열어보았다. 봉투 속엔 1만 5000원이 들어 있었다. 이름을 알 수 없는 시민에게서 받은 소중한 돈이었다.

"후원금까지 이렇게 받아오시니 정말 고맙습니다. 선생님이 너무 열심히 하셔서 저희가 부끄러울 정도입니다."

"아유, 뭘 그런 정도까지요. 전 효순이 미선이를 생각하면 잠도 오지 않아요."

그 말을 하는 허세욱의 눈시울이 금세 붉게 물들었다. 무안해진 허세욱은 화제를 돌렸다.

"참, 한 가지 제안 드려도 될까요?"

"그래요? 어떤 제안인지 궁금합니다."

"요즘 시청이나 광화문에 나가면 월드컵을 보러 오는 시민들이 많잖아요. 우리가 선전물을 들고 '붉은악마'들이 있는 광화문에 가서 알려야 하지 않을까요?"

그 일은 효순·미선범대위의 계획에 없는 얘기였다.

"온 국민들이 축구에 빠져 있는데, 월드컵 열기에 찬물을 끼얹는다고 생각하지 않을까요?"

김종일은 부정적이었다. 시민들의 반감을 불러일으킬 여지가 많다고 생각했다. 허세욱은 다시 자신감을 실어 말했다.

"대한민국 사람이라면 누구라도 상황을 정확히 알려주면 공감할 겁니다. 제가 택시 운전을 하면서 지금까지 많은 승객들을 만나봤지만 이런 일이 있었다는 사실에 놀라고 분노하지 않는 손님이 한 명도 없었어요."

그는 택시 안에서 승객들을 직접 겪으면서 여론을 정확하게 읽고 있었다.

"제가 만난 시민들은 모두 이 문제가 해결되어야 한다고 한결같이 얘기합니다. 그러니 자신감을 갖고 광화문에서도 알렸으면 좋겠어요. 그리고 여중생을 애도하는 뜻에서 시민들에게 '근조 리본'을 달게 하면 어떨까요?"

김종일은 시민들을 직접 만나면서 여론을 파악하고 있는 그의 제안을 무시할 수만은 없다고 생각했다.

"선생님께서 그렇게까지 얘기하시니 저희가 한번 논의를 해보겠습니다."

허세욱은 몇 번 더 당부를 하고 사무실을 나섰다. 그가 다녀간 사흘 뒤 여성 네티즌 한 명이 평통사를 찾아왔다. 자신을 컴퓨터 프로그래머이자 붉은악마라고 소개한 그녀는 허세욱과 비슷한 제안을 했다.

"국가대표팀 축구 경기가 열릴 때마다 많은 시민들이 광화문에서 대형 전광판을 보면서 응원하고 있어요. 광화문에 오는 사람들 대부분이 인터넷을 다룰 줄 아는 젊은이들입니다. 이날 리본을 달고 추모의 마음을 나누면 어떨까요? 이 사건이 널리 퍼지는 데 도움이 될 것 같아요."

김종일은 비슷한 시기에 두 사람이 같은 제안을 한 것은 우연이 아닐 것이라고 판단했다. 허세욱은 두 번째 방문에서 추가로 가져간 1000여 부의 선전물을 시민들에게 모두 나눠주고 다시 평통사를 찾아와 근조 리본을 준비해 광화문으로 가야 한다고 재차 강조했다. 평통사는 논의 끝에 광화문의 붉은악마들을 만나기로 결정하고 선전물과 근조 리본 제작에 들어갔다.

붉은 악마들의 반응은 기대를 웃도는 것이었다. 경기가 열리는 날, 지난번에 평통사를 방문한 여성이 근조 리본 배포를 맡았다. A3 크기의 선전물 4000장과 리본 5000개가 붉은 티를 입은 응원 시민들에게 건네졌다. 준비물은 짧은 시간에 동이 나 모자라는 사태가 발생했다. 활동가들은 급히 시장으로 달려가 검은 천을 구매해 현장에서 직접 자르며 추가로 수천 개의 리본을 제작했다. 붉은악마들은 손목과 팔뚝에 근조 리본을 달고 경기를 관람했다. 어떤 시민들은 선전물을 읽으며 월드컵 열기에 취해 있는 동안 벌어진 사건에 눈시울을 붉혔다. 광화문은 축제와 추모가 어우러지는 자리가 되었다. 이날의 응원은 태극기 대신 검은 리본이 물결쳤다.

붉은악마들은 다음 날 메신저를 이용해 직장 동료들과 친구들에게 인터넷 근조 리본을 속속 전파했다. 인터넷 카페에도 이메일에도 근조 리본이 달렸다. 점심시간이면 삼삼오오 모여 월드컵 소식과 함께 여중생 사건을 얘기했다.

허세욱은 잠을 아꼈다. 일을 마친 새벽이면 불 꺼진 집들을 돌며 우편함에 선전물을 배포한 후에야 잠이 들었다. 그는 다시 평통사를 찾아갔다. 김종일을 만난 자리에서 이번에는 새로운 제안을 했다.

"제가 보니 유인물이 글씨 위주로 돼 있는데, 미군들이 어떻게 여중생을 탱크로 살해했는지 시민들이 이해하기 쉽게 그림으로 그려서 보여주는 건 어떨까요? 잘 그려서 인터넷에도 올려주면 빨리 퍼질 거예요."

"선전물을 컬러로 제작하는 것은 어떨까요?"

"문구를 좀 더 간략하게 하면 더 좋을 것 같아요."

"버튼을 제작해서 나눠주는 것은 어때요?"

허세욱의 제안은 끝이 없었다. 그는 선전물을 꼼꼼하게 읽고 분석하면서 효과적인 홍보 방안을 구상하고 제의했다. 택시 홍보 일꾼이 된 허세욱은 시민들과 대화를 나누며 실시간으로 반응을 확인하고 있었다. 그의 제안은 매번 확신에 차 있었다. 김종일이 건강을 염려하자 허세욱의 표정이 진지해졌다.

"선생님, 저는 잠자는 시간도 아까워요. 그럴 시간이 있으면 몇 집이라도 더 알려야죠."

이 말을 할 때 허세욱은 시민단체 몇 군데가 소화할 수 있는 분량의 선전물을 시민들에게 나눠준 후였다. 마치 열 명의 허세욱이 선전물을 나눠주고 있는 것 같았다. 두 여중생의 죽음으로 촉발된 촛불집회는 연인원 500만 명을 거리로 불러냈다. 허세욱은 이 기간 동안 촛불을 든 한 명의 시민이었다. 그는 가슴 속에 두 여중생의 잃어버린 꿈과 삶을 아로새겼다.

여중생 살해 사건과 한독운수 파업이 있던 2002년 허세욱은 전위에 나서고 있었다. 그가 선 전위는 유명 인사들이나 시민·사회단체 활동가들의 전위와는 다른 것이었다. 관심과 조명이 있는 방송이나 신문지상이 아닌, 사람들이 모두 잠든 새벽 골목을 깨우며 홀로 이 동네 저 동네를 누비는 것이었다. 그는 이 시기부터 자신의 거의 모든 시간을 현장에서 보냈다. 불과 두세 시간 수면을 취하며 새벽길을 달리느라 신발이 닳았고, 운동화 벗을 시간도 없어 발가락 사이와 발바닥엔 무좀이 생겼다. 가려움과 통증이 심해져 운전을 제대로 하지 못할 지경이었다.

"허세욱 선생님, 왜 그렇게 무리해요?"

열심히 하는 것은 좋지만 간혹 사람들이 볼 때 허세욱의 실천은 과해 보였던 것이다. 허세욱은 질문을 받자 당혹스러웠다.

"아, 아니. 그걸 말이라고 하세요? 미군놈들이 백주대낮에 죄 없는 효순이 미선이를 죽였잖아요."

허세욱은 말을 더듬거리며 제대로 대답하지 못했다. 뻔한 대답에 그 사람은 실소를 금치 못했다. 허세욱은 그만 입을 닫아버렸다. 하고 싶은 말이 마음속에 가득했지만 말이 되어 나오지 못했다. 그의 마음은 이미 언어화될 수 없는 것이었다. 사람들이 그를 이해할 수 없듯 그도 사람들을 이해할 수 없었다. 왜 사람들이 자신에게 그런 질문을 하는지, 왜 자신처럼 분노하지 않는지 알 수 없었다. 친구의 생일잔치에 가던 소녀들이 이유도 없이 길에서 깔려 죽었다. 두 소녀가 죽었지만 치외법권이라는 무소불위의 권력 앞에 진실은 가려졌다. 제 딸이 그런 일을 당했으면 가만있지 않을 사람들이 남의 일이기 때문에 무관심하거나 나서지 않는 것을 이해할 수 없었다.

그는 눈에 띄지 않는 곳에서 팔뚝질을 하고 구호를 외쳤다. 그는 의정부에서 집회가 열릴 때마다 택시를 타고 액셀러레이터를 밟았다. 의정부에서는 미군기지 앞 촛불집회와 의정부역 앞 천막농성이 끊이지 않았다. 허세욱은 하루가 멀다하고 의정부로 달려갔다. 그 일은 밥벌이보다 앞서는 최우선의 활동이었다. 두 여중생 추모 집회 외에도 그는 자신이 활동하는 단체의 거의 모든 집회와 강연, 1인 시위에 참여했다. 참여연대 활동도 이 해부터 두드러졌다. 효순·미선범대위에 참여연대가 적극 참여하면서 활동가들은 허세욱을 자주 만났다. 이 시기 활동가들이 그를 만나면 항상 듣는 얘기가 있었다.

"어제 의정부에 다녀왔습니다."

그 말은 의정부에 가봤느냐는 질문으로 해석되었다. 그는 참여연대 시민참여팀의 안진걸을 만날 때마다 두 여중생 이야기를 꺼냈다. 안진걸은 고개부터 조아렸다.

"선생님. 저는 의정부에 가지 못했습니다. 죄송해요."

"아닙니다. 아닙니다. 참여연대가 조금만 더 열심히 해주세요. 참여연대가 열심히 하고 있는데 조금 더 열심히 해주면 좋겠어요."

그는 촛불집회에 가면 참여연대 깃발부터 찾았다. 깃발이 보이지 않으면 전화를 걸었다.

"안진걸 팀장님, 참여연대 깃발이 안 보이네요."

"선생님, 제가 오늘은 일이 있어서 가지 못했는데 혹시 누가 가지 않았나요? 제가 확인해보고 전화드리겠습니다."

젊은 활동가들이 많은 참여연대에서 허세욱은 눈에 띄는 존재였다. 집회가 열리는 곳에서 희끗한 머리를 하고 불안한 듯 두리번거리는 그의 모습을 자주 볼 수 있었다. 그리고 그의 나이 또래 사람들이 보수적이고 친미주의자가 많은 것과 달리 허세욱의 반미적 성향은 눈에 두드러졌다.

2002년 참여연대 송년회 자리에서 있었던 일이다. 사회를 보던 안진걸은 허세욱에게 건배사를 요청했다. 허세욱은 기다렸다는 듯 일어나 잔을 들고 외쳤다.

"효순이 미선이를 살려내라!"

건배사를 마쳤을 때 분위기가 잠시 어색해졌다. 보통의 송년회 건배사처럼 지나온 한 해를 서로 격려하고 새해를 기원하는 내용을 기대한 회원들은 허를 찔린 기분이었다. 어떤 회원은 이 건배사가 참여연대를 질책하는 것처럼 느껴졌다. 안진걸은 건배사를 이렇게 해석했다.

'참여연대는 효순이 미선이를 살려내라!'

이 건배사는 2002년을 통틀어 그가 가장 많이 외친 구호였고, 가장 자주 얘기한 소재였다. 허세욱은 우직하리만치 구호를 있는 그대로 믿었고 소망했다. 그는 평택 대추리에서도, FTA 집회에서도 두 여중생에 대한 애석한 마음을 토로했다. 시간이 지나면 사건을 서서히 잊는 사람들과 달랐다. 이때부터 그는 미국에 대한 얘기를 꺼내면 얼굴표정이 달라졌다. 평소엔 조용하고 점잖은 성격이면서도 술이 들어가면 슬픔과 비탄에 빠져 몸을 가누지 못했고, 눈시울을 적셨다.

"이렇게 억울하고 황당한 일이 어디 있어요?"

"미선이 효순이를 죽인 미군놈들 내가 절대 용납하지 않을 거야. 이건 있을 수 없는 일이야."

어떤 사람들은 그가 지나치게 두 여중생의 일로 괴로워하는 것을 보고 과격한 사람이라고 말했고, 감정과 행동이 과한 사람이라고 지적했다. 그에게 좀 더 애정이 있는 사람들은 특별한 감수성을 지닌 사람이라고 평가했다. 주변 사람들이 볼 때 허세욱은 두 여중생의 아버지처럼 비통해했다. 사람은 직접 피해받는 입장이 되지 않으면 마음 깊이 공감하고 완전에 가깝게 이해하기 어려운 법인데, 그는 타인의 아픔에 공감하는 데 특별한 감수성을 지녔다는 것이다. 하지만 허세욱의 입장에서는 오히려 그 일을 유야무야 잊는 사람들의 모습이 낯설었다. 그것은 장갑차의 폭력을 용인하는 것과 다를 바 없었다. 그는 무관심한 사람들을 이해할 수 없었다. 사람들을 볼수록 그는 외롭고 두려웠다. 사람들에게 다가갈수록 그가 받는 충격과 상처는 커져갔다. 허세욱이 볼 때 사람들은 다른 세상의 존재들 같았다. 2002년 연말, 거리마다 캐럴이 울려 퍼지고 지하철 역마다 구세군 종소리가 딸랑거리고 사람들은 사랑을 외치고 있었지만 그는 종교인들이 외치는 사랑이 무엇인지 헤아릴 수 없었다. 너무도 이상한 세계에 던져진 자신을 발견할 때마다 겁에 질린 눈으로 허세욱은 내면으로 침잠해 들어갔고 어둠 속을 더듬었다.

"미군놈들 몰아내자!"는 외침은 참여연대 활동가들이 기억하는 허세욱의 가장 극단적인 표현이었다.

두 여중생의 그림자는 허세욱의 머릿속을 떠나지 않았다. 그는 봉천놀이마당을 방문할 때마다 한반도의 미군 주둔 문제와 소파 개정의 필요성을 역설했다. 조미경을 비롯한 회원들에게 '효순이 미선이를 살려내라', '소파 반대' 등의 문구가 적힌 버튼을 선물했다. 더러 미군에 관한 이야기를 꺼리는 회원들과 드잡이를 하며 다투는 일도 있었다. 두 여중생의 얘기가 나오면 금세라도 울어버릴 아이처럼 그는 붉으락푸르락하며 감정을 가누지 못했다.

이 시기 미군 문제에 관해 그의 궁금증을 해결해주는 '사부'가 있었다. 민주노동당의 이승헌이었다. 이승헌은 자주통일위원회 지역위원회를 구성할 때 신장식을 통해 허세욱을 소개받았다. 허세욱은 매향리와 반미 집회, 자주통일위원회 회의에서 이승헌을 자주 만났다.

이승헌은 집회가 있으면 허세욱에게만은 따로 전화해 일정을 알려주었다. 나중엔 자원활동가 전욱이 그 일을 맡았다. 집회 일정을 일러주지 않으면 섭섭해하는 그의 표정이 눈에 선했다. 전욱은 이제 막 대학을 졸업한 어린 활동가였지만, 허세욱은 그녀에게 언제나 깍듯하게 대했고 사소한 것이라도 직접 챙겨주는 일이 많았다. 이승헌과 전욱을 만나면 그는 끼니를 거르진 않았는지 묻는 것이 먼저였다. 낮에 만나면 점심을 먹었냐고 물어봤고, 저녁에 만나면 저녁을 먹었냐고 물어봤다. 끼니를 걸렀으면 반드시 가까운 식당에 데리고 가서 밥을 먹였다. 이들은 허세욱을 만나면 끼니를 거르지 않았는지 스스로 먼저 생각할 정도였다.

철거 싸움 시기부터 마음에 자리한 활동가들에 대한 애정은 그가 속한 모든 단체 활동가들의 끼니에 대한 보살핌으로 이어졌다. 허세욱에게 밥은 굶주림을 채우고 배를 불리는 데 그치는 것이 아니었다. 집에서 식사를 잘 해먹는 편이 아닌 그에게 식사 시간은 사람을 만나고 마음을 나누는 시간이었다. 참여연대의 최인숙을 만나 식사할 때는 밥 한 숟갈 뜨고 5분 말하고, 국 한 숟갈 뜨고 5분 말할 정도로 밥과 함께 대화를 즐겼다. 배도 고팠지만 사람이 더 고팠다. 배가 한 숟갈 고프면, 사람은 열 숟갈 스무 숟갈 더 고팠다. 그래서 한 숟갈 뜨고 한참을 얘기하고 한참을 귀 기울였다. 마음을 나누고 싶은 사람과 함께한 밥상에서 상대가 급한 일 때문에 먹는 둥 마는 둥 후다닥 밥그릇을 비울 때면 허세욱은 바람 맞은 사람처럼 다 먹고 난 텅 빈 밥그릇을 바라보았다.

네 개의 촛불

2003년 11월. 미군 장갑차에 의한 신효순 심미선 살해 사건 1주기를 앞두고 허세욱은 광화문 교보문고 앞에서 매일 저녁 촛불집회에 참여했다. 한 네티즌의 제안으로 시작된 촛불집회는 작년 11월 30일 1만 명이 참여했고, 다음 달엔 5만 명, 10만 명으로 기하급수적으로 늘어나면서 새로운 시위문화가 되었다. 7월 2일 시작한 서명운동은 10월 말까지 총 115만 시민의 서명을 끌어냈다. 서명운동의 물결은 일본, 미국, 중국, 호주, 유럽 등지로 번졌다. 시민들은 '진상 규명, 책임자 처벌, 미 대통령 공개 사과'를 요구했다.

미군은 공개재판을 약속했지만 두 차례의 비밀재판을 통해 살인자에 대해 무죄를 선고했다. 재판이 진행되는 동두천의 캠프 케이시 앞에서 허세욱과 시민들은 5일에 걸쳐 싸웠다. '동두천 대첩'이라 불린 이날의 저항은 전 국민의 항거로 이어졌다. 허세욱은 시민들과 함께 외쳤다.

"살인 미군 처벌하라."

"소파 협정 개정하라."

광화문에서 열린 촛불집회에서 허세욱은 매일 시민들과 함께 〈아침이슬〉을 불렀다. 그는 광화문에 모인 수만 개의 촛불에서, 시민들의 격정에 찬 자유발언에서 시대의 희망을 보았다. 12월 14일 10만 명의 시민이 모였을 때는 수백 명의 내외신 기자들이 현장 상황을 속속 세계 시민들에게 전파했다. 허세욱도 촛불시민 한 명의 자격으로 〈헤럴드뉴스〉와 인터뷰를 했다.

1년가량이 흐른 후 집회 장소엔 그와 함께 소수의 시민들이 자리를 지키고 있었다. 어떤 날은 스무 명, 어떤 날은 열 명 남짓한 시민들이 촛불을 들었다. 효순·미선범대위는 1주기 추도일까지 촛불집회를 열 계획이었다. 시민들의 관심이 사라진 자리에서 끈질기게 촛불을 들고 있는 이들이 있었다. 40대가량으로 보이는 괴나리봇짐을 지고 오는 노동자 한 명과 또렷하고 차분한 발언으로 참석자들을 감탄하게 만든 초등학생 한얼이와 그의 아버지 신영철, 그리고 허세욱이었다.

네 개의 촛불 외엔 시민단체들이 번갈아가며 집회에 참여했다.

　네 사람은 매일 촛불을 켰고, 촛불이 꺼질 즈음이면 집회 정리를 도왔다. 허세욱은 두 여중생과 끝까지 함께하겠다는 약속을 지키고 있었다. 마지막 네 개의 촛불들은 서로의 안부를 확인하며 촛불을 꺼트리지 않았다. 100만 명이 모였을 때 존재감이 없던 이들이었지만, 인파가 썰물처럼 빠져나간 지금 이들은 허세욱에게 소중하게 다가오는 이름들이었다. 네 개의 촛불은 희미하지만 꺼지지 않는 불빛이었다. 허세욱은 이 촛불들이 다시 들불을 예비하는 존재라고 생각했다.

　불과 100여 미터 거리에서 미 대사관 불빛이 어둠 속에 일렁였다. 작년 12월 7일. 미 대사관 건물을 촛불로 둘러쌌던 감동이 새삼스러웠다. 그날 촛불은 거대한 바다가 되어 미 대사관을 위태로운 한 조각 쪽배로 만들었다. 분단 역사상 초유의 일이었다.

　허세욱은 촛불을 들고 무심하게 지나치는 시민들을 바라보았다. 교보문고 앞으로 양복을 입은 직장인들이 귀가하고 있었다. 너무 가까운 거리에 두 여중생이 있었지만 그들에게는 보이지 않았다. 그들은 삶의 무게로 고단했고, 주변을 돌아볼 여유가 없었다. 거리와 광장을 가득 채우던 시민들은 모두 어디로 사라져버린 것일까?

　물의에 목소리를 높이며 광장에 모였던 사람들은 뿔뿔히 사라지고 광장엔 누군가 버린 유인물 몇 장이 바람에 나뒹굴었다. '끝까지 싸우자'고 단상 위에서 소리치던 사람도 사라졌고, 소리를 높이던 확성기도 보이지 않았다. 말없이 광장을 맴돌던 그와 몇 사람만이 광장 옆 도로에 남아 있었다. 허세욱은 노래 가사를 떠올렸다.

　"동지는 간 데 없고 깃발만 나부껴……."

　그는 '동지'라는 말을 좋아했다. 동지라고 부르지 않으면 서운해할 정도였다. 같은 뜻을 지니고 한길을 가는 사람. 그 말을 들으면 존재감이 채워지는 것 같았다. 하지만 지금 촛불을 함께 들고 한길을 가던 동지들이 사라지고 없었다. 깃발을 들던 이는 사라지고 깃발만이 바람에 펄럭이고 있었다. 깃발은 끝나지 않은 싸움의 증거였다. 이 깃발은 다시 누군가가 와서 들고 달려야 할 것이었다. 허세욱은 아직 깃발을 내릴 수 없었다. 그와 네 개의 촛불이 있는 한 촛불을 꺼트릴 순 없었다.

두 여중생이 백주대낮에 장갑차에 깔려 죽었는데 사죄하는 사람은 없었고, 살인자는 처벌되지 않았다. 죽음에 대한 예의도, 적법한 절차도 없었다. 한미주둔군지위협정은 개정되지 않았고 미국 대통령의 사과도 없었다. 허세욱은 이방인처럼 앉아 슬픔에 어린 눈동자로 세계를 바라보았다.

그는 자신이 들고 있는 촛불로 시선을 옮겼다. 밝지 않았지만 촛불은 가까운 주변을 밝히며 낮게 일렁였다. 촛불은 파란색과 빨간색 불꽃, 그 사이 노란색과 초록색 불꽃이 어우러지며 타오르고 있었다. 그것은 손 안에 든 무지개였고, 지상에 뜬 별이었다.

광화문 대로에 차들이 끊임없이 지나갔다. 스피커에서 음악 소리가 도로 위로 흘러들었다. 허세욱은 광화문 한복판에 뛰어들어 춤추는 상상을 했다. 미군 없는 세상에서 효순이 미선이를 불러내 두 아이의 손목을 잡고 덩실덩실 어울려 함께 춤을 추는 상상이었다.

집회를 마칠 즈음 사회자가 허세욱을 호명했다. 그가 발언을 할 차례였다. 집회 참여자가 줄어들고 나니 그에게도 발언의 기회가 왔다. 허세욱은 마이크를 잡았다.

"한미 간 불평등한 관계가 지속되는 한, 제이 제삼의 효순이와 미선이가 나올 수밖에 없어요. 소파 개정도 문제이지만 미군이 이 땅에 주둔하는 한 이런 일은 계속해서 나올 수밖에 없어요. 미군을 상전처럼 모시고 있는데, 국민들이 자각해서 한반도에서 미군들을 쫓아내야 합니다. 저는 택시운전사입니다. 미군이 한반도에서 나갈 때까지 미군들은 절대 택시에 태워주지 않을 생각입니다. 투쟁!"

허세욱의 발언은 항상 짧았고 발언 끝에 외치는 '투쟁' 구호는 우렁찼다. 어눌하고 더듬대는 발언과 달리 마지막 '투쟁'의 외침만은 생기 있었다. 그는 '투쟁' 하고 외치는 것을 좋아했다. 외칠 때면 막혀 있는 어떤 것이 뚫리는 기분이 들었다. 전욱은 장황하지 않은 그의 발언이 진솔하게 다가왔다. 허세욱이 터뜨리는 분통과 슬픔과 열정은 듣는 이들의 가슴에 고스란히 스며들었다. 그의 발언은 통찰력이 뛰어나거나 논리적인 것은 아니었다. 그가 지닌 것은 진정성뿐이었지만 그 진정성이 묘하게 그의 말에 귀 기울이게 했다.

그가 발언할 때의 표정은 자신의 생각에 깊이 몰입하는 표정이었다. 팔뚝질을 할 땐 구호를 몸으로 표현하듯 절도 있게 어깨선에서 동작을 끊었다. 눈은 지그시 감았고 얼굴은 붉게 상기되었다. 그의 목소리는 세상을 변화시키는 데는 투쟁보다 중요한 건 없다는 것을 체감하는 목소리였다. 투쟁 구호를 강하게 외친 후엔 낮은 목소리로 '감사합니다'라고 말한 후 자리에 앉았다. 허세욱은 봉천놀이마당에서 연습을 마치고 난 뒤풀이 자리에서도 건배를 하며 투쟁 구호를 외쳤다. 외치고 난 후엔 화답을 기다리며 좌중을 돌아보았다. 그럴 땐 김경완이 화답하곤 했다. 더러 화답이 나오지 않으면 심드렁한 표정을 지었다.

꺼져가는 촛불을 되살릴 방안을 고민하던 허세욱은 어느 날 관악청년회의 이동영을 찾아갔다. 지역 통일운동 단체인 관악청년회와의 인연은 매향리에서 시작되었다. 매향리 폭격장 폐쇄를 위한 집회에 참여하던 허세욱은 전경들과 대치하고 있던 시위 대열에서 관악청년회 깃발을 보고 찾아갔다. 종일 시민들과 전경들이 부딪힌 날이었다. 대치 상태에서 잠시 휴식을 취하고 있을 때였다. 관악청년회 회원 30명 가량이 노래와 율동을 하고 있었다. 노래를 마치기를 기다려 허세욱이 자신을 소개했다.

"저는 한독운수 택시운전사 허세욱입니다. 노래가 참 듣기 좋은데 저도 함께 배울 수 있을까요?"

20~30대의 청년들로 구성된 관악청년회 회원들은 반백의 짧은 머리를 하고 수줍게 인사하는 허세욱을 그 후로도 여러 차례 만날 수 있었다. 그는 관악청년회의 행사와 집회에 찾아와 일손을 도왔고, 강연회에도 꼬박 참석했다. 새벽에 퇴근할 때 허세욱은 관악청년회 사무실 앞에서 민중가요 테이프를 켜고 차창을 열곤 했다. 새벽 3시나 4시 무렵, 카오디오의 음량을 최대한 높인 노랫소리가 들리면 허세욱이 도착했음을 알 수 있었다. 이동영이 2층 사무실 창가에 다가가면 먼 이방의 여행에서 방금 돌아온 사람처럼 그가 서서 환한 웃음을 짓고 있었다. 이동영은 창문을 열고 손을 흔들며 화답했다. 허세욱은 택시운전사들과 비슷한 시간에 일을 마치는 이동영에게 술을 들고 찾아갔다. 그 자리는 대개 배움에 목마른 허세욱이 질문하고 이동영이 답변하는 것으로 전개됐다. 민주노동당을 통해 어렴풋하게나마 통일운동을 접한 허세욱은 이동영에게 질문 세례를 퍼부었다. 하나를 알고 나면 다른 질문이 꼬리를 물었다. 그는 자신이 겪은 폭격기 소리의 실체를 궁금해했다. 왜 미군이 민중들의 삶터를 빼앗는지, 그들은 언제

우리 땅에 들어왔는지, 이 나라는 왜 분단되었는지 등등 질문은 끝이 없었다. 오늘 허세욱의 방문은 고심 끝에 찾은 방안을 제안하기 위해 서였다.

"관악청년회의 이름으로 현수막을 하나 내걸었으면 좋겠어요."

그는 단체 이름이 들어가야 신뢰를 줄 수 있다고 말했다. 이동영은 흔쾌히 동의하고 관악청년회 이름으로 현수막을 제작했다. 며칠 후 허세욱은 한 장의 현수막을 직접 들고 관악청년회를 방문했다. 이동영은 그가 가져온 현수막을 펼쳐 바라보았다. 허세욱이 적잖은 돈을 들여 직접 제작한 현수막이었다. 하얀 천 위로 신효순과 심미선의 이름이 적혀 있었다.

'효순이 미선이를 살려내라'

현수막을 걸어본 적 없는 허세욱이 부탁했다.

"아무 데나 걸면 떼어내니까 오래 볼 수 있는 곳에 걸었으면 좋겠어요."

"세욱이 형님, 원당초등학교 앞 복개도로변 현수막 게시대가 좋을 것 같습니다. 그곳 게시대가 가장 오래 걸리는 장소입니다."

허세욱은 이동영이 일러준 곳에 혼자 찾아가 현수막을 걸었다. 그는 운전하면서 복개노로를 시날 때마나 사신이 내긴 현수막을 비리보며 두 소녀에 대한 미안함을 달래곤 했다. 이동영은 활동가들을 부끄럽게 만드는 허세욱의 실천력에 새삼 감탄했다.

허세욱은 두 여중생을 추모하기 위한 추도식에 꾸준히 참여했다. 단체에서 진행하는 추도식에 참여하면서도 세상에 살아 있는 것이 부끄러울 때면 혼자서 택시를 타고 두 소녀가 죽은 장소에 찾아가 묵념을 하고 돌아왔다. 2006년 평통사 회원들과 함께 미군이 세운 추모비 앞에서 추도식을 할 때 허세욱은 자신의 소원을 밝혔다.

"왜 우리가 미군놈들이 만들어놓은 추모비 앞에서 효순이와 미선이를 추모해야 합니까? 제가 퇴직금을 털어서라도 이 추모비를 뽑아내고 새로 우리들의 추모비를 만들겠습니다. 이것이 저의 꿈입니다."

현재 세워진 추모비는 사고 후 세 달가량 지났을 때 미2사단에서 세운 것이었다.

그는 여중생 촛불집회 외에도 사람들의 관심이 없고 인원이 적게 모이는 비정규직 노동자들의 집회를 자주 찾아다녔다. 일터를 되찾기 위해 모인 비정규직 노동자들은 대부분 집회를 지속하는 데 경제적 어려움과 미래에 대한 불안으로 심리적 고통을 겪었다. 허세욱은 그들을 만나고 대화를 나누며 자신이 돕고 함께할 수 있는 방법을 모색했다. 2002년경부터 평균 90만 원가량의 월급을 받으면서도 집회에 참여할 때 그의 주머니에는 오천 원권이나 만 원권 지폐가 들어 있었다. 모금함에 넣거나 후원기금으로 전해주기 위해서였다. 그의 형편을 아는 주변 사람들이 만류하면 그는 웃으며 말했다.

"어차피 혼자 사는 몸인데, 내가 할 수 있는 일이니까 해야죠."

황새울의 철거민들

2004년 2월, 허세욱은 오랜 고민 끝에 평통사에 가입했다. 그가 가입한 마지막 단체였다. 한독운수에서는 자청해서 정치통일부장을 맡았다. 그전까지는 대외협력부장을 맡고 있었다. 대외협력부장 허세욱은 관악지역 시민단체와 한독운수를 매개하는 역할을 맡아왔다. 그는 그물코처럼 사람과 사람 사이, 단체와 단체 사이를 연결했다.

　지역 단체에서 일일호프나 기금 모금 행사가 있으면 초대장을 요청해 조합원들과 함께 찾아가고, 행사가 열리는 곳에서는 각 단체 사람들을 한자리에 초대해 서로를 소개했다. 노동조합과 지역 단체의 항상적인 연대는 그를 통해 가능했다.

　그가 정치통일부장을 자청한 데에는 두 여중생 살해 사건이 준 충격과 그와 같은 비극이 되풀이되는 분단 구조에 대한 현실 인식에서 기인한 것이었다. 그리고 한독운수노동조합이 통일 사업에 좀 더 노력해주길 바라는 마음이 반영된 것이다.

　참여연대, 민주노동당, 관악주민연대 등을 비롯한 여러 단체에서 활동하고 있었기 때문에 평통사 가입은 고민에 고민을 거듭한 후 내린 결정이었다. 계속 쌓이고 있는 적잖은 액수의 빚을 갚아야 하는 일도 가입을 주저하게 만든 한 요인이었다. 더군다나 그에겐 단체 회원으로 참여한다는 것은 단순히 매달 일정액의 후원금을 입금하는 것만을 의미하는 것이 아니었다. 참여연대 간사 공성경은 종종 그에게 말했다.

　"선생님은 회원이 아니라 활동가이십니다."

　비단 참여연대만이 아니라 어느 단체에서도 그는 실천하는 일꾼이었다. 단체 활동 외에도 개인적으로 혼자 참여하는 집회도 많았다. 그는 이미 한 차례 평통사의 활동가 황윤미의 제의를 거절한 적이 있었다.

　"선생님, 저희 회원으로 가입해서 같이 일하시겠어요?"

　황윤미는 평통사 주최의 집회에 꾸준히 참여하는 그를 보고 제의했다. 허세욱이 대답했다.

"제가 여러 단체에서 활동하고 있어서 어려울 것 같아요."

월 회비 만 원은 그에게 적잖은 금액이었다. 허세욱의 형편을 걱정하는 주변 사람들은 그에게 여러 차례 부탁했다.

"선생님, 단체 후원금을 많이 내시는 것 같은데 일부 단체 후원을 줄이세요."

주변 사람들의 걱정에 허세욱은 깜짝 놀라 대답했다.

"모두 중요한데 어떻게 줄이라는 발상이 나올 수 있어요?"

사람들은 더 이상 만류할 수 없었다. 그는 어렵게 가계를 꾸리고 있었고 동전 한 닢 허투루 쓰지 않기 위해 가계부를 꼼꼼하게 기록하며 검소한 생활을 하고 있었다. 형편이 어려워 한독운수 동료들과 술자리가 있어도 피하는 경우가 빈번했고, 술값을 잘 내지 못하는 것 때문에 한독운수에서는 '짠 사람'이라고 소문이 났다. 하지만 사람들에게 금전적인 어려움은 한 번도 호소한 적이 없었다.

후원금을 내는 단체들은 허세욱에게 모두 각별했다. 지역운동을 하는 관악주민연대, 시민운동을 하는 참여연대, 현실 정치의 장에서 활동하는 민주노동당, 그리고 사회 소수자를 위한 단체 등 모두 그에겐 중요했다. 성격이 다른 여러 집회장에서 그를 본 어느 활동가가 술자리에서 비꼬았다.

"허세욱 동지는 여기서도 보이고 저기서도 보이고 헷갈리는데 노선이 어느 쪽예요?"

그가 볼 때 허세욱의 단체 활동은 구분이 없고 산만하기까지 했다. 허세욱은 그 말을 듣고 선뜻 대답할 수 없었다. 질문을 받고 불편해하는 그를 대신해 옆에 서 있던 활동가가 대신 답변했다.

"허세욱 선생님은 통합과 연대 같아요."

허세욱은 끄덕이면서도 자신이 가고 싶은 길이 통합과 연대라는 말 속에 다 표현되지 않은 듯 허전함이 남았다. 그 후 며칠 동안 그 사람의 질문이 뇌리를 맴돌았다. 그러다 문득 허세욱은 깨달았다. 봉천6동 세대위 시절부터 가슴에 간직한 자신의 한 길은 활동가들에게 배운 인간해방이라는 것을. 이유 없이 내쫓겨야 했던 철거민들이 부르짖을 수밖에 없었던 것, 그것은 인간의 해방된 세상이었다. 인간이 이윤의 대상이 아니라, 목적 그 자체인 것. 그것이 그가 꿈꾸고 찾아 헤매는 길이었다. 다시 질문을 받는다면 큰 목소리로 대답할 수 있을 것 같았다.

'나의 노선은 인간해방입니다. 저는 더는 몰라요.'

그는 체계적인 학습의 과정을 거친 것이 아니라 신문과 유인물을 밑줄 그어가며 읽고 사람들과 문답을 통해 세상을 깨쳤다. 생채기 난 삶의 경험을 통해 세계를 몸으로 이해했고 현장에서 발로 뛰며 배웠다. 벗어나기 힘겨운 지독한 가난과 불행의 굴레에 맞서며 모든 인간의 해방을 꿈꿨다.

허세욱이 평통사에 가입하게 된 것은 무엇보다 헌신적인 활동가들의 모습 때문이었다. 그의 기억 속엔 철거 싸움을 할 때 자신의 일처럼 헌신하던 강인남을 비롯한 활동가들이 있었다. 어느 술자리에서 그는 평통사에 대한 인상을 이렇게 전했다.

"활동가들이 감옥에 가는 것을 두려워하지 않고 열심히 하는 것을 보고 감동받았습니다. 옛날에 봉천동에서 철거 싸움을 하면서 공권력이 투입되었을 때 나서지 못했는데, 물불 가리지 않고 싸우는 활동가들의 모습에서 많은 용기를 얻었어요."

허세욱은 여러모로 가입하기 어려운 형편이었지만 평통사와 함께

하는 것이 가장 나은 길이라고 고민 끝에 결정했다. 가입을 결정한 허세욱은 의정부에서 김종일을 만나 얘기했다.

"김종일 선생님, 평통사에 가입하려면 어떻게 해야 하나요?"

김종일은 반가운 마음이 들면서도 한편 걱정스런 부분이 있었다.

"하루 열두 시간씩 택시 운전하는 것도 힘들 텐데, 평통사 활동까지 감당하실 수 있겠어요?"

그가 회원으로 활동하겠다는 것은 일반적인 회원이 되고 싶다는 뜻이 아닌 것을 잘 알고 있기 때문에 나온 우려였다. 허세욱은 그 당시에도 이미 여느 회원 못지않게 부지런한 활동을 하고 있었다.

"제가 평통사 행사에 참여하면서 저분들이 어떤 분들인가 하고 살펴봤어요. 어떻게 실천하고 투쟁하는가를 관찰했어요. 제가 볼 때 우리나라에 문제가 많은데 불평등한 한미 관계를 해결하는 것이 큰 문제인 것 같습니다. 앞으로 미국이 부당하게 요구하는 것을 막는 일에 끝까지 실천하고 싶어요."

김종일은 오랫동안 관찰했다는 말에 신뢰감을 느꼈다. 천군만마를 얻은 기분이었다. 하지만 그가 이때 '끝까지 실천하고 싶다' 고 한 말의 정확한 의미는 오랜 후에야 깨닫게 되었다.

허세욱은 집회 장소에서 여러 단체들을 물끄러미 바라보고 신중하게 판단했다. 특히 꾸준히 사회 문제에 관심을 갖고 현장에 참여하는지를 중요시했다. 그는 집회장에서 나눠주는 유인물을 하나도 빠트리지 않고 들고 와서 여러 차례 읽고 수십 번 넘게 검증을 한 후에야 신뢰할 수 있는 단체를 결정했다. 이와 같은 방식으로 그에게 검증된 단체 중 하나가 '다함께' 였다. 그는 집회에 자주 모습을 드러내는 다함께에 관심을 갖게 됐고 그곳에서 펴내는 신문을 구매해 한독운수 동료들에게 나눠주는 일도 많았다.

평통사의 활동가 최문희가 허세욱을 처음 만난 것은 2002년 8월 15일이었다. 경희대에서 1박 2일에 걸쳐 열린 8 · 15 대회에서 최문희는 여중생 사건을 알리는 캠페인을 진행하고 있었다. 캠페인 장소에 사고 현장 사진과 두 여중생의 장례식 사진, 미군이 사건을 브리핑하는 사진 등 25점의 사진을 우드락에 붙여 전시했다. 그녀의 눈에 아저씨 한 명이 들어왔다. 그는 혼자서 골똘히 사진을 보며 무언가를 생각하고 있었다. 신중하게 사진에 빠져 있는 모습을 보고 최문희가 다가갔다. 허세욱은 그녀에게 사진 설명을 부탁했다.

최문희는 사건이 있던 상황을 성의껏 설명해주었다. 허세욱은 짐짓 아무것도 모르는 것처럼 그녀의 말에 경청했다. 허세욱은 한 마디 말 없이 설명을 들으며 고개를 끄덕거릴 뿐이었다. 그는 두 소녀가 아스팔트 위에 쓰러져 있는 사진을 보더니 그녀를 돌아보며 질문했다.

"여기 사진들은 학생들 부모님의 동의를 얻은 거예요?"

"네, 아저씨. 부모님의 동의를 얻는 절차는 당연한 일이죠. 저희가 직접 찾아뵙고 말씀을 드린 거예요. 이 사실을 널리 알리기 위해 공개하고 싶다고 말씀드렸더니 부모님들께서 동의해주셨어요."

"그랬군요. 정말 다행입니다. 이 사진을 보고 있으니 그게 걱정됐거든요."

최문희는 한참을 더 허세욱에게 설명했다. 그런데 얘기를 나눌수록 두 여중생의 사건을 잘 알고 있는 사람이라는 생각이 들었다. 게다가 얼굴을 보면 볼수록 어디선가 본 듯한 모습이었다. 그녀는 다른 사진들에 대해 더 설명을 하고, 마지막 사진에 이르러서야 집회 때 얼굴을 자주 봤던 분이라는 확신이 들었다. 많은 활동을 하는 분이라는 생각이 들자 조금 화가 나기도 했다. 사건 내용에 대해 아무것도 모르는 시민인 줄 알고 오랜 시간 성의껏 설명한 게 억울했다. 그녀는 속으로 투덜거렸다.

'사회운동을 하는 분이 틀림없는데 왜 나한테 설명하게 하시는 거지? 다 알고 있는 내용을 내내 듣고 있었던 태도는 또 뭐람?'

그녀의 속마음은 안중에도 없는 듯 허세욱이 말했다.

"설명해주셔서 감사합니다. 사진을 공개하는 문제가 항상 걱정이었는데, 다행이에요."

최문희는 뭔가 당한 기분이었다. 허세욱은 인사를 마치고 총총히 사라져버렸다. 이날 최문희가 허세욱을 보기 전에 이미 허세욱은 그녀를 유심히 관찰하고 있었다. 그를 잘 아는 택시운전사들은 이를 일러 '순간 포착'이라고 했다. 사람들은 집회장에서 그가 누군가를 유심히 관찰하는 모습을 자주 볼 수 있었다. 집회장에서 활동가들이나 관심 있는 단체 대표들이 보이면 그는 '순간'을 '포착'하기 위해 점퍼 주머니에 든 캔 커피나 꿀차를 만지작거리며 물끄러미 관찰했다. 기회가 생기면 그는 재빠르게 앞으로 다가가 인사를 하고 오는 식이었다. 무슨 위원장이며 대표들과는 그런 식으로 안부를 나눴다. 지인들 역시 대부분 허세욱을 먼저 찾는 사람은 드물었다. 허세욱이 먼저 사람들을 찾아가 인사했다. 그는 집회장 주변을 서성거리며 인사할 사람을 찾았고 '순간 포착'을 노렸다. 그것은 상대방의 귀한 시간을 낭비하지 않게 하려는 배려였다. 캔 커피며 꿀차, 박카스 등을 준비하는 것은 추운 겨울날이나 더운 여름날의 추위와 더위를 벗어나게 하기 위한 마음씀씀이기도 했지만 말주변이 없는 데 대한 방안이기도 했다. 그의 주머니엔 항상 여러 개의 음료수가 준비되어 있었다. 그것은 세대위 시절 주머니에 껌과 사탕을 준비하던 습관에서 나온 것이었다. 그가 사람들에게 음료수를 건네면서 하는 말은 항상 일관됐다.

"힘내십시오."

"고맙습니다."

"미안해요."

"날씨가 추운데 이거 하나 드세요."

"꼭 건강하셔야 됩니다. 우리들도 같이 오래 할 수 있도록 건강하셔야 합니다."

인사할 때 그는 뭉툭한 양손을 내밀어 단단하게 다잡았다. 그가 집회장에서 두리번거리는 것은 자신이 가입한 단체가 참여했는지를 확인하기 위한 것이었다. 그리고 사람들을 찾고 악수를 나누는 것은 상대방에게 힘을 실어주기 위한 나름의 방식이었다.

그가 활동하는 모든 단체에서 그렇듯 그의 쓸모는 허드렛일을 돕는 것이었고, 집회나 행사에 참가하는 것이었고, 배우는 일이었다. 평통사에 가입한 일 역시 허세욱에겐 새로운 학교가 생겼다는 것을 의미했다. 평통사라는 학교에서 그가 들어선 교실은 '노동분회'였다. 허세욱의 통일관에 영향을 끼친 사부 이동영과 이승헌의 역할은 이제 평통사의 노동분회 회원들이 맡게 되었다. 노동분회는 평통사의 활동가 최문희와 김영제의 제안으로 현장 노동자들과 일터에서 상근활동을 하는 회원들로 구성된 모임이다. 김동순, 김영제, 이성원, 허세욱 등이 회원이었다. 이 중 같은 운전 일을 하는 버스운전사 김동순과는 마음이 잘 맞았다. 이성원은 허세욱을 친형처럼 따랐다. 그는 허세욱의 제안으로 평통사에서 주최하는 집회에 함께 참여했고, 회원들을 소개 받았다. 허세욱은 강조했다.

"내가 이런저런 단체를 다 봤지만 이렇게 열심히 하고 전문성이 있는 곳은 없었다."

그의 권유로 이성원은 평통사 노동분회에 가입하게 되었다. 연세대학교에서 학생운동을 했던 이성원은 더 나이 들기 전에 노동운동을 해야겠다는 생각으로 제약 회사 영업직을 박차고 나왔다. 그 후 입사한 한독운수에서 허세욱을 만났다.

체육학을 전공한 이성원은 졸업 후 체육철학을 공부하기 위해 모스크바 국립체육대학으로 유학을 떠났다. 귀국 후 제약 회사에 입사하기 위해 면접을 볼 때 사장이 질문했다.

"존경하는 인물이 누구신가?"

이성원은 망설임 없이 대답했다.

"체 게바라입니다."

"쳇 거봐라? 재밌는 이름이로군. 처음 듣는 인물 같은데, 그 사람이 누구시던가?"

이성원이 대답했다.

"의사입니다."

존경하는 인물이 의사라는 말에 사장과 면접관들은 흔쾌히 그를 직원으로 채용했다.

허세욱과 이성원이 친해지게 된 것은 회사보다 집회 현장에서 자주 만나면서였다. 허세욱이 단체를 만나고 사람을 만나는 곳은 대부분 집회가 열리는 광장이었다. 이성원은 자신이 자주 참여하는 농민집회에 허세욱을 초대했고, 허세욱은 평화와 반미 집회에 이성원을 초대했다. 집회 소식을 알려주면 서로 500원짜리 동전을 주기로 약속할 정도로 많은 집회장에서 우의를 다졌다. 이성원에게 허세욱의 실천력은 흉내낼 수 없는 것이었다. 자신은 일이 힘들 때 집회 참가를 미루는 반면, 허세욱은 회사 곳곳에 집회 포스터를 붙이고, 유인물을 돌리고, 빠짐없이 집회에 참여했다. 택시 운전 초보인 이성원에게 안전 운전을 가르쳐준 것도 허세욱이었다.

"돈 벌려는 욕심을 부리지 말아라. 욕심을 부려서 교통법규를 어기니까 사고가 나지. 불법 유턴을 하거나 과속 같은 건 절대 해선 안돼."

허세욱의 운전 습관은 철저하리만치 정석을 따르는 것이었다. 서두르며 빨리 가자는 손님이 있으면 조용히 타일렀다.

"손님의 안전 때문에 빨리 갈 수 없어요."

그 말을 듣고 고마움을 표시하는 손님들도 있었지만 대부분은 부아가 치밀어 화내기 일쑤였다. 그는 교통법규와 운전 수칙을 철저하게 지켰고, 승차 거부는 있을 수 없는 일이었다.

노동분회 활동을 하던 중에 이성원이 핸드폰을 잃어버린 적이 있었다. 택시 손님으로 미군 네 명이 탔는데, 그들이 핸드폰을 훔쳐간 것이다. 분통이 터진 이성원은 미군의 범죄 사실을 기록으로 남겨야 한다는 생각에서 남대문 경찰서에 신고했다. 현장 조사까지 마친 경찰이 난색을 표했다.

"핸드폰을 훔쳐간 미군을 적발하더라도 우리는 소파(SOFA) 때문에 잡을 수 없습니다. 죄송합니다."

이성원이 억울함을 하소연하자 허세욱의 질책이 뒤따랐다.

"성원아, 너 미쳤구나. 왜 미군을 태워줘? 나는 절대로 미군은 태워주지 않는다."

이성원은 머리를 긁적거리며 대답했다.

"형님 말이 백번 맞소."

평통사 노동분회원 중 연장자인 허세욱은 여러 사부들의 수업을 들으며 진지하고 열의 있게 참여했다. 거의 한 마디 말도 없이 가만히 듣고 있는 경우가 많았다.

"저에게 많이 가르쳐주세요."

"저는 신경 쓰지 말고 토론하세요. 일단 듣고 알고 싶어요."

노동분회에서 그가 자주 하는 말이었다. 있는 듯 없는 듯 조용히 앉아 있다 모임을 마칠 즈음에야 한마디를 던졌다.

"정말 잘 들었습니다. 고맙습니다."

그는 뒤풀이 자리에 가서야 궁금한 것을 질문했다. 그의 질문은 항상 진지했고, 사부들을 처음 자리로 돌아가 답변하게 했다. 그는 자신의 의견을 표현하는 것보다 다른 사람들이 어떤 의견을 지니고 있는지를 궁금해했다. 그는 질문보다 관심 사안을 함께 나누는 것을 더 좋아했다. 택시노동자로 일하면서 겪는 일들과 민주노총의 미래에 대한 걱정을 털어놓곤 했다.

"노동자들은 뼈 빠지게 일하는데, 상근하는 사람들이 치열하게 살지 않고 책상머리에 앉아 있기만 하면 되겠어요?"

뒤풀이에서 그가 자주 꺼내는 소재는 '효순이 미선이의 한을 풀자'는 것이었다. 그는 다른 사회 문제를 얘기하는 도중에도 불쑥 그 말을 꺼내 사람들을 의아스럽게 했다. 평통사가 주로 다루는 문제와 연관해서도 그 말로 결론을 짓곤 했다. 한번은 한미 연합 전쟁 훈련에 대한 논의를 마칠 즈음 그가 말했다.

"효순이 미선이와 같은 불행한 일이 없도록 하기 위해서라도 전쟁 연습을 막아야 돼요."

노동분회원 김영제가 볼 때, 허세욱의 눌변 속엔 삶의 진정성이 있었다. 김영제는 허세욱을 통해 자신의 실천 내용들을 하나하나 정리했고, 돌이켜 보았다. 허세욱은 전략적 유연성이니, SPI니, 소파니 하는 어려운 개념을 한꺼번에 이해할 수 없었기 때문에 하나하나 짚어가면서 배워나갔다. 그는 자신이 배운 것들을 시민들과 소통 가능한 언어로 바꾸기 위해 번역 작업도 수행했다.

노동분회 수업 시간은 웃음과 장난이 가득했다. 장난끼 많은 김영제가 주로 그 역할을 맡았다. 김영제 앞에서 너무 진지한 표정을 짓는 허세욱의 표정은 금방 웃음으로 되돌아왔다. 나이 쉰을 넘어선 어리숙하고 착한 이 학생은 업무 중에도 수업에 빠지지 않으려 애를 썼다. 그는 운행 시간을 쪼개 택시를 세워두고 수업에 참여했고, 수업을 마치면 택시 안에서 방금 그가 배운 내용을 시민들과 나눴다. 택시 안에 새로운 공기가 들어차고 있었다.

이 무렵 그의 고향 안성 옆 평택에서 불길한 소식이 들려왔다. 2004년 9월 1일 평택대학교에서 '주한미군기지 이전에 따른 평택시 지원 등에 관한 특별법 공청회'가 열렸다. 공익근무요원들과 공무원들을 동원한 눈속임 공청회였다. 주한미군기지 예정지에 살고 있는 내추리와 도두리 주민들은 공청회장을 찾아가 항의했다. 공청회는 무산되었고, 경찰은 주민들을 닭장차에 실어 낯선 용인 땅에 내버리고 사라졌다. 이 과정에서 '미군기지 확장 반대 팽성읍 대책위원회'의 김지태 위원장 등 9명이 연행되었다. 주민들은 평택경찰서를 찾아가 연행자 석방을 요구했고, 저녁이 되자 촛불을 켰다. 이 촛불은 대추리와 도두리 주민들의 첫 번째 촛불이었다. 촛불은 두 여중생에게서 대추리 농민들의 손으로 건네졌다.

이에 앞서 2003년 국방부는 대추리와 도두리 지역의 황새울 벌판을 수용한다고 발표했다. 주민들과 대화 없이 발표한 정부의 일방적인 평택 미군기지 확장 계획이었다. 2003년 7월 29일, 팽성읍 이장협의회와 농촌지도자회, 농업경영인연합회, 농민회 등 6개 단체가 모여 '미군기지 확장 반대 팽성읍 대책위원회'를 발족했다.

대추리는 일제시대 군사기지 안에 있던 마을이었다. 일제는 전쟁에 사용할 비행장 활주로를 만들면서 마을의 소나무들을 베어냈다. 1945년 8월 15일 해방과 함께 일본군들이 떠나갔고, 그 자리를 대체한 것은 미군이었다. 1952년 10월 미군기지가 들어서면서 대추리 150가구가량의 주민들은 강제 추방되었다. 일제가 만들던 비행장을 완성해 미군이 사용하기 위한 것이었다. 주민들이 살던 집은 활주로가 되었다. 보상금 한 푼 없이 쫓겨난 주민들은 현재 마을이 들어선 야트막한 야산에 굴을 파 떼를 덮고 살았다. 쫓겨난 지 얼마 안 돼 겨울이 왔고 집을 짓지 못한 주민들은 산굴과 인근 지역에서 곁방살이를 했다. 그해 매서운 추위와 기아 속에서 쇠약한 노인들과 어린아이들이 많이 죽었다. 이때 대도시로 피난 간 사람들은 무허가 판잣집에서 살다 철거되는 삶을 반복했다. 혹한의 겨울에 살아남은 사람들은 집을 짓고, 갯벌을 개간해 논을 장만하고, 마을에 학교를 세웠다. 개간한 논은 짠물이 스며든 땅이라 모를 심으면 금세 빨갛게 죽었다. 그렇게 서너 번을 반복해야 겨우 모가 자랐다.

가난과 추위에 시달린 주민들은 가진 것 없이 일궈야 했던 만큼 인근 지역에 소문이 날 정도로 부지런했다. 마을에 일손을 놓는 사람들은 없었다. 여성들은 아기를 등에 업고 벼를 베었고 땅을 일구었다. 논 둔덕에도 콩을 심고 팥이며 녹두, 참깨, 들깨, 고추, 마늘을 심었다. 대추리와 도두리엔 노는 땅이 없었다. 주민들은 굶주린 삶을 되풀이하지 않기 위해 아침부터 늦은 밤까지 일손을 놓지 않았다.

주민들은 새 마을을 만들면서 원래 살던 동네를 원대추리, 구대추리라고 불렀다. 오랜 세월을 거치며 농사짓고 살아온 황새울 벌판은 쌀맛이 좋기로 소문난 곳이 되었다. 마을의 황금 들녘은 동요 〈노을〉의 무대가 된 아름다운 땅이었다. 〈노을〉의 가사처럼 '바람이 머물다 간 들판에 모락모락 피어나는 저녁연기 색동옷 갈아입은 가을 언덕에 빨갛게 노을이 타는' 마을이었다.

2004년 11월 22일 대추리 주민들은 여의도 앞에서 천막을 치고 22일 동안 농성을 벌였다. 1952년 굴에서 살던 주민들은 2004년엔 천막을 지키고 있었다. 평통사는 주민들과 함께 농성장을 지켰다. '용산협정, LPP(Land Partnewship Plan) 개정협정' 국회 비준을 저지하기 위한 농성이었다. 찬 바람이 여의도의 천막을 매섭게 흔들었다. 농성 기간 동안 허세욱은 매주 한두 차례 여의도의 주민들을 찾아가 추위를 녹일 차를 건네주었다. 허세욱이 볼 때 대추리 주민들은 철거 싸움을 준비하는 철거민들이었다. 봉천6동 주민들이 건설 자본과 정부를 상대로 싸웠듯, 대추리 도두리 주민들은 미군과 정부를 상대로 싸움을 준비하고 있었다. 건설 자본이 빈민들의 삶터를 점령해왔던 것처럼 미군은 농민들의 삶터를 점령할 준비와 작전을 마치고 있었다. 허세욱은 봉천6동이 철거될 때 빈민운동가들이 찾아왔던 것처럼 황새울의 철거민들을 찾아갔다. 미군에게 쫓겨난 후 53년 동안 농토를 일구며 살아온 주민들은 이제 다시 고향에서 쫓겨날 처지였다. 대추리에서 미군들에 의해 유린당한 여성들은 고향을 떠나고 목숨을 끊었다. 미군기지의 아파치 훈련 소음에 밤잠을 설치며 살아온 세월도 모자라 이제는 모든 주민들과 살아있는 것들을 그 땅에서마저 내쫓으려 하고 있었다. 뜨거운 캔 커피를 받은 여성 주민 한 명이 허세욱에게 하소연했다.

"한 번쯤은 잘 살아볼라고 평생 그저 먹으면 일만 하고 먹으면 일만하고 그렇게 살아왔어요. 일주일씩 내가 끼니를 굶어가며 국수 삶아먹으며 논을 장만한 거거든. 논을 쳐다보면 마음이 흐뭇해서. 인제는 이렇게 쳐다보면 미군기지 들어온다는 생각하면 땅만 쳐다봐도 눈물이 나와. 너무 고생해서 장만한 땅이기 때문에. 젊은 청춘을 바친 땅이니깐. 제대로 먹지도 입지도 못하고. 난 개만치도 못 살았어. 개만치도."★

착잡한 심정으로 얘기를 듣던 허세욱이 그녀의 두 손을 잡으며 말했다.

"걱정 마세요. 미군이 결국 철수할 수밖에 없을 거예요. 농민들 땅을 빼앗아 기지를 확장한다는 게 말이 됩니까? 앞으로는 미국이 이런 식으로 우리나라를 지배하지 못하게 해야죠. 미군 철수를 앞당기기 위해서라도 우리가 힘을 내야죠. 저도 철거민으로 살아봐서 심정을 잘 알아요. 제가 꼭 지켜줄게요."

2004년 12월 국회 비준이 통과되었다. 평통사는 12월과 다음 해 1월 25일 두 차례에 걸쳐 '범대위 결성을 위한 제 단체 준비모임'을 주최했다. 다음 해인 2005년 2월 25일, '평택 미군기지 확장 저지 범국민대책위원회'가 결성됐다.

★ 「들이 운다」 도두2리 주민 원정옥의 구술에서.

평택범대위의 결성은 미국이 용산 및 미2사단 등을 평택지역으로 옮겨 '한미동맹 안보정책구상회의(SPI)' 등을 통해 주한미군의 역할을 아시아·태평양 지역으로 확대하고 침략 전쟁의 상시적인 전초기지로 이용하려는 것을 저지하기 위한 것이다.

허세욱은 그의 생애 두 번째 철거 싸움을 준비했다. 대추리 솔숲에 선 솔부엉이 소리가 동토의 땅, 황새울 벌판의 논바닥에 스며들고 있었다.

푸른 하늘 푸른 들이 맞붙은 곳으로

평통사 사무실에 들어서자마자 허세욱은 시민들에게 배포할 유인물을 찾았다. 그는 며칠 전 유영재에게 평택범대위에서 펴낸 유인물을 사무실에 가져다 달라고 부탁한 터였다. 평택범대위 정책위원장으로 활동하는 유영재는 경황없이 지내고 있었다. 얼마 전에도 부탁을 받고 깜박했었다.

허세욱은 평소 유인물을 쌓아두던 캐비닛 앞을 살펴보았다. 그런데 그 자리엔 다른 인쇄물들뿐이었다. 다른 곳에 쌓아둘 리 만무했지만 혹시나 하는 생각에 다른 인쇄물들을 뒤적거렸다. 그가 기대하는 유인물은 없었다. 허세욱은 유인물이 있어야 할 자리를 다시 한참 동안 바라보았다. 그는 난감한 기분을 넘어 속상한 마음마저 들었다. 유영재는 그가 평소 존경하는 사람이었지만 이번만큼은 실수했다고 생각했다. 평택 미군기지 예정지의 앞날을 알 수 없는 시기였다. 생각할수록 답답하고 조바심이 났다. 시민들에게 유인물을 배포하는 일은 그가 주민들을 위해 가장 잘할 수 있는 일이었다. 허세욱은 불안에 빠진 사람처럼 사무실을 서성거렸다. 그러다 걸음을 멈추고 유영재를 흘끗 쳐다보았다. 유영재는 의자에 앉아 컴퓨터 작업을 하고 있었다. 허세욱은 그를 향해 걸어갔다. 유영재가 인기척에 고개를 들었다.

"유 실장님, 아무리 찾아봐도 유인물이 없군요."

허세욱의 시무룩한 목소리를 들은 유영재는 아차 싶었다. 달리 변명할 말이 떠오르지 않았다.

"아이구, 선생님. 죄송합니다. 제가 그만 잊어버렸네요."

"몇 차례나 부탁을 드렸는데……. 또 깜박하셨군요. 제가 일하다 말고 일부러 여기까지 찾아왔는데……."

허세욱은 말꼬리를 흐리며 핀잔을 주었다. 언짢은 표정이 역력했다. 유영재는 당황스러웠다. 웬만해선 싫은 소리를 하지 못하는 허세욱이기 때문이었다. 다른 활동가들도 사태를 파악한 듯 난처한 표정들이었다. 유영재는 머쓱해서 시선 둘 곳을 찾았다. 그는 허세욱의 손을 잡으며 사과했다.

"선생님, 죄송합니다. 제가 그만 깜박했습니다. 다음번엔 꼭 가져다 놓을게요."

허세욱의 표정이 나아질 기미가 없었다. 이 정도 사과를 하면 금세 풀리는 사람이었지만 오늘은 달랐다. 허세욱은 인사를 하는 둥 마는 둥 하면서 사무실을 빠져나갔다. 평통사 활동가들은 그가 떠나는 모습을 멀뚱히 쳐다보며 한편 놀라고 한편 의아해했다. 그가 가고 난 후 유영재는 유인물을 나눠주는 허세욱의 역할을 다시 생각해보았다. 평택범대위 일로 바쁜 나날을 보내고 있었지만 시민들에게 이 사실을 알리는 것도 매우 중요한 일이었다. 이 사건은 평통사 활동가들에게도 적잖은 충격을 주었다. 유영재는 그 후부터 허세욱이 가져갈 유인물에 각별한 관심을 두었다.

그를 기억하는 이들에게 허세욱의 상징은 유인물이었다. 그는 유인물을 신중하게 배포했다. 손님이 택시에 타면 몇 마디 던져본 후, 얘기가 통할 성싶지 않으면 유인물을 주지 않았다. 집회가 있는 날 길이 막히면 손님에게 이런 말로 의중을 떠보았다.

"오늘따라 길이 많이 막히네요. 어디서 큰 집회가 있나 보죠?"

손님의 대답을 들으면 유인물을 줘야 할 사람인지 아닌지 파악할 수 있었다. 유인물은 한 장도 허투루 줄 수 없었다. 회원들의 주머니에서 나오는 소중한 돈으로 만든 것이기 때문이다.

처음엔 손님들과 다투는 일이 많았다. 생각이 다르면 손님도 불편하고 자신도 불편해졌다. 언젠가부터 자신이 먼저 "저는 민주노총 조합원입니다"라거나 "참여연대 회원입니다"라고 얘기하지 않았다. 의견이 잘 통하는 사람이 타면 차비를 받지 않고 태워줬다. 집회가 열리는 광장에 가는 손님이 있으면 도착할 때까지 짐짓 모르는 채 많은 질문을 했다. 목적지에 도착하면 건네주는 요금을 거절하며 말했다.

"그냥 내리세요. 저도 민주노총 조합원입니다."

허세욱은 그런 일을 매우 즐겼다. 그의 인생의 즐거움 중 하나였다. 집회 장소에 가는 나이 어린 대학생들에게도 요금을 받지 않았다. 그는 촛불 들 시민 한 명을 간절히 바라며 시민들에게 유인물을 나눠주었다. 그는 언젠가 『전태일 평전』을 읽고 말했다.

"전태일 열사 주변에 대학생 한 명만 있었으면 하던데, 나는 촛불 들 시민 한 명만 더 곁에 있었으면 좋겠어요."

그런 그에게 민주주의의 광장인 집회 장소에 가는 손님은 VIP 손님들이었다. 감히 요금을 달라고 할 수 없었다. 참여연대 회원이나 민주노동당 당원이 탑승했을 때에도 택시비가 할인되거나 공짜였다. 그는 동료들을 만나면 그런 일을 전해주며 어린아이처럼 신나는 표정을 감추지 못했다. 돈을 꼭 받으라고 해도 말을 듣지 않았다.

"학생들이나 집회에 가는 사람들이 무슨 돈이 있겠어요? 억울한 일들을 겪고 있는 사람들이 대부분인데……. 내가 없이 살아도 그 정도는 할 수 있어요."

이 말을 듣는 동료들은 답답해서 고개를 돌릴 뿐이었다.

강인남이 관악주민연대 활동을 접고 천안에 살 때 허세욱은 그녀가 서울에서 일을 마치고 늦을 때면 천안까지 택시로 데려다주곤 했다. 세대위 시절 그가 쓴 쪽지엔 '사부님, 이 소인이 언제든지 사부님을 모셔다 드리겠습니다'라는 문구가 적혀 있었다. 허세욱은 약속을 지키기 위해 강인남의 귀가길에 함께하는 날이 많았다. 상황이 여의치 않을 때는 동료 운전사에게 이 일을 부탁했다. 그는 미터기를 끄고 자신의 돈으로 사납금을 입금했다. 강인남은 그것이 미안해 일부러 택시비를 주느라 허세욱과 실랑이를 벌이는 때가 많았다.

유인물 수량은 매주 목표를 세웠다. 사안에 따라 자신이 하루에 돌릴 수 있는 매수를 가늠한 후 목표량을 들고 출근해 택시에 실었다. 유인물은 방 안에 가득히 쌓아두었다. 미리 목표량을 사람들에게 예고한 후 달성한 목표를 자랑하는 것도 인생의 낙이었다.

서울대학교 교정 곳곳은 그가 택시를 타고 수시로 포스터를 붙이는 장소였다. 서울대는 신림역 사거리와 함께 그가 혼자 서서 유인물을 나눠주는 장소였다. 그는 몇 시간씩 서서 시민들에게 꾸벅꾸벅 고개를 조아리며 유인물을 건네주었다. 대부분의 시민들은 그가 나눠주는 유인물을 피했지만 그는 오히려 선물을 주는 산타할아버지라도 되는 양 한 사람도 빠트리지 않고 인쇄물을 건네주려고 노력했다.

최문희는 허세욱이 몇백 부씩 유인물을 가져갈 때마다 어디에 가져다 버리지나 않을까 우려했다.

"선생님! 힘들게 제작한 유인물인데, 다 배포하는 거 맞지요?"

용산 미군기지 이전 비용 부담 문제를 유인물로 제작했을 때였다. 유인물 배포 계획을 세우고 몇 달치를 한꺼번에 인쇄하는데, 어느 순간 수량이 눈에 띄게 줄어들었다. 허세욱이 활동하면서 수량을 가늠하지 못해 유인물을 다시 찍는 일이 많았다. 평통사에서 배포하는 전체 유인물 수량과 비슷한 양을 그가 혼자서 소화할 때도 많았다. 최문희는 이참에 한번 따져볼 심사였다. 허세욱은 배시시 웃으면서 답했다.

"걱정 말아요. 제가 정말 택시에서 한 장 한 장 일일이 나눠줘요."

최문희는 그 말을 듣고도 미심쩍었지만 주지 않을 도리가 없었다. 나중에 허세욱의 진면목을 깨달은 최문희는 컬러 유인물이 나올 때면 허세욱에게 텃세를 부렸다.

"선생님. 이번 것은 특별히 컬러로 제작한 거니까 조금만 가져가셔야 해요."

오랜만에 컬러 유인물을 보고 허세욱이 눈을 동그랗게 뜨고 맞장구를 쳤다.

"아유, 정말 칼라네요, 칼라. 돈이 많이 들었겠어요. 저도 이번 것은 텃세 좀 부리면서 돌려야겠어요."

허세욱의 유인물에 관한 일화 중의 으뜸은 이승헌이 기억하고 있었다. 언젠가 여의도에서 식사를 마치고 식당을 나설 때였다. 그의 앞에 허세욱이 보였다. 허세욱은 신기하게 퇴근 무렵이면 갑자기 등장하는 경우가 많았다. 그는 야간 근무를 마치고 새벽에 귀가하는 활동가들을 태워주기 위해 민주노동당 당사 인근에서 택시를 주차하고 대기하곤 했다. 사람들은 그를 우연히 만난 것으로 기억했지만 실은 준비된 우연이었다. 이날도 식당 앞에서 허세욱은 이승헌을 기다리고 있었다. 허세욱이 차문을 열고 고개를 내밀었다.

"국장님, 집으로 들어가는 길이세요? 어서 타요."

이승헌은 몇 번 거절하다 어쩔 수 없이 그의 택시에 탔다. 한참 달리던 택시가 횡단보도 앞에 섰다. 그때 허세욱이 경적을 울렸다. 의아해진 이승헌이 물었다.

"선생님, 왜 빵빵거리세요?"

경적 소리를 듣고 한 시민이 돌아보자 허세욱은 이승헌의 질문에 대답하지도 않고 신속하게 문을 열고 나갔다. 그의 손엔 몇 장의 유인물이 들려 있었다. 그는 횡단보도를 걸어가는 시민에게 다가가 고개 숙여 인사하고 유인물을 건네주었다. 횡단보도에 걸려 잠시 대기하는 시간도 아까워 유인물을 돌렸던 것이다. 이승헌은 경탄할 수밖에 없었다.

촛불집회 313일째인 2005년 7월 10일 평택범대위에서 주최하는 '1차 평화대행진'이 계성초등학교 대추분교에서 열렸다. 정부에서 토지 강제 수용 절차를 밟고 있는 데 대한 항의 집회였다. 국방부가 주도한 협의매수에 응한 주민들이 한 가구씩 마을을 떠나고 있었다. 마을에 있는 교회 신도들이 목사의 설교를 따라 먼저 동네를 떠났다. 대추분교에는 눈에 띄는 현수막 하나가 걸려 있었다. 어법에 맞지 않는 이 현수막 문구는 허세욱이 구상한 것이었다.

'효순이 미선이 살려내고 미군놈들 철수하라'

민주택시의 이름으로 내건 이 현수막은 허세욱이 자비를 들여 제작하고 직접 설치한 것이었다. 두 여중생이 죽은 지 3년이 지났지만 그의 가슴엔 신효순이 있었고 심미선이 있었다. 현수막 내용은 두 소녀의 죽음과 대추리의 현재를 연결하고 있었다. 이 문구는 지난번 대추리에 왔을 때 황윤미에게 했던 말을 문구화한 것이다. 대추분교 운동장을 청소하고 있을 때였다. 서녘으로 엷게 노을이 지고 있었다. 황윤미와 함께 휴지를 줍던 허세욱이 허리를 펴고 운동장 울타리 너머 들녘을 바라보며 말했다.

"황윤미 국장님! 미군기지 확장 저지 운동을 승리로 이끌 수 있는 방법이 있을까요?"

미군을 대상으로 한 싸움이 얼마나 어렵고 지난한 일인가는 매향리 싸움과 여중생 촛불집회를 겪으며 허세욱도 충분히 경험했다. 황윤미는 솔직하게 답변했다.

"미군과 국방부가 기지 확장에 관한 모든 권한을 가지고 있기 때문에 쉽지 않을 거예요. 많은 사람들이 여기 동의하고 함께하는 것만이 대추분교를 지키고, 이 땅을 지킬 수 있는 유일한 방법이죠."

허세욱은 고개를 늘어올려 운동장 너머 서무는 들판의 노을을 바라보았다. 그의 눈동자 속에도 노을이 내려앉고 있었다. 그는 망연히 시선을 들녘에 두고 말했다.

"효순이 미선이 죽인 놈들한테 이렇게 평화로운 땅까지 뺏겨야 되겠어요?"

황윤미는 그의 옆모습을 바라보았다. 뜬금없이 참 아름다운 분이라는 생각이 들었다. 그에게 두 여중생의 죽음과 미군기지 확장 문제는 다른 문제가 아니었다. 일주일이 지나 허세욱은 그날 다짐처럼 했던 말을 현수막으로 만들어왔다.

1차 평화대행진은 전국 각지에서 1만여 명의 시민들이 참여했다. 아이들과 함께 가족 단위로 찾아온 시민들도 많았다. 시민들은 인간 띠를 잇고 미군기지 철조망에 반전 평화의 상징인 노란 천을 매달 계획이었다. 풍물패들은 풍악을 울리며 길을 열었다. 평화로운 행진에 대응해 전경 1만여 명이 미군기지 담을 에워싸고 지키고 있었다. 관제탑 위에서는 미군들이 한국 경찰들의 보호 속에서 시위 행렬을 구경했다. 허세욱은 시민들이 미군과 직접 대면하지 못하고 한국의 경찰들과 맞서야 하는 현실에 비감한 심정이 들었다. 평화의 행진은 금세 무너졌다. 인간 띠를 연결하는 시민들을 향해 전경들이 곤봉과 방패를 휘둘렀다.

"밀고 들어가. 밀고 들어가. 박살 내버려!"

확성기를 통해 경찰 지휘관의 목소리가 들렸다.

"방패로 쳐버리란 말이야. 왜 못 치나? 조져버려! 하단 공격, 하단 공격."★

이날 전경들을 지휘한 서울시경 경무관 이종우는 극언을 서슴지 않았다.

"내가 책임질 테니 다 밟아버려. 죽여버려!"

곤봉과 방패에 찍혀 피 흘리는 시민들이 늘어나고 있었다. 전경들은 방패를 들어 'ㄱ'자 형태로 시민들의 얼굴을 향해 가격했다. 날 선 방패에 찍히고 곤봉에 맞아 피투성이가 된 시민들이 병원에 실려가는

★ 인터넷 방송국 '청춘' 동영상에서.

모습을 허세욱은 바라보았다. 공권력의 폭력은 노약자들에게도 예외가 아니었다. 철거민들을 향한 용역 깡패들의 무자비한 폭력이 머릿속에 겹쳐졌다. 1차 평화대행진이 열린 이날 경찰과의 충돌로 중상자는 평통사 회원들을 포함해 84명에 이르렀다.

저녁 7시 무렵, 평통사 회원들이 대추분교 운동장에서 마무리 발언을 하고 있었다. 허세욱의 차례가 됐을 때 그는 입을 열었다.

"너무나 원통하고 분노를 참을 수가 없습니다. 악독한 짓은 미군놈들이 하는데, 그놈들은 코빼기도 보이지 않습니다. 어떻게 한국 경찰이 우리 국민을 흉악한 범법자로 대하고 폭력을 쓸 수 있어요?"

말을 마쳤을 때 허세욱은 들었다. 멀리서 들려오는 들의 울음소리를.

들이 울었다

2006년 5월 3일. 대추리 도두리 일대에 대한 행정대집행 소식이 들려왔다. 대추분교 침탈이 임박했다는 소식을 들은 시민들은 평택으로 향했다. 이날 저녁 허세욱은 평택으로 가는 지하철에 올라탔다. 국방부는 군인들을 투입해 미군기지 확장 예정지에 철조망을 설치할 계획이었다. 며칠 전 평택 문제를 대화로 해결하겠다는 약속을 어긴 결정이었다. 국방부는 지난 4월 7일 포클레인과 불도저, 레미콘을 동원해 들판을 파헤치고, 양수장과 농수로, 농수로관을 파괴했다. 하지만 대추리 주민들은 농사를 포기하지 않았다. 그들에게 농토를 빼앗기는 것은 모든 것을 잃는 것이었다. 평택 인근 지역에는 경찰 1만 3000여 명과 군인 2000여 명이 황새울 진압을 위해 대기하고 있었다. 황새울에 전운이 감돌았다.

허세욱은 그동안 대추리에서 열리는 집회에 빠짐없이 참여했다. 그는 평택에서 참여연대나 평통사 깃발 아래 서 있었다. 지난 2월 12일, 토지 강제 수용을 저지하기 위한 3차 평화대행진이 열렸다. 이날 허세욱은 난감한 상황에 빠진 공성경을 도와준 일이 있었다. 키가 크고 체격이 다부진 데다 검정색 점퍼를 입은 공성경을 마을 주민들이 사복경찰로 오해했다.

"사복경찰이 떴습니다!"

사복경찰이 있다는 소리에 주민들이 우르르 몰려들었다. 주민들은 그를 에워싸고 몰아세웠다.

"감히 경찰놈이 어딜 돌아다녀?"

"저런 죽일 놈을 봤나!"

"도망치지 못하게 꽉 잡아!"

당황한 공성경은 욕설을 내뱉는 주민들을 진정시키려 했지만 말을 듣지 않았다. 그때 이를 발견한 허세욱이 끼어들었다. 그가 주민들을 만류하며 말했다.

"주민 여러분, 이분은 참여연대 간사이십니다. 우리 편이에요."

허세욱을 잘 아는 주민들은 그제서야 공성경을 풀어주었다.

"죄송해요. 경찰놈들하고 차림이 똑같아서 그랬어요. 그러게 왜 까만 점퍼를 입고 그러우."

허세욱은 너털웃음을 터뜨리며 공성경을 나무랐다.

"아니 간사님은 고향이 평택이신데, 어떻게 평택 주민들을 모르세요?"

공성경은 상황이 진정된 것에 안도하며 대답했다.

"휴우. 선생님, 저는 집이 시내 쪽이어서 그동안 대추리는 한 번도 와본 적이 없었습니다. 어르신들에게 자주 인사드려야 되는데 활동가들만 만나다 보니 잘 몰랐어요. 구해주셔서 고맙습니다."

허세욱은 공성경에게 봉천6동에서 겪은 일을 들려주었다.

"제가 봉천6동 철거민으로 있을 때 비슷한 일이 많았어요."

봉천6동 아이들이 마을을 찾아온 방문객들을 철거 용역으로 오인한 일이었다. 순진한 아이들은 키가 크고 뚱뚱한 사람들을 보면 재빠르게 세대위를 찾아와 신고했다.

"아저씨, 철거 깡패가 나타났어요."

주민들이 놀라서 달려가 보면 철거 용역이 아닌 방문객들이나 일반 시민이 걸어가고 있었다. 바바리 코트를 입은 남자들도 아이들의 신고 대상이었다. 아이들이 신고한 장소엔 바바리 코트를 여미며 시민 한 명이 걸어갈 때가 많았다. 아이들은 학교에서 노래를 부르게 하거나 소풍을 가면 '철거 투쟁으로 뭉친 우리'로 시작하는 투쟁가를 불러 교사들을 당혹시키는 일이 많았다. 그런 일들 때문에 학교 교사가 동네를 방문한 적도 있었다.

사복경찰로 오해 받은 후부터 공성경은 대추리에 갈 때마다 주민들을 찾아가 얼굴을 익히고 꼬박꼬박 인사를 했다.

지난 3월엔 대추리에서 논에 불을 피우고, 볏단을 나르고, 볍씨를 뿌렸다. 2006년의 구호인 '올해도 농사짓자'를 실천하기 위해 전국의 시민들이 참여한 대대적인 농활 기간이었다. 구역을 나눠 지역별로, 단체별로 농사를 지었다. 봄이었지만 추운 날씨였다. 그는 주민들과 함께 차가운 김밥을 먹으며 일손을 도왔다.

지난 4월 22일엔 노동분회 회원들과 함께 농활에 참여했다. 600일째 촛불을 켜던 날이었다. 허세욱은 일을 마친 후 늦게 도착했다. 다음 날 일어나자마자 황윤미가 준비해둔 밥 두 그릇을 해치웠다. 오랜만에 맛보는 차진 밥이었다.

황새울은 주민들과 농활에 참여한 시민들로 가득했다. 평통사 회원들은 '평통사의 밭'이라고 표기된 곳에서 고랑을 맸다. 이날 허세욱은 농사꾼의 아들로서의 진가를 모두에게 보여주었다. 일하던 중 "허리가 아프다"고 볼멘소리를 하던 최문희가 부침개를 부치러 갔다. 그녀가 부쳐온 부침개를 나눠 먹은 후 허세욱이 말했다.

"머잖아 참여연대 식구들이 온다네요. 부침개 좀 더 부치면 안 될까요?"

최문희는 밭고랑 사이를 빠져나가 다시 부침개를 가져왔다. 허세욱이 마중나가 반갑게 받았다. 그는 부침개를 헤집고 들추며 살폈다.

"아니, 최문희 선생님. 이럴 수가 있습니까? 남의 식구라고 부침개가 달라지다니. 봐요! 계란도 빠졌고, 양파도 빠졌어요. 이게 어떻게 된 일이에요?"

허세욱이 나무라자 최문희는 억울한 표정을 지었다. 속속들이 부침개를 살펴본 김영제가 명언을 남겼다.

"세욱이 형님 말이 맞습니다. 부침개가 금세 달라졌어요. 이래서 사람들에게 사적인 소유가 생기면 안 돼요. 평통사 이름으로 밭이 생기니까, 금세 남의 식구라고 부침개를 다르게 해오잖아."

그 말에 회원들이 감탄을 하며 박장대소를 했다. 억울한 것은 최문희뿐이었다. 물론 그녀가 일부러 계란과 양파를 빠트렸을 리는 없었다. 남은 재료로 부쳐왔을 뿐이었다. 부침개를 먹은 지 채 30분도 지나지 않아 허세욱이 남은 부침개가 든 쟁반을 들고 회원들을 찾아다니며 막무가내로 입에 식은 부침개를 넣어줬다.

"일이 힘들 때는 먹어야 돼요."

터질 것처럼 배가 불렀지만 사람들은 차마 거절하지 못하고 모두 받아먹어야 했다. 두세 시간이 흘러 새참 먹을 시간이 되었다. 황윤미가 새참 메뉴 결정을 요청했다. 허세욱이 외쳤다.

"부침개요!"

이에 놀라지 않는 사람이 없었다. 최문희가 외쳤다.

"아이스크림이요!"

새참 메뉴가 부침개로 결정됐으면 무슨 일이 벌어졌을지 예측할 수 없는 상황이었다. 회원들은 다시 고랑을 따라 볍씨를 뿌렸다. 한창 일하던 중 윤영일이 지나온 자리를 둘러보더니 무언가를 발견한 듯 소리쳤다.

"다들 일을 멈추고 여기 좀 보세요. 힘들게 만든 고랑을 감히 우리 중 누군가가 밟고 지나갔습니다."

윤영일의 성토에 회원들은 고랑을 살펴봤다. 밭고랑 사이로 발자국이 한 줄로 길게 찍혀져 있었다. 성토는 계속 이어졌다.

"분명히 국방부의 끄나풀이 틀림없습니다. 내부공모자를 색출해야 돼요."

허세욱은 앞장서서 범인을 색출하기 위한 수사를 진행했다. 그는 회원들의 신발을 하나씩 벗긴 후 신발을 밭고랑에 찍힌 발자국과 대조했다. 그런데 모든 회원들의 신발을 대조해도 범인을 찾아낼 수 없었다. 그때 최문희가 현장 감식 중인 허세욱의 뒤를 쫓고 있었다. 허세욱의 발자국과 범인의 발자국을 대조한 최문희는 결론지었다.

"드디어 범인을 찾았습니다. 허세욱 선생님입니다. 봐요. 발자국이 완벽하게 일치하잖아요. 게다가 선생님은 지금 또다시 밭고랑을 밟고 지나가며 2차 범죄를 저지르고 있습니다."

그가 현장 감식을 하는 동안 신발이 밭고랑을 밟고 있었던 것이다. 이번엔 증인들이 너무 많아 수사할 필요도 없었다. 한바탕 폭소가 쏟아졌다.

사람들과 어울려 사는 기쁨을 실컷 느낀 날이었다. 대추리에 농사를 짓겠다는 희망으로 볍씨를 뿌리며 그는 행복했다. 희망은 그를 웃게 했다. 희망이라는 말에서는 사람 냄새가 났다.

행정대집행을 앞둔 대추리에 불안한 소문이 꼬리를 물고 날아들었다. 국방부에서 군인들을 앞세워 주민들과 시민들을 사냥하다시피 강제 진압할 것이라는 얘기였다. 공성경은 시민들에게 소문에 개의치 말기를 부탁했다.

"겁을 주기 위해 경찰 쪽에서 일부러 퍼뜨리는 소문 같습니다."

그러면서도 조심할 것을 당부하지 않을 수 없었다.

5월 3일 자정 무렵. '평통사의 집'으로 회원들이 하나둘 모여들었다. 김종일은 회원들에게 대응 지침을 일러주었다.

"내일 군경이 합동으로 군사작전을 하기 때문에 매우 강한 진압 작전이 펼쳐질 것입니다. 따라서 우리는 결사항전의 각오로 임해야 합니다. 설사 이 자리에 있는 사람들 모두가 연행되는 한이 있더라도 285만 평 평화의 땅을 지켜야 합니다."

김종일은 내일 도두리 쪽으로 진입하는 대열을 구분해 조를 편성하고 개별 행동이 없도록 주문했다. 주민 규찰대가 교대로 마을을 지켰다. 평통사는 편성한 조별로 순찰을 돌았다. 대추분교에서는 시민들이 모여 불을 피웠다. 사람들은 잠들지 못하고 있었다. 대추리엔

1000여 명의 시민들이 불안한 눈빛으로 다가올 새벽을 기다렸다. 허세욱은 몸을 눕혔지만 잠이 오지 않았다. 그는 누워서 김종일의 말을 곱씹었다.

'설사 이 자리에 있는 사람들 모두가 연행되는 한이 있더라도 285만 평 평화의 땅을 지켜야 합니다.'

잠을 뒤척이던 허세욱은 조용히 자리에서 일어났다. 그는 홀로 황새울 들녘으로 걸어갔다. 내일 황새울을 잃게 되면 다시 밟을 수 없는 땅이었다. 밤이슬이 내려앉은 들녘은 축축했다. 들녘도 어둠 속에서 잠들지 못하는 듯했다. 그가 서 있는 곳에서 고향은 지척에 있었다. 아버지가 농사짓던 수렁논에 빠지면 평택에서 떠오른다는 말이 생각났다. 그는 어릴 적 수렁에 빠진 몸이 오늘 평택 황새울에서 올라온 게 아닐까 하는 상상을 했다. 황새울의 수렁에 빠지면 다시 어린 날 수렁논이 있던 시절로 돌아갈 수 있을까? 어린 시절, 홀로 논둑에 앉아 소의 눈망울을 바라볼 때가 제일 행복했다. 외로울 때면 누렁소와 속엣말을 주고받던 시절이 그리웠다. 들녘 찬 기운이 외투를 파고들었다. 허세욱은 순찰을 돌 차례라는 전화를 받고 발걸음을 되돌렸다. 그는 회원들과 함께 차를 타고 순찰에 나섰다. 새벽 2시가 되었을 때 군인들이 팽성읍 객사리 예비군 훈련장에 집결해 있다는 소식이 들려왔다.

5월 4일 새벽 4시 40분경. 군과 경찰차가 그들의 적지인 마을을 향해 다가왔다. 한 시간가량 지나자 미군기지에서 기상나팔 소리가 길게 울리며 논바닥에 스며들었다. 새벽 5시 30분. 행정대집행이 개시되었다. 학생들은 경찰들이 진격하는 방향을 향해 맨몸으로 나아갔다. 40명가량의 평통사 회원들은 새벽 찬 공기 속으로 걸음을 옮겼다. 허세욱도 목장갑을 끼고 황새울 들녘을 향해 나아갔다. 시민단체 대표자들과 주민들은 대추분교를 지키기 위해 후문 앞에서 연좌하고 있었다. 오십 대의 한 남자가 대추분교에 남지 않고 황새울 쪽으로 가는 모습을 지켜본 젊은 시민 한 명이 만류했다.

"어르신, 이쪽으로 가는 길은 위험합니다. 대추분교에서 기다리세요. 군경과는 저희가 맞설게요."

허세욱은 정중하게 거절했다.

"제가 어떻게 여기서 보고만 있겠어요. 조금이라도 힘을 보태야죠."

젊은 시민은 더 만류할 수 없었다. 대추리와 황새울 들녘 상공에서 헬기들이 저공비행하며 긴장감을 고조시켰다. 헬기에서 시민들의 해산을 요구하는 경고 방송이 지상으로 투하되었다. 경고 방송은 바람을 타고 황새울 전역을 휘감았다. 경고 방송과 경고 방송이 섞이고, 주민들과 시민들의 구호 소리가 뒤섞였다. 허세욱은 소리 높여 외쳤다.

"올해도 농사짓자!"

들녘 맞은편에서 군인들이 열을 지어 다가왔다. 시민들은 군인들이 오는 길을 막기 위해 나아갔다. 군인들과 시민들이 대치했다. 시민들과 군인들 사이를 가로지르며 헬기들이 비행했다. 시민들이 길을 막아서자 군인들이 들녘 양편으로 전열을 가다듬었다. 1980년 5월 이후, 처음으로 시민들은 군인들과 대치하고 있었다. 군인들 숫자가 갈수록 늘어났다. 어느새 2000명가량의 군 공병대와 특수부대원들이 들녘을 가득 채웠다.

한편 학생들과 시민들은 내리 쪽에서 대추리 진입을 시도하는 경찰과 용역들을 막고 있었다. 차량 열 대로 길을 봉쇄했지만 경찰들은 논두렁을 밟으며 쏟아져 들어왔고 맨몸으로 저항하는 학생들과 시민들에게 곤봉을 휘둘렀다. 수적으로 다섯 배가 넘는 경찰들의 공격으로 수세에 밀릴 수밖에 없었다. 곤봉에 맞아 쓰러진 부상자들이 줄을 이었다.

들판 위로 헬기 한 대가 낮게 내려와 철조망을 토해냈다. 황새울 들녘을 주민들로부터 차단해 농사를 막기 위한 철조망이었다. 군인들이 철조망을 설치하기 위해 이동했다. 들판이 철조망에 갇히고 있었다. 시민들과 평통사 회원들이 이동하는 군인들을 막아서면서 몸싸움이 벌어졌다. 다른 곳에서 또 한 대의 헬기가 지상으로 내려오고 있었다. 사방에서 군인들과 시민들 간에 몸싸움이 벌어졌다. 허세욱은 '미군기지 확장 반대' 문구가 적혀 있는 노란 깃발을 들고 군인들을 향해 항의의 목소리를 높였다. 한 무리의 군인들이 다른 쪽 방향으로 달려갔다.

시위 대열로부터 150미터가량 떨어진 논바닥 위에 또 한 대의 헬기가 내려앉고 있었다. 허세욱은 그 헬기를 주시했다. 논두렁은 시민들의 피의 제단이 되고 있었다. 피 흘린 자리에서 핏물을 먹고 자라는 싹들이 그의 눈에 보였다. 그 싹은 비겁과 굴욕과 증오와 학살의 피였다. 미군이 이 땅에 점령군으로 진주한 날부터 자라난 피의 싹이었다. 그 싹이 자라 거대한 나무가 되어 황새울을 집어삼켰다. 붉은 나무가 땅 위로 치솟았다. 땅에 서식하는 생명들의 신음 소리가 들렸다. 치솟던 나무는 금세 한반도 전역을 집어삼켰다. 그의 귀에 곤봉에 맞고 방팻날에 찍히는 시민들의 절규가 들렸다. 다리가 후들거렸고, 이마에 땀이 배었다.

흔들리는 그의 눈동자에 미군기지 캠프 험프리가 들어왔다. 헬기가 보였다. 탱크가 보였다. 장갑차가 보였다. 두 명의 어린 소녀가 보였다. 소녀들은 손을 잡고 걷고 있었다. 소녀들이 고개를 돌렸다. 공포에 질린 소녀들의 얼굴이 가까이 다가왔다. 두 소녀의 눈동자만 남아 허세욱을 바라보았다. 원망하는 표정이었다. 소녀들의 시체에서 눈동자만이 살아 그를 바라보며 눈물을 흘렸다. 그는 뒷걸음질쳤다.

허세욱은 발길을 돌려 달아났다. 골목 계단을 뛰었다. 골목을 벗어났다. 한 여자가 구타당하는 모습이 보였다. 발길질을 하는 자들은 철거 용역들이었다. 여자가 고개를 돌려 그를 바라봤다. 손짓을 보냈다. 그는 두려웠다. 나설 수 없었다. 그는 몸을 떨었다. 허세욱은 망연자실 서서 여자를 바라보았다.

그때 헬기 소리가 들렸다. 허세욱은 논바닥에 내려앉는 헬기 한 대를 바라보았다. "올해도 농사짓자!"는 구호가 들려왔다. 프로펠러 소리가 들렸다. 여러 대의 헬기가 머리 위를 떠다녔다. 헬기에서 경고 방송이 지상으로 투하되었다. 허세욱을 향해 경고 방송이 빗발쳤다.

"지금 해산하지 않으면 전원 연행하겠습니다."

"지금 해산하지 않으면 전원 연행하겠습니다."

경고 방송을 타고 허세욱이 뛰쳐나갔다. 헬기가 내려앉고 있었다. 다른 헬기에서도 철조망이 토해지고 있었다. 뛰쳐나가는 그의 손에 든 노란 깃발이 펄럭였다. '미군기지 확장 저지' 문구가 펄럭였다. 시민들이 놀라 소리쳤다.

"헬기 쪽으로 누가 뛰어갑니다."

순식간에 벌어진 일이라 말릴 새가 없었다. 시민들은 발을 동동 굴렸다. 무슨 일이 벌어질 지 예측할 수 없는 상황이었다. 이제 누구도 만류할 수 없는 거리였다. 시민들은 허세욱을 향해 외쳤다.

"나오세요! 그쪽은 위험합니다."

"위험합니다. 위험합니다."

김종일도 큰 소리로 외쳤다.

"허세욱 선생님, 그쪽으로 가지 마세요."

허세욱은 어떤 소리도 들리지 않았다. 현장을 취재하던 기자들 몇 명이 카메라를 들고 허세욱을 뒤쫓았다. 회원들보다 더 놀란 것은 군인들과 경찰들이었다. 그들은 상황을 파악할 겨를도 없이 멍하니 지켜볼 뿐이었다. 더 당황한 것은 헬기였다. 시민들은 방금 뛰쳐나간 그가 헬기에 돌진해서 무슨 일을 벌일지 조마조마한 심정으로 바라보았다. 허세욱은 논두렁을 뛰어가며 손을 높이 들었다. 바람에 노란 깃발이 펄럭였다. 그는 깃발을 흔들면서 외쳤다.

"올해도 농사짓자!"

"미군기지 확장 반대한다!"

한 남자가 달려오는 모습에 당황한 헬기는 급히 이륙하기 시작했다. 허세욱은 헬기를 향해 더 빨리 달렸다. 숨이 찼다. 그는 다시 구호를 외쳤다.

"주한미군 물러가라!"

"미군기지 확장 반대한다!"

이륙하는 헬기를 보면서 허세욱은 헬기 다리를 붙잡기 위해 남은 힘을 다해 뛰었다. 헬기는 사람의 키높이보다 높게 떠올랐다. 허세욱은 떠오르는 헬기를 보며 구호를 계속 외쳤다.

"올해도 농사짓자!"

"효순이 미선이를 살려내라!"

헬기는 공중으로 더 높이 떠올랐다. 그의 목소리는 프로펠러 소리에 파묻혔다. 허세욱의 외침이 희미하게 황새울 들판 위로 내려앉았다.

"올해도 농사짓자!"

허세욱은 황량한 황새울 벌판에 홀로 서서 구호를 연이어 외쳤다. 어린 시절 미군 트럭을 쫓아 달려가다 숨이 차 멈추었을 때처럼 그는 허탈하게 잡을 수 없는 헬기를 향해 팔과 주먹을 올리고 깃발을 흔들었다. 허세욱의 작은 체구가 곧 파헤쳐질 땅 황새울 들판 한가운데 고독하게 서서 구호를 외치고 있었다. 그의 눈가는 젖어 있었다.

의문의 문자메시지

'미선이 효순이의 한을 풀어줘야 되는데……. 보름달이 휘영청 떴습니다. 동지들은 남아서 열심히 투쟁하십시오.'

김영제가 핸드폰에 도착한 문자메시지를 본 것은 오후 6시 무렵이었다. 문자를 읽고 이상한 예감이 스쳤다. 얼마 전 허세욱이 한 말 때문이었다.

"정말 눈 뜨고 이렇게 당해야 하나요? 누군가 하나는 나서야 막을 수 있는 거 아닌가요?"

김종일도 그가 대추리에 들어올 때마다 은연중에 관찰하고 있었다. 김종일은 신재훈에게 그가 심각한 상황에 빠지지 않게 곁에서 안위를 챙겨달라고 부탁했다. 황새울에서 연행된 허세욱은 경찰서에서 돌아온 날 이동영과 술자리를 함께했다. 그의 목소리엔 비장감이 서려 있었다. 낯선 모습이었다. 허세욱은 탁자를 쾅, 치며 말했다.

"대추분교가 어떤 곳이에요? 아이들의 꿈이 있는 곳이고 대추리의 미래가 있는 곳입니다. 전 이대로 물러설 수 없어요."

그에게 대추분교는 세대위 사무실과 같은 대추리 싸움의 근거지였다. 이동영은 격앙된 그를 진정시키기 어려웠다.

김영제는 평통사 노동분회 회원들에게 연락해 허세욱을 수소문했다. 아울러 이성원에게 허세욱의 집을 방문할 것을 요청했다. 택시 운전 중이던 이성원은 그에게 전화를 걸었다. 몇 차례 시도 후에야 통화할 수 있었다.

허세욱은 집에 있었다. 그는 대추분교를 빼앗긴 사실을 알고 혼자서 술을 퍼부었다. 새벽 5시 무렵. 김영제, 이성원, 한종연 등 몇 사람에게 문자메시지를 보냈다. 그는 대추분교 침탈 현장에 자신이 서 있지 못한 것을 괴로워했다.

헬기에 뛰어든 날 정오 무렵 허세욱은 파주경찰서에 연행되었다. 군인들과 싸우면서 부상당한 허리에 통증이 일었다. 행정대집행이 시작된 지 한 시간이 지나지 않아 대추분교가 포위되었고, 문정현과 '천주교정의구현사제단' 신부들은 대추분교 지붕에 올라 고공농성을 벌였다. 그리고 황새울이 철조망에 포위되었다. 국방부는 이 지역에 '군사시설 제한보호 구역' 푯말을 꽂았다. 시민 100여 명이 부상당했고, 400여 명이 연행되었다. 들녘을 빼앗긴 대추리에 을씨년스런 바람이 불었다.

경찰은 대추리를 점령한 후 마을에 숨어 있는 평택 지킴이들을 연행하기 위한 수색 작전을 벌였다. 경찰은 시민들을 이 잡듯 수색하고 구타했다. 적을 섬멸하기 위한 수색 작전 같았다.

휴대전화 너머로 허세욱의 목소리가 들렸다.

"성원아, 속상하다. 내가 대추리를 지키지 못했어."

"형님, 죄송해요. 제가 열심히 하지 못했어요."

"아냐, 내 죄가 크다."

이성원은 계속 말을 걸면서 허세욱을 진정시켰다.

"그래도 우리가 계속 싸워야죠. 싸움은 아직 끝나지 않았어요. 우리가 없으면 누가 싸우겠어요?"

"대추리에 망루를 세우고 저항했어야 했는데…… . 제대로 저항하지 못했어."

"저도 같은 심정입니다. 하지만 여기서 좌절할 수는 없잖아요. 다음엔 꼭 같이 가서 대추리를 지켜야죠."

허세욱은 북받치는 감정을 주체하지 못하고 오열했다. 이성원도 함께 울먹였다. 택시에 탄 손님도 의도치 않게 통화 내용을 듣고 뒷자리에서 울고 있었다. 허세욱은 한참 눈물을 흘리고 나서야 마음이 진정되었다. 이성원이 조용하고 진지하게 말했다.

"형님, 허튼 생각하지 말아요."

허세욱은 잠시 침묵한 후 말을 이었다.

"성원아, 그런 문자를 보내서 미안해. 다시는 그러지 않으마."

이성원은 말없이 고개를 끄덕였다. 착잡한 심정이었다. 허세욱이 뭔가 위험한 일을 꾸미리라곤 생각지도 못했기 때문이다. 뜻을 정확히 알 수 없는 이날의 문자메시지를 받은 사람들은 휴대전화를 바꿀 때까지 문자 보관함에 저장해 두었다.

황새울 들녘엔 바람만이 부유했다. 대추리 싸움은 서서히 퇴각 국면으로 가고 있었다. 짓밟힌 땅이었지만 듬성듬성 봄에 뿌린 볍씨들이 푸른 줄기를 내뻗으며 자라났다. 황새울이 감옥에 갇힌 형극의 여름이 가고 있었다. 마을도, 사람들도 철조망에 갇혀 있었다. 줄기차게 외친 '올해도 농사짓자'는 구호는 철조망에 걸려 나부꼈다. 주민들은 시시때때로 철조망을 뛰어넘어 평생을 일궈온 자신들의 논밭으로 뛰어들었다. 국방부는 대추리 주민들의 출입을 통제했고, 마을 전역을 삼엄하게 경계했다.

허세욱은 대추리를 꾸준히 방문해 주민들의 안색을 살폈다. 주민들은 농사를 포기하지 않았다. 언제나 그렇듯 그는 절망 가운데서도 자신이 할 일을 찾았다. 그는 어느 날 김종일에게 질문했다.

"어떻게 하면 이 암울한 상황을 끝낼 수 있나요? 주민들에게 희망을 주기 위해 제가 할 수 있는 일이 없을까요?"

그는 애타게 길을 찾았다. 농지를 뺏기고, 학교를 뺏기고, 이제 대추리에 남아 있는 것은 사람들과 집이었다. 정부는 집부터 철거할 예정이었다. 주민들과 지킴이들은 빈집을 사수하기 위해 지붕에 올랐다. 쇠사슬을 연결해 지붕 꼭대기에서 버티는 싸움이었다. 맨몸을 지붕 위에 올리는 마지막 저항이었다. 지킴이들은 뙤약볕에 목이 탔지만 해 뜰 무렵부터 해 질 무렵까지 집을 사수했다. 허세욱이 하루는 유영재를 만나 말했다.

"실장님, 이제는 철거 싸움에 대비해야 하는 거 아닌가요?"

허세욱은 봉천6동을 떠올리고 있었다. 앞으로 전개될 투쟁 양상을 생각하고 미리 조언한 것이다. 그는 얼마 전 유영재에게 철거 싸움을 경험한 빈민운동가를 소개하기도 했다. 허세욱은 눈빛을 빛내며 계속 말했다.

"대추리에 망루를 세워 이 땅을 끝까지 사수해야 합니다."

허세욱은 세대위 지붕에 세운 망루를 생각했다. 유영재는 지난 5월 4일 문정현 신부가 대추분교 지붕 위에서 마지막까지 버티던 상황을

떠올렸다. 대추리에 망루가 없는 것은 아니었다. 고갯마루인 평화동
산 인권단체 지킴이들의 집 위에 경찰들의 동태를 파악하기 위한 망
루가 서 있었다. 허세욱이 얘기하는 망루는 높고 견고한, 최후의 방어
진지로서 의미를 지니는 것이었다.

"망루를 세워 마지막 싸움을 준비해야 돼요. 그래야 미군이 이 땅
을 차지하지 못하게 막을 수 있어요."

옥쇄 작전이었다. 허세욱은 계속해서 목소리를 높였다.

"대추리를 사수하기 위해 망루 안엔 쇠파이프와 가스통을 준비해
야 합니다. 저도 망루 위에 올라가려고요."

망루는 최후의 수단이었다. 그것은 평택범대위에서 결정할 수 있는
것이 아닌 주민들의 몫이었다. 망루를 세우는 일이 진행되지 않자 허
세욱은 다른 길을 모색했다. 그러던 어느 날 대추리에서 김종일을 만
났을 때 그는 주머니를 뒤적여 신문 쪼가리를 꺼냈다. 그의 주머니엔
종종 사람들에게 질문할 내용을 적은 신문 쪼가리가 들어 있었다.

"위원장님, 뭐 하나 물어봐도 돼요? 우리가 단 한 평도 미군들에게
내줄 수 없다고 미군기지 확장을 반대하는 싸움을 하고 있는데, 정말
단 한 평도 안 주면서 승리로 이끌 수 있나요?"

김종일은 솔직하게 대답했다.

"단 한 평도 주지 않는 것을 목표로 싸워야죠. 한 평도 내주지 않을
지, 아니면 마을 주민들이 이 땅에서 쫓겨날지는 우리가 얼마나 힘을
모으고 싸우느냐에 따라 달라집니다. 내주지 않겠다는 목표로 힘을
키우는 데 전념해야 되겠죠."

허세욱이 대답했다.

"그렇죠? 아무리 우리가 좋은 목표를 가지고 있더라도 힘이 없으면

안 되는 거죠? 위원장님 말씀이 맞아요. 그동안 우리가 힘이 없으니까 50년 넘게 분단이 지속된 채 지금도 고통 받고 있는 거죠. 우리가 힘을 모아야 주한미군을 몰아낼 수 있고, 그래야 이렇게 억울한 상황들이 다시 반복되지 않죠."

김종일의 얘기를 들었지만 허세욱은 질문이 풀리지 않았다. 그와 헤어져 돌아오면서 대추리를 위해 자신이 해야 할 또 다른 일을 생각했다. 하지만 뚜렷한 방안이 떠오르지 않았다.

대추리 싸움은 동력을 잃고 서서히 대중들의 관심으로부터 멀어졌다. 허세욱은 끈질기게 답을 찾았다. 2006년 7월 22일 평화대행진을 마치고 평택역에서 평통사 회원들이 모여 정리집회를 할 때였다. 회원들의 발언이 끝나고 허세욱의 차례가 되었다. 그는 목소리를 높였다.

"어떤 어려움과 희생이 따르더라도 누군가는 반드시 이 상황을 끝장내야지요. 저놈들의 계획대로 이 사업이 진척되지 않는다는 것을 깨닫게 해줘야 해요. 우리 민족과 우리 민중들의 현대사를 생각하면 저는 가슴이 아파 혼자서 우는 때가 많아요. 대추리 주민들을 생각하면……."

허세욱은 한동안 목이 메어 말을 잇지 못했다. 먹먹한 가슴을 진정시킨 후 다시 말을 이었다.

"저는 봉천6동 철거민 시절에 이런 싸움을 해본 적이 있어요. 철거 싸움을 겪어보지 않은 사람은 그 싸움이 어떤 싸움인지 몰라요. 알 수 없습니다. 평상시 심정으론 하루도 버티지 못하는 게 철거 싸움이에요. 우리가 대추리 주민들의 아픔을 이해한다고 하지만 누가 고스란히 통감하고 있단 말입니까? 저놈들이 쳐놓은 철조망을 보셨어요? 노인네들이 어떻게 지어온 농사입니까? 구덩이를 깊게 파놓고 물을 담아놓은 것을 보셨어요? 자칫 빠지기라도 하면 사람이 죽게 만들어 놓았어요. 이런 일은 우리가 용납해서는 안 돼요. 굴복해선 안 돼요. 만약 대추리 주민들이 쫓겨나게 된다면, 그것은 저의 책임입니다. 저는 그런 결과가 나오지 않도록 할 겁니다. 지금의 잘못된 상황과 모순은 반드시 극복해야 돼요. 그것이 우리들의 몫이 아니겠어요?"

그들은 평소의 허세욱 같지 않았던 이날의 발언을 가슴에 오래도록 간직했다. 허세욱은 이때부터 기회가 있을 때마다 발언을 마다하지 않고 목소리를 높였다. 발언의 내용도 전과 달리 조리 있고 짜임새가 있었다. 그는 다른 사람이 된 것 같았다. 그는 눌변의 허세욱이 아니었다.

2007년 2월 13일. 허세욱의 간절한 바람에도 불구하고 대추리 주민들은 이주에 합의하였다. '우리 땅을 지키기 위한 주민 촛불행사' 935일째였다. 주민들은 2007년 3월 24일 마지막 촛불을 켰다. 농사지을 수 없는 땅에서 주민들에게 생활고가 다가왔고 마을의 고립은 주민들을 더 이상 버틸 수 없게 했다. 허세욱은 주민들이 쫓겨나는 상황이 되자 그 책임을 자신에게 돌렸다. 그는 더 이상 징을 칠 수 없었고, 북을 칠 수 없었다. 그는 나눌 수 없는 슬픔과 외로움 속으로 점점 더 깊이 빠져들었다.

두 개의 삽화

1999년 어느 술자리에서 허세욱은 사진이 든 액자를 선물로 받았다. 강인남이 건네준 것이다.

허세욱의 어린 사부는 몇 차례 그에게 짧막한 글귀와 함께 책을 선물한 적이 있다. 그의 면모를 파악하기 전, 처음 그녀가 준 선물은 법정 스님의 『무소유』였다. 무소유의 삶을 고스란히 실천하는 허세욱을 발견한 후 그녀는 이 책을 선물한 것을 후회했다.

그녀가 건네준 사진 속엔 허세욱의 꿈이 들어 있었다.

벽화를 배경으로 함박눈이 내리고 있다. 눈송이들은 사진을 찍고 있는 강인남의 눈동자 가까이까지 와서 내려앉고 있다. 눈송이들 사이사이로 꽃잎이 날린다.

벽화 속의 풍물패들은 허세욱이 가장 좋아하는 하얀 민복을 입고 있다. 누구는 꽹과리를 치고, 누구는 징을 치고, 누구는 장구를 치고, 누구는 북을 치고 있다. 꽹과리를 뒤따르는 징치배는 미투리를 신고, 상모를 흔들고 있다. 징치배는 허세욱 자신의 모습이었다. 민복 위엔 검은색 더그레를 입었고, 더그레 위엔 삼색 띠가 화사하다. 징치배는 징을 울리고 있다.

징 소리는 풍물패와 마을 주민들을 어느 섬으로 데려가고 있다. 마을 주민들은 여기저기 흩어져 덩실덩실 춤을 추고 있다. 그들은 하나같이 머리띠를 매고 있다. 험난한 싸움을 마치고 온 표정들이다. 환성을 내지르며 장단에 맞춰 어깨를 늘썩거리고 있다. 소리가 그림 밖으로 뛰쳐나올 듯하다.

까만색, 파란색, 노란색 물감이 배합돼 따뜻한 느낌을 주는 그림이었다. 사진 속의 벽화는 '봉천9동 주거대책위원회' 사무실 건물 벽에 서울대 빈활대 학생들이 그린 것이다.

봉천9동 철거 싸움을 하고 있을 때였다. 봉천9동 주거대책위원회엔 '푸른영상'의 김동원 감독과 '희망교회'의 전춘우 목사 등이 주민들과 함께 건설 자본에 맞서고 있었다. 봉천9동 주거대책위원회가 결성될 때부터 허세욱은 틈틈이 사무실을 찾아가 연대했다. 사무실을 방문할 때마다 그의 손엔 박카스 한두 박스나 음료수가 들려 있었다.

봉천동 주민들은 60~70년대 농촌에서 공동체를 등지고 서울로 올라온 이들이었다. 허세욱도 군대를 제대하고 고향인 안성 대농리를 떠나 서울 달동네를 전전하면서 살았다. 고향 사람들은 정월대보름이나 추수기 때면 농악 소리로 시름을 잊고 신명을 냈다. 징 소리는 주민들을 차별과 내쫓김이 없는 새로운 공동체의 땅으로 이끌고 있다고 그는 생각했다.

허세욱은 신명을 잃을 때마다 이 사진을 꺼내 보곤 했다. 강인남이 사진을 선물하면서 말했다.

"선생님, 우리가 얼마나 치열하게 살았고, 또 얼마나 서로에게 따뜻했는지 기억해줘요. 우리가 만들고 싶은 세상은 이 그림처럼 따뜻하고 행복해지는 세상이잖아요. 그 세상은 주민들과 함께 가는 세상이에요. 우리가 철거 싸움을 하는 것은 이들과 함께 자유롭고 평등하고 조화롭게 살고 싶기 때문이에요."

이 사진을 찍을 때 강인남은 그의 삶이 이 사진 속 그림을 바탕 길로 삼길 소원했다. 이 사진을 받은 해로부터 일곱 해가 지난 어느 날이었다.

신장식과 함께 식사하는 자리에서 허세욱은 사진 한 장을 보여주었다. 사진 속엔 허세욱 자신의 모습이 담겨 있었다. 그는 하얀 민복을 입고 있었다. 민복의 가슴이며 소매 부분에 버튼이 10개 남짓 달려 있었다. 버튼엔 '소파 개정', '효순·미선이를 살려내라', '올해도 농사짓자' 등의 문구가 새겨져 있었다. 그가 참여한 집회에서 구입한 것들이었다. 사진 속에서 허세욱은 한반도기를 들고 있었다.

"이 사진을 찍고 싶어서 일부러 사진관을 찾아갔어요."

밥을 먹다 말고 신장식은 잠시 숟가락을 놓았다.

"혼자서요?"

"네."

신장식은 영정 사진 같아서 기분이 이상했다. 다시 사진을 들여다보았다. 사진 속에서 허세욱은 웃고 있었다. 하얀 옷과 흰머리가 도드라져 사진은 하얀색으로 가득했다. 신장식이 사진을 들여다보고 있을 때 허세욱이 꿈을 꾸듯 말했다.

"효순이 미선이 일이 잘 해결되고, 노동자들이 주인 되는 세상이 오고, 미군 없는 세상이 올까요? 그런 세상이 오면 광화문 너른 광장 한복판에서 하얀 옷을 입고, 훠얼훨 너울너울 춤을 추면서, 풍물을 한번 치고 싶어요."

신장식은 허세욱의 눈동자를 바라보았다. 신장식은 광화문 광장과 대로에서 훠얼훨 너울너울 춤을 추는 허세욱을 상상했다. 허세욱은 징을 치며 춤사위를 곁들였다. 사람들이 그를 뒤따르며 덩실덩실 춤을 추있나.

잘 어울리는 모습이었다.

철거 싸움 이후부터 형님 스스로 배워야 되는 시기라고 말씀하셨어요. 뭔가 해야 되지 않을까, 뭘 어떻게 할 수 있을까, 이런 걸 계속 고민했던 시기가 아니었나 싶어요. 2000년에 유인물 들고 다니기 시작하면서 굉장히 신나 했어요. 막 얼굴이 환해. 우리가 봤을 때 실천하는 운동가의 어떤 궤도에 올라서는 때였는데, 정말 행복하셨던 거 같아요. 예. 너무 행복해 하셨어요. 환해, 얼굴이.

– 진보신당 신장식

택시를 보고 제가 그랬어요. "선생님, 차가 깨끗하세요. 제 차는 더러운데." 그러니깐 "아유, 항상 손님들 타시니까 깨끗하게 해야죠. 내 몸만 깨끗하게 해서 되겠어요?" 또 한번은 술자리에서 "반주라도 좀 하시죠?" 하고 권하니까 "전 일하는 날은 술을 절대 안 먹습니다" 하고 거절하세요. 목소리 들으려고 전화했다는 말을 자주 하셨어요. 저랑 통화하면, 열 번 통화하면 열 번 죄송하다고 말하니깐 한번은 제가 그랬어요. "선생님, 뭐가 죄송하세요? 오히려 우리가 열심히 못해서 죄송한데."

– 참여연대 최인숙

남산 걷기대회 할 때 오셔서 많이 피곤하지 않으시냐고 여쭸더니,

"집에는 거의 안 있게 된다. 밥도 잘 안 해먹는다. 누가 있는 것도 아니고, 들어가서 옷 갈아입고 피곤하면 잠깐 자고 나온다." 아저씨에겐 집이 잠시 쉬고만 나오는 공간이에요. 그 작은 방에서 고민하고 그랬을 거라고 생각하니 안타까운 생각이 드는 거예요. 지나가듯 하신 말씀이 굉장히 외롭다는 느낌이 들었거든요. 이분의 삶에서 집이 포근하거나 휴식이 되는 공간인 것 같지 않고 늘상 거리에 있는 것 같았어요.

– 민주노동당 전욱

형님은 장기수에 대한 애정이 되게 컸었구요. 항상 신경 써가지고 도와줘야 된다고 생각했어요. 뭘 갖다드린다는 얘기를 하셨어요. 할아버지들 뵈러 지난번에 갔었다가 요번에 또 갔다는 얘기를 해요. 형님하고 나하고 대화하며 "나 거기 갔다 왔다." 그게 다예요.

횡성 농민들이 서울에서 집회하고 늦은 시간에 끝나면 형님이 자기 일할 시간에 택시 몰고 가서 횡성까지 데려다줬어요. 평택 집회 갈 때도 데려다주고. 배움에 대한 열정이 어마어마했어요. 전태일 열사 못지않았던 거 같아요. 보면 볼수록 깊어지고 새로워지고 하는 것들이 나오니까. 형님은 뚝배기 같았어요. 네. 오래 끓잖아요.

– 민주택시 이성원

이렇게 말해요. "나는 마당에서 미경 씨, 찬숙 씨 존경해. 그리고 나는 계화를 사랑해. 경완이 너 좋아." 저 양반이 외로운 사람이기 때문에, 외로움에 치를 떨고 있기 때문에 애처로웠어요. 그래서 함께 있어야 한다는 생각을 했어요. 형님은 문제를 지적하면 "나는 그래." "미안해." "이게 나야." "열심히 살게." 낮은 목소리로 말해요. "내가 좀 그렇지"라고 앉은 자리에서 바로 인정하셨어요. 천진난만했어요. 너무 좋아서 어쩔 줄 몰라 하는 표정이 인상적인. 수중에 돈이 있느냐 없느냐에 대해 항상 민감했죠. "나 오늘 술값 없는데 어떻게 경완이가 사나?" 술을 사주지 못할 때는 그렇게 말해요. 인상은 평소 깊이 생각에 잠겨 있는 듯한 표정. 그러다 아는 사람 오면 바로 웃는 표정으로 바뀌어요. 술자리 끝나고 형님 모셔다 드리려고 하면 너무 힘이 들었어요. 집에 가기 싫은 거지. 집에 가야 혼자니까. 사람과 함께 있고 싶어 했어요.

– 봉천놀이마당 김경완

4부 경적 소리

세상의 주인은 당신이에요

"사부님, 저는 제가 죽는 한이 있어도……."

허세욱은 말꼬리를 채 잇지 못했다. 강인남은 어안이 벙벙했다. 오늘도 술자리는 다투는 자리가 되고 말았다. 서울대입구 사거리에 있는 설렁탕집에서 몇 순배 술이 돈 후였다. 허세욱은 술에 취해 말싸움이 벌어지면 지지 않으려고 유별나게 고집을 부렸지만 오늘따라 집요했다. 술자리는 팽팽한 긴장감이 감돌았다. 강인남은 허세욱의 변해가는 모습이 걱정스러웠다. 허세욱은 두 여중생의 죽음 이후 전과 다른 사람으로 바뀌어가고 있었다. 세대위 시절, 싸움이 있을 때면 대열의 후미에서 눈치를 보던 것과 달리 어느 날부턴가 그는 앞선 자리에 있었고, 목소리가 격앙되는 일이 많았다.

"효순이 미선이의 한을 허세욱 님 혼자서 어떻게 풀어줘요? 그리고 죽긴 왜 죽어요?"

허세욱은 허공을 응시하며 말했다.

"목숨 따윈 아깝지 않아요."

강인남은 한동안 말을 잃었다. 허세욱은 취해 있었다. 그는 너무 많은 활동을 하고 있었다. 그러면서도 자신이 왜 그 정도밖에 못하는지 자책했다. 강인남을 만날 때마다 허세욱은 충혈된 눈과 처진 어깨의 구부정한 모습으로 나타났다. 그는 자신의 쉼을 허락하지 않았다. 자신만을 위한 시간을 할애하지 않았고, 긴 싸움이 끝나갈 때도 혼자 남아 싸우고 있었고, 자기 자신으로 돌아오는 시간을 비워두지 않았다. 더 비울 게 없는데도 오히려 그는 자신을 더 비우려 애썼다. 아니, 자신을 없애고 있었다. 어느새 자신이 없어져가는 모습이 그에겐 너무

자연스러웠다. 자신이 사라져도 그는 괜찮다고 생각하는 듯했다. 그의 말투와 표정과 발언이 그것을 증명했다. 강인남은 마음을 가다듬은 후 정색하고 천천히 또박또박 힘주어 말했다.

"자신을 함부로 대하지 말아요."

낮은 목소리의 경고였다. 이번엔 허세욱이 할 말을 잃었다.

허세욱은 타인에 대한 배려에 비해 스스로를 대접하는 일에 인색했다. 타인에게 관대하면서도 자신에게는 용서가 없었다. 그녀는 허세욱이 속엣말을 드러낼 수 있는 몇 안 되는 사람이었다. 술에 취하면 그는 강인남 앞에서 스스로를 비하하는 말들을 자주 내뱉었다.

"나는 멍청이야, 멍청이."

"나 같은 놈이 무슨 필요가 있겠어?"

봉천6동 철거 싸움 이후 허세욱은 많은 면에서 달라졌고 성장했다. 철거 싸움을 시작한 마흔에 그는 한 살이 되었다. 이제 10여 년의 세월이 흘렀다. 그의 시각은 여러 단체 활동을 하면서 넓어지고 깊어졌다. 세상을 자신의 눈으로 바라보고 있었다. 그의 눈은 세상의 부조리에 너무 가까이 있었다. 그래서 그는 온몸으로 나아갔고 소소한 일상을 챙기지 않았다. 그녀는 그가 연애도 하고 결혼도 해서 가정을 이루길 바랐다. 그러기엔 그는 언제나 여유가 없었다.

그녀가 볼 때 허세욱의 장점은 사람의 마음을 움직이는 어눌함과 우직함이었다. 그의 어눌함은 봉천동 주민들을 편안하게 해줬고, 그의 목소리에 공감하게 했다. 그런 면이 묘하게 사람들을 움직였다. 그의 매력은 옆집 아저씨처럼 편안하고 소박한 웃음이었다. 그녀는 허세욱이 활동가들 사이에서 활동하는 것을 걱정했다. 그녀는 그들 사이에서 허세욱이 배우지 못한 자신이 못났다고 생각할까 우려했다. 하루도 허투루 낭비하지 않는 치열한 배움의 자세도 콤플렉스 때문은 아닐까 생각할 정도였다. 강인남은 그가 투사나 운동가가 아닌 옆집 아저씨로 남아주길 바랐다. 강인남은 오래 마음에 담아둔 얘길 꺼냈다.

"허세욱 님은 말이죠. 큰 단체와 조직의 머릿수만 채워줄 뿐이에요. 당신 곁에 누가 있는데요?"

강인남은 자신의 비판이 지나치다고 생각했지만 이렇게 표현하지 않으면 그가 꿈쩍하지 않으리라는 것을 알고 있었다. 허세욱은 자신의 거의 모든 것이기도 한 단체 활동을 나무라자 탁자를 쾅, 쳤다. 술자리에서 주먹으로 탁자를 치는 것은, 가눌 수 없는 감정에 휩싸일 때 나오는 그의 습관이었다. 술을 마시다 주먹으로 탁자를 쳐서 손에 붕대를 감고 다닌 적도 있었다. 술병이 탁자 위를 굴렀다.

"그렇게 말하면 사부님은 더 이상 내 사부가 아니죠."

강인남은 차마 그의 얼굴을 볼 수 없어 눈을 감았다. 눈물이 핑 돌았다. 평소 술자리에서 단체들에 대한 비판은 오히려 허세욱의 몫이었다. 그는 사회단체의 분열과 운동가들에 대해 종종 비판했다. 사람 사는 세상이 그렇듯, 사회단체에도 옳고 그름이 아닌 힘에 의해 결정되는 일이 있었다. 정의롭고 순수한 이들은 미숙하기 마련이었고, 정의롭지 않고 순수하지 않은 자들은 원숙했다. 미숙한 순수와 원숙한 불의가 갈등하는 장이었다.

그럴 때마다 허세욱은 마음이 아렸고, 분노했다. 그는 명망가적인 활동을 하고 분열을 일삼는 사람들을 소리 높여 비판했다. 세상을 바꾸는 이들은 어리석고, 배우지 못하고, 바보 같은 이들이었다. 단체 활동가들의 모습도 세대위 때와 달랐다. 무조건적으로 헌신하고 겸손한 태도를 잃지 않는 활동가들만 있는 것은 아니었다. 모든 활동가들의 활동이 순수한 것만은 아니었다. 사무적이고, 이기적인 활동가들도 있었다. 강인남은 그런 부분에 괴로워하는 허세욱이 안타까웠다. 허세욱에게 절박한 것들을 이해하면서도 그의 모습이 고장 난 엔진을 달고 도로를 달리는 택시 같아 조마조마했고 위험해 보였다. 강인남은 표현이 과하다고 생각했는지 허세욱을 향해 의자를 고쳐 앉으며 부탁했다.

"나는 허세욱 님이 작은 곳에서 작은 활동에 만족했으면 좋겠어요."

허세욱은 강인남을 이해할 수 없다는 표정을 지었다. 강인남은 개의치 않고 계속해서 말했다.

"나는 당신께서 큰 조직에서 활동하는 게 싫어요. 당신은 어눌하고 배시시 웃을 때가 가장 좋단 말이에요. 요즘은 저흴 봐도 웃지 않잖아요. 예전의 모습은 다 어디로 가 버린 거죠?"

어느새 허세욱의 등이 반 남짓 기울어 있었다. 원래 등이 구부정한 사람이었지만 술을 마시면 등을 유난히 더 웅크렸다.

"사부님도 언젠가 말했잖아요. 민중이 주인 되는 세상을 만들고 싶다고. 그게 내 꿈이고 내가 활동하는 단체들의 꿈인데, 뭐가 잘못됐다는 거죠?"

"잘못됐다는 게 아니에요. 허세욱 님이 세상에서 소중한 존재라는 것을 생각해달라는 거예요. 제발요. 왜 당신이 아니고 다른 사람만 세상의 주인이라고 얘기하세요? 왜 자꾸 당신은 아니고 다른 이들의 이익만 찾아줘야 한다고 생각하세요? 허세욱 님이 자신의 이익을 찾고 세상의 주인이 되는 게 제가 바라는 세상이에요."

강인남은 내처 말했다.

"왜 자꾸 자신을 힘들게 해요? 당신은 사람을 움직이게 하는 인간성이 있잖아요. 자신을 되찾아야 돼요."

허세욱은 강인남을 쳐다보지도 않고 또 탁자를 쿵, 쳤다. 허세욱은 씩씩거리며 고개를 돌렸다. 강인남은 다시 강조했다.

"허세욱 님, 당신은 누군가를 주인으로 만들기 위해 희생해야 할 존재가 아니에요. 당신 자신이 주인 되는 것이 세상의 소외된 이들을 주인 되게 하는 길이에요."

허세욱은 고개를 돌렸다. 강인남은 마지막으로 한마디를 더 했다.

"나 이제 사부 안 할래요. 앞으로 사부라고 부르지 말아요."

강인남의 말에 허세욱이 흔들렸다. 허세욱은 왜 그녀가 자신을 이해 못 하는지 알 수 없었다. 잘 마시는 편이 아니면서도 허세욱은 벌써 주량을 넘어서고 있었다. 이렇게 마시고 나면 내일 앓을 것이 뻔했다.

강인남은 오랜 우정을 만들어온 그들의 관계가 어디서부터 잘못된 것인지 헤아려보았다. 그녀는 그의 저항의 태도가 강성이 되어가는 것이 부담스러웠다. 세상을 향한 그의 목소리가 자신을 닮은 것 같아 불편했다. 그래서 한때는 그의 전화를 피했다. 그러면 허세욱은 다신 보지 않겠다며 토라졌다. 그를 만났던 많은 이들은 그를 떠나거나 기피했다. 사람들이 자신을 떠나면 그는 자포자기하듯 내버려두었다. 하지만 허세욱은 강인남이 자신을 피할 때면 마음 한편에 그리움이 일었고, 더 외로웠다. 그래서 다시 그녀에게 전화를 걸었다. 강인남은 만날 때마다 다투는 게 싫어 남편 선동수와 자리를 함께하곤 했다.

강인남에게 허세욱은 놀라울 만큼 정직했다. 그는 자신이 말한 그대로 행동하는 사람이었다. 그는 생각한 대로 살았다. 대부분의 사람들은 자신의 말과 생각대로 행동하지 않았다. 이에 반해 허세욱은 고스란히 자신의 생각을 따라 살았고 사람들에게 거짓말하지 못하는 성격이었다.

어린 사부와 나이 든 제자의 대화는 자꾸 어긋나고 있었다. 허세욱은 이미 사부를 떠나 자신의 길을 걸어가고 있었다. 언젠가부터 강인남은 그를 말릴 수 없었다. 사부를 떠나 자기만의 도로에 올라선 택시는 그 길 위에서 외로웠고 브레이크 없이 앞으로 내달렸다.

내 영혼의 경적 소리

2007년 봄이 오는 길목에서 허세욱은 쑥고개에 위치한 민주노동당 사무실 창가에 서서 멍한 눈으로 창밖을 바라보고 있었다. 꽤 시간이 흘렀는데도 그는 같은 자리에 부동의 자세로 서 있었다. 근래 들어 그는 사무실에 오면 좌불안석으로 주변을 마냥 서성이거나 멍하게 창밖을 보는 일이 많았다. 어떤 날은 마냥 생각에 빠져 있다 주차된 택시 때문에 벌금 딱지를 떼이기도 했다. 당원들은 사무실에 들르는 허세욱의 표정에서 어두운 그림자를 발견했다. 전화를 걸면 "투쟁, 허세욱입니다!"라고 외치던 힘찬 목소리도 들을 수 없었다. 2006년 가을이 다가올 무렵부터 그는 무언가에 쫓기는 사람처럼 사무실을 드나들었다. 당원들이 더러 말을 걸면 깜짝 놀라곤 했다.

허세욱은 창가에 서서 외롭고 고독하게 자신의 질문 속에 침잠해 있었다. 긴 싸움이 지나간 자리는 황량했다. 논바닥은 군홧발에 짓밟혔고 그 자리는 머잖아 활주로가 생기고 폭격기들이 시동을 거는 자리가 될 것이다. 싸움이 끝나자 사람들은 저마다의 집으로 돌아갔다. 하지만 그는 아직도 헬기가 떠오른 황새울 벌판에 서서 깃발을 들고 있었다. 그 자리에서 그는 한 발자국도 더 옮길 수 없었다. 사람들은 가족에게 돌아가거나 동지들 곁으로 떠나갔다. 사람들은 패배감을 위로받을 곳이 있었지만 그는 출구가 없었다. 그는 가족도 없었고, 마음을 풀어낼 동지도 많지 않았다. 어디선가 나타나 전장에 홀로 선 병사는 함께 싸우던 병사들이 군대를 따라 귀대했을 때 자신을 고향으로 데려갈 이들이 없다는 것을 깨달았다. 이제 그는 어디로 갈 것인가? 전장에 계속 남아 질 수밖에 없는 싸움을 홀로 감내할 것인가? 그는 알 수 없었다.

세상에서 그는 벼랑 끝으로 내몰린 것 같았다. 집으로 혼자 돌아가는 밤이면 그의 마음은 끝내지 못한 대추리와 촛불을 켜던 광장과 거리와 파업의 현장을 향했다. 봉천놀이마당을 향한 발걸음을 끊었고, 작년 가을 이후 평통사 활동도 접다시피 했다. 활동가들이 전화를 걸어도 받지 않거나 무뚝뚝하게 전화를 끊었다.

변함없이 몇 개의 단체를 꾸준히 방문했지만 사람들과 대화를 나누는 일은 거의 없었다. 전과 다름없이 입구에 조용히 음료수를 두고 사라지거나, 유인물을 올려두는 일은 빠트리지 않았다.

어느 날 허세욱은 이승헌에게 전화를 걸었다.

"어디 계세요? 사무실에 계시나요?"

"아닙니다. 잠깐 일이 있어 나왔어요."

이승헌은 외출 중이었다.

"식사나 같이 하려고 왔어요."

"선배님, 제가 1시쯤 사무실에 들어갑니다. 다시 연락 드릴게요."

이승헌이 말했다.

"제가 드릴 게 있는데 책상 위에 두고 갈게요."

이승헌은 무슨 물건인지 궁금했다.

"보잘것없는 것입니다. 한번 보시라고요."

전화를 마친 허세욱은 민주노동당 사무실을 찾아가 이승헌의 책상 위에 종이 상자를 올려두었다. 이승헌은 사무실에 돌아와 책상 위에 놓인 종이 상자를 열어보았다. 상자 안엔 백지에 쓴 짧은 편지가 있었다.

> 택시기사 하면서 최대한 공부하느라고 모아놓았던 신문입니다.
> 실장님은 모두 다 알고 계시겠지만
> 제가 최선을 다하고 있다는 표현으로 받아주십시오.
> 보고 싶기도 하고,
> 갑갑하고 해서 갖고 왔습니다.
> 최선을 다하겠습니다.

편지 아래엔 유인물과 스크랩한 신문지가 쌓여 있었다. 모두 한미FTA에 관한 자료였다. 이 자료에는 허세욱이 메모한 글씨가 적혀 있고 밑줄이 쳐져 있었다. 그가 한미FTA에 대해 열심히 공부한 흔적이 역력했다.

이승헌은 의자에 앉아 한참을 생각했다. 어떤 뜻으로 종이 상자를 가져왔는지 그때는 알 수 없었다. 허세욱은 가끔 이렇게 다 헤아릴 수 없는 메시지를 던져줬다. 2002년 6월, 이승헌이 여중생 추모 촛불집회 사회를 맡을 때였다. 촛불집회를 마친 후 봉천동 술집에서 얘기를 나누고 밖으로 나왔다. 막 헤어지려는 참에 허세욱이 말했다.

"괜찮으면 저희 집에 같이 가 보시겠어요?"

이승헌은 피곤했지만 허세욱을 따라 봉천동 가파른 언덕배기를 10여 분가량 걸어 올라갔다. 한참을 올라 그의 집에 도착했다. 허세욱은 쑥스러운 표정을 지으며 방으로 들어섰다. 장판은 누르끼했고 형광등 불빛은 흐렸다. 벽을 향해 앉은뱅이책상 하나가 있었고 바닥엔 빛바랜 이불이 깔려 있었다. 방 한편엔 신문지 더미와 유인물이 쌓여 있었다. 벽에 걸린 옷걸이엔 다른 옷은 거의 없었고 민주노총 조끼가 걸려 있었다.

"저희 집에 사람들을 잘 데려오지 않는데 실장님은 꼭 한 번 우리 집에 모시고 싶었어요."

허세욱을 생각할 때면 이승헌은 봉천동 가파른 언덕길과 그 작고 허름한 방이 떠올랐다. 이승헌은 그날 왜 허세욱이 자신을 집에 초대했는지 알 수 없었다. 자신의 누추한 세간을 공개하는 일이 매우 드문 그가 이승헌을 초대한 것은 집에 혼자 귀가하고 싶지 않은 외로움의 표현이었을지도 모른다. 친한 활동가가 적은 그에게 조금 더 다가와 달라는 것이었을지도 모른다.

허세욱은 한때 가족의 꿈을 꾼 적도 있었다. 1998년 IMF의 영향으로 여성 가장들이 늘어날 때 관악주민연대에서 여성학자 오한숙희를 강연에 초대했을 때였다. 그날 허세욱은 강연을 마친 그녀를 김포까지 태워줬다. 그는 택시 안에서 오한숙희에게 부탁했다.

"좋은 사람 있으면 소개시켜 주세요."

그 말을 하면서 참으로 멋쩍었다. 누추한 살림이 생각나서였다. 봉천6동에 살 땐 옆집에 혼자 살던 정금희에게 관심이 있었다. 조용하면서도 웃는 모습이 매력적인 수더분한 여성이었다. 그는 풍물을 칠 때 착하고 순진한 그녀를 힐끔거리곤 했다. 허세욱의 마음을 눈치 챈 풍물팀 주민들은 두 사람에게 결혼하라며 놀렸다. 하지만 그는 한 번도 적극적으로 마음을 표현하지 못했다. 강인남이 술자리에서 둘을 엮어주려고 애쓸 때도 있었다. 그럴 때면 그는 풀이 죽은 목소리로 말했다.

"제가 뭐 가진 것도 없고, 배운 것도 없고, 변변치 않은데 나랑 살려고 하겠어요."

그는 정금희에게 끝내 속마음을 내보일 수 없었다.

허세욱은 외로웠다. 세상에서 상처받고 돌아온 밤에 그도 등 기댈 누군가가 필요했다. 형광등을 끄고 누운 밤이면 사람들에게 말하기 어려운 얘기들도 털어놓고 싶었다. 밥상 위에 두세 개의 숟가락을 올려두고 사람 냄새나는 밥과 국을 먹고 싶었다. 집회를 마치고 돌아온 깊은 밤이면 좁은 방이 횅하고 한없이 커다랗게 느껴졌다. 가슴이 통째 빠져나간 것처럼 쓸쓸한 밤들을 대면하기 버거웠다. 그래서 사람들에게 더 정을 주고 싶었다. 그가 외로운 심정을 자주 토로하던 사람 중 한 명은 봉천놀이마당의 이계화였다.

허세욱이 이계화를 만난 것은 1998년 12월, 그녀가 봉천놀이마당에 가입하면서였다. 2001년 이계화는 늦은 나이에 미대에 입학해 일과 학업을 병행하느라 형편이 어려운 시절이 있었다. 그녀가 봉천놀이마당에서 상쇠를 맡을 때였는데, 1년간 회비를 내지 못했다. 그녀의 밀린 회비 문제가 잠시 불거진 적이 있었는데, 이를 무마하기 위해 허세욱이 몰래 1년치 회비를 내주었다. 그녀는 누가 회비를 내줬는지 알고 싶었지만 찾을 수 없었다.

이계화에게 허세욱은 슈퍼맨처럼 등장하는 사람이었다. 그녀가 일상에 지쳐 힘든 날이면 갑자기 허세욱의 택시 경적 소리가 들렸다. 연인과 헤어지고 한밤중 술을 마시고 방황할 때도 그녀 앞에 갑자기 택시가 섰다. 경적 소리에 돌아보면 허세욱이었다. 신기하게 그런 일이 많았다. 어릴 때 책에서 만난 '키다리 아저씨'처럼 허세욱은 보이지 않는 곳에서 자신의 삶을 돌봐주고 지켜주었다. 삶이 위기에 처할 때면 어김없이 짠, 하고 그가 택시와 함께 나타났다. 허세욱의 택시를 타고 귀가하는 날이 많았다. 집 근처에 도착하면 그녀의 집 앞에서 자판기 커피를 나눠 마시며 일상의 소소한 얘기들을 많이 나눴다.

이계화가 사랑하는 연인과 이별한 일을 계기로 두 사람은 절친한 친구가 되었다. 깊은 새벽이었다. 실연의 아픔을 가누지 못한 이계화의 발걸음은 봉천놀이마당의 연습실로 향했다. 연습실은 그녀가 사랑한 사람의 숨결이 배어 있는 곳이었다. 그녀와, 그녀의 연인, 그리고 허세욱, 이렇게 셋은 서로 가까이 지내는 사이였다. 이계화는 연습실에 밤새 홀로 앉아 울고 있었다. 새벽 5시, 누가 올 리 없는 시간이었다. 너무 오래 울어서인지 그녀의 눈자위가 붉게 충혈되어 있었다. 그때 갑자기 연습실 문이 열리는 소리가 들렸다. 놀란 이계화가 입구 쪽을 바라보았다. 허세욱이었다. 그는 일을 마치고 귀가하면서 들른 길이었다.

"아니, 계화야! 이 시간에 네가 웬일이냐?"

"어, 형. 그냥 들렀어. 형이야말로 이 시간에 웬일로 들렀어요?"

이계화는 고개를 돌리지 않고 옆모습만 보인 채 말했다.

"그러게 말이다. 이 시간에 널 다 보고."

허세욱은 귀갓길의 우연한 만남이 반가웠다. 그런데 이계화의 표정이 심상치 않았다. 자신의 눈길을 피하는 눈치였다.

"계화야, 너 왜 그래? 어디 얼굴 좀 돌려봐."

"아, 아냐. 형."

그녀는 허세욱을 피하다 그만 왈칵, 울음을 터뜨렸다.

"이게 무슨 일이냐? 너 왜 울어?"

"아녜요. 형. 아무 일도 아니에요."

이계화는 와락 허세욱에게 안기며 울음을 토했다. 허세욱은 그녀의 등을 토닥거렸다.

"엉엉. 형, 아무 일도 아니에요."

"아니긴 뭘 아냐? 녀석하고 뭐가 잘 안 된 거야? 그 녀석이 헤어지자고 했어?"

"아니에요, 형. 미안해요."

"말해봐. 내 말이 맞지?"

이계화는 아무 말도 할 수 없었다.

"이런 못된 놈! 의리라곤 눈곱만큼도 없는 이놈의 자식, 내가 가만두지 않을 거야."

오열하는 이계화를 다독이던 허세욱도 자신의 상처가 떠올라 마음이 더 아렸다. 두 사람은 서로를 부둥켜안고 한참 동안 함께 울었다. 실연의 감정은 금세 허세욱의 마음을 물들였다. 그가 오히려 이계화보다 더 서럽게 울었다.

"그런 의리 없고 못된 놈은 내가 가만두지 않으마. 아이구, 우리 불쌍한 계화. 불쌍한 녀석."

"형, 어떡해요? 이제 난 어떻게 살아요?"

"계화야, 불쌍한 계화야. 그놈이 어떻게 너한테 이럴 수 있나?"

두 사람은 눈물샘이 마를 때까지 울고 또 울었다. 흘린 눈물이 상대
방의 옷을 적셨다. 한참을 울고 난 후 이계화가 말했다.

"형, 고마워요."

"고맙긴 뭐가 고맙냐? 우리 계화 이제 어떻게 사냐? 엉엉."

허세욱이 다시 눈물을 터뜨렸다. 마음을 겨우 진정시킨 이계화가
다시 따라 울었다. 해가 뜰 때까지 두 사람은 봉천놀이마당 연습실에
서 눈물을 나누었다. 그날 이후 허세욱은 이계화와 헤어진 사람을 의
리가 없다며 두 번 다시 보지 않았다. 가끔 이계화가 그 사람 얘기를
꺼내면 언급도 못하게 했다.

이계화와 부둥켜 울고 난 후부터 허세욱은 운전대를 놓고 멍하니
도시를 바라보는 때가 많았다. 그가 보는 도시의 불빛은 자주 일렁였
다. 자신의 눈물 때문이었다. 한 번 터지기 시작한 눈물샘은 마르지 않
고 하루에도 몇 번씩 물기로 가득찼다. 택시를 타고 가다 보면 자기도
모르게 눈앞이 뿌옇게 흐려졌고 그는 운전을 할 수 없었다. 새어나오
는 눈물 때문에 운전대를 자주 놓쳤다. 눈물은 아무 때고 흘러나왔다.

화해와 이별의 길목

한국 정부는 2005년 가을부터 한미자유무역협정 추진을 서둘렀다.
2006년 2월 2일 '한미자유무역협정공청회'가 농민들의 저항으로 무
산되었다. 다음 날 미국 의회 의사당에서 양국 협상 대표는 공동 기자
회견을 통해 협상 개시를 선언했다. 270여 개 시민단체는 2006년 3
월 28일 '한미FTA저지 범국민운동본부'를 만들어 정부의 일방적인

협정 추진에 저항의 촛불을 들기 시작했다.

한미FTA 협상은 2006년 6월 5일 워싱턴에서 열린 1차 본협상을 시작으로 서울, 시애틀, 제주도, 몬태나 등 한국과 미국을 오가며 진행되었다. 미국에서 협상이 열릴 때마다 FTA범국본은 '한미FTA를 저지하기 위한 미국 원정투쟁단'을 꾸려 원정 시위를 벌였고 한국에서는 촛불을 들었다.

2006년 7월 민주노동당 관악지구당은 15개 시민단체, 노동조합들과 함께 'FTA 관악운동본부'를 결성했다. 한미FTA는 제조업, 농업, 서비스, 교육, 의료, 금융, 노동, 환경 등 거의 모든 분야를 망라한 협정이었다. FTA는 강대국인 미국에 일방적으로 유리한 협정이라 대다수 국가들이 꺼리는 것이었다. 한국 정부는 FTA 협상 대상국이 되기 위해 4대 선결 조건인 의약품 가격 인하 조치 중단, 미국산 쇠고기 수입 재개, 자동차 배기가스 기준 완화, 스크린쿼터 축소를 미국의 요구에 따라 협상이 시작되기 전에 넘겨주었다. 아울러 주한미군의 전략적 유연성을 허용하고 평택 미군기지 확장을 강행했다.

정부는 한미FTA를 통한 경제적 성장을 내세웠지만 KIEP(대외경제정책연구소) 이홍식 팀장이 제시한 보고서에 의하면 대미무역수지 흑자 감소 규모는 47억 달러였다. 한미FTA는 공공부문의 민영화, 농업 황폐화, 대미 군사안보 종속, 문화산업 위기, 금융투기화 등을 불러오고, 비정규직과 실업자를 양산하면서 사회 양극화를 심화시킬 것이라는 예측 속에 민중들에게 위기의식을 불러일으켰다.

허세욱은 FTA를 통해 민중들의 미래를 만나고 있었다. FTA는 그가 철거 싸움에서부터 봐온 자본의 욕망에서 탄생한 것이었다. 한미FTA 협상은 택시운전사와 농민, 그리고 모든 민중의 삶을 위협했다.

그는 대농리에서 아버지와 형을 통해 그리고 자신의 경험을 통해 농사의 괴로움을 알고 있었다. 고된 땀방울을 흘려도 갈수록 수확의 대가는 줄어들었다. 도시의 발전을 위해 쌀값은 통제돼야 했고 농업은 언제나 희생돼야 했다. 대농리 주민들은 하나둘 고향을 떠나 이제 몇 사람 남지 않았다. 어느 시골에 가도 형편은 마찬가지였다. 한미FTA는 맨 먼저 농민들을 농토에서 내쫓는 일이었다. 대추리 주민들도 평생을 일궈온 농토에서 쫓겨났다. 허세욱은 한미FTA가 자신과 이웃의 삶을 철거하는 것임을 알고 있었다. 한미FTA는 미국의 거대 자본과 한국 사회 재벌들과 기득권자들을 위한 것이었다.

노동자들은 현재보다 강화된 노동시장 유연화 정책으로 고용불안과 정리해고 위협에 빠지게 될 것이다. 이미 한국 사회는 비정규직 노동자 수가 1000만 명을 향해 가고 있었다. 가난한 자들은 더 가난해지고, 노동자들은 저임금에 혹사당하고, 농민들은 몰락해 도시 빈민층이 될 것이다. 국민들의 건강은 위협받을 것이고, 환경은 파괴되고, 방송은 상업화되어 시청자들의 의식을 마비시킬 것이다. 허세욱은 종종 동료들에게 말했다.

"재벌의 자식은 재벌이 되고, 택시노동자의 자식은 택시노동자가 될 수밖에 없는 이런 세상이 어딨습니까?"

가난한 아이들은 자신들을 더 가난하게 하고 권력에 순응하는 교육을 받거나 아무런 교육도 받지 못했다.

FTA 관악운동본부가 만들어지면서 활동가들은 민주노동당 사무실에서 허세욱을 빈번하게 볼 수 있었다. 허세욱은 민주노동당이 주최한 FTA 강연회에 참석하며 배움에 열중했다. 그는 민주노동당의 나경채에게 FTA를 이해하는 일이 힘들다고 토로했다.

"이건 너무 어렵습니다. 제가 강의를 많이 들어야 할 것 같아요. FTA에 관한 강연회가 있으면 알려주세요. 서울이면 어디든 가서 듣겠습니다."

한미FTA 협정이 전 분야에 걸쳐 있는 만큼 각 분야의 전문용어와 통상에 관한 용어, 유독 많은 영어로 표기된 용어들을 이해하기 어려웠다. 허세욱은 정태인 교수의 강연만도 대여섯 번가량을 들었다. 하루는 공성경에게 전화해 일반인들이 이해하기 어려운 투자자 국가 소송제나 비위반 제소, 역진 방지 조항에 관해 물어볼 정도로 조항들을 꼼꼼하게 이해하기 위해 노력했다. 나경채는 나중에 그가 FTA에 관해 활동가들보다 더 정확하게 이해하고 있었다고 말했다. 그는 활동가들이 대답하기 어려울 정도로 FTA에 대해 연구했다. 이 시기 최인숙이 근황을 물으면 그는 한결같이 대답했다.

"요즘 공부하느라 바빠요."

"쉬는 날에 집에 있으면 공부만 해요."

한번은 A3 크기의 종이에 스크랩한 FTA 관련 자료를 보여주며 상세하게 설명했다. 최인숙은 휴식 없이 공부하는 그가 안쓰러워 부탁했다.

"선생님, 친구 분도 만나고, 놀러도 다니면서 공부하세요."

허세욱의 답변은 그녀를 무안하게 했다.

"아니, 간사님. 지금 놀 시간이 어딨어요?"

허세욱은 출근시간이면 신림역, 낙성대역, 서울역 등지에서 피켓을 들고 1인 시위를 했다. 그는 나경채에게 자신이 별도로 사용할 피켓을 요청해 택시 트렁크에 싣고 시간이 날 때마다 서울의 전철역 각지에서 피켓을 들었다. 나중엔 자신이 직접 피켓을 제작해 광화문 집회 현장에 찾아갔다.

2007년 2월, 허세욱은 이봉화의 제의로 민주노동당 서울시당 대의원에 선출되었다. 그가 작성한 민주노동당 관악지구당과 서울시당 대의원 출마의 변에는 지금까지 활동한 내용과 그의 바람이 기록되어 있다. 특히 '한미FTA를 몸으로 저지'하겠다는 약속을 자필로 기록했다.

> 노동자, 서민, 농민의 실질적인 자주, 민족을 바로 세우겠습니다.★
> 민주노동당이 서민 노동자 농민을 대변하고 실천하는 정책 정당이라는 면을 확실히 실천할 것입니다.
> 민주택시 기사로서 택시의 틀과 제도 개선, 손님을 위한 제도 개선이 정책에 꼭 반영되도록 할 것입니다.
> 자주적인 통일정신에 희생하는 평택 농민과 함께할 것이며 미군기지 확장 저지 · 철수에 적극 투쟁할 것입니다.★★

> 하나, 택시 제도 개혁의 중심적인 전액관리제를 정착하는 데 역점을 두고 몸과 성의를 다해 투쟁하겠습니다.
> 하나, 한미자유무역협정(FTA)의 모순된 점을 시민들에게 홍보하고, 한미FTA를 몸으로 저지할 것입니다.
> 하나, 평택 미군기지 이전은 한민족의 전쟁을 유발하는 근원이기 때문에 반대할 것입니다.

★ 2005년 4월 13일. 관악구위원회 대의원 출마의 변(관악구위원회 공지 게시판)
★★ 2006년 2월 21일. 민주노동당 관악구위원회 대의원 출마의 변(관악구위원회 공지 게시판)

하나, 의정부 여중생 효순 · 미선의 한을 꼭 풀겠습니다.

하나, 미흡한 제 자신이지만 최선을 다할 것을 약속하겠습니다.★

허세욱은 광화문 열린시민공원에서 열리는 한미FTA 반대 집회에 꾸준히 참여했다. 회담이 진행 중인 2007년 3월 28일. SPI 회의가 열리던 날, 평통사 주최 집회 장소에서 오랜만에 허세욱의 모습이 보였다. 2006년 가을경부터 평통사는 '작전통제권 되찾기 운동'을 중심에 두고 활동했다. 허세욱이 발길을 끊고 있을 때 황윤미는 이성원을 통해 그의 심정을 엿볼 수 있는 얘기를 들었다.

"FTA 협상 타결이 얼마 남지 않은 상황에서 평통사가 왜 적극적으로 동참하지 않는 것이냐?"

평통사가 한미FTA 협상 저지 싸움에서 통일운동만큼 적극적이지 않은 면을 비판한 것이다. 그가 생각할 때 한국 민중들의 생존과 정신을 가장 위협하고 있는 것은 한미FTA였다. 그는 이 문제 해결을 위해 모든 단체가 하나가 되어 집중해야 한다고 이성원에게 역설했다. 하지만 평통사가 한미FTA 싸움을 위해 그동안 벌여온 사업을 접는 일은 무리였다. 그가 평통사의 활동을 부정하는 것은 아니었다. 2007년 2월 시청에서 한미FTA 저지를 위한 집회가 열렸을 때는 여러 개의 피켓을 제작해 가져왔다. 피켓은 저마다 다른 내용이 적혀있었는데, 한미FTA의 문제점과 평택 · 용산 미군기지의 문제를 적은 것이었다.

황윤미는 집회 장소 구석에 구부정한 모습으로 우두커니 서 있는

★ 2007년 1월 11일. 민주노동당 서울시당 대의원 출마의 변(관악구위원회 공지 게시판)

허세욱을 보고 인사했다.

"허세욱 선생님, 오랜만이에요."

"아, 네. 국장님."

허세욱은 어색하고 불편한 표정을 지으며 대답했다. 그의 표정을 본 황윤미는 더 말을 건넬 수 없었다. 집회가 끝난 후에야 허세욱이 황윤미에게 다가갔다.

"이제는 다 풀렸습니다. 국장님."

그는 오랜만에 배시시 웃는 표정을 지었다. 그녀의 표정도 밝아졌다. 이즈음 허세욱은 오미정에게 말했다.

"다른 거에 흔들리지 않고 그렇게 하는 게 맞는 것 같아요. 평통사는 그냥 그렇게 주욱 가세요."

허세욱의 풀린 표정을 보고 황윤미가 요청했다.

"한국군과 미군이 연합으로 대북 전쟁 연습을 벌이려고 해요. 우리가 전쟁 연습하는 현장에 갈 계획인데, 선생님도 함께 가시겠어요?"

평통사는 한미 연합으로 전쟁 훈련을 하는 만리포에 탱크를 막으러 갈 예정이었다. 허세욱은 집회나 싸움이 있다는 말을 들으면 언제나 함께하겠다고 대답했다. 하지만 이날 허세욱의 머릿속엔 한미FTA만이 자리잡고 있었다.

"저는 내일 FTA 집회가 있어서 안 돼요. 지금은 FTA에 전념해야 할 때라고 봅니다. FTA 외에는 안 할 거예요."

황윤미는 허세욱이 보는 미래를 헤아릴 수 없었다. 대화를 마치고 엷은 미소로 평통사 회원들을 보는 허세욱의 시선이 평화로워 보였다. 그녀가 본 허세욱의 마지막 모습이었다. 돌아서는 허세욱의 머릿속에 황윤미의 선한 표정과 따뜻하고 넉넉한 미소가 어른거렸다. 이제 다시 볼 수 없는 모습이었다. 평통사 회원들이 만리포에 내려간 사이 허세욱은 자신이 참여하는 마지막 촛불집회를 준비했다. 분신 사흘 전인 2007년 3월 29일. 허세욱은 피켓을 들고 청와대 앞 1인 시위에 참여했다. 참여연대 회원이 그를 인터뷰했다. 허세욱은 피켓을 든 이유를 밝혔다.

"겨우 머릿수 하나 채우는 것에 불과할지도 모르지만, 나는 '꼭 필요한' 참여라고 생각합니다. 사실 평소대로라면 지금 이 시간은 한창 잠을 잘 시간이에요. 오후 5시에 택시 교대를 하면 내일 새벽 5시까지 꼬박 운전을 해야 하기 때문이죠. 그런데 오늘 아침 한미FTA 협상 체결이 임박했다는 방송을 보고는 마음이 급하고, 착잡해 잠이 오질 않았어요. 어제 단식농성을 하고 있는 참여연대 간사들을 보며 마음이 불편하던 차에 방송을 보고 무엇이라도 해야 할 것 같은 마음에 급하게 피켓을 만들어 나왔습니다."

사람과 더불어 있고 싶어요

허세욱은 택시 안에서 시민들의 무관심을 만났다. 그럴수록 그는 더욱 대추리의 안타까운 현실을 사람들에게 역설했다. 타인에 대한 무관심은 결국 자신의 고통과 고립감으로 돌아온다는 것을 시민들에게 설명하는 일은 어려웠다.

사람들의 관심은 어떤 문제가 있을 때 잠시 타올랐다 사라졌다. 두 여중생 추모 집회에 이어 대추리도 이제 무관심의 영역이 되었다. 촛불을 들고 저항하는 시민들은 사라졌고, 그것은 그의 낯빛을 어둡게 했다. 시민들은 저항의 깃발을 내렸다. 그는 택시 운전을 하다 가끔 택시를 주차하고 한강변에 서서 자신이 걸어온 삶을 돌이켜보았다.

허세욱은 어느 날 봉천놀이마당의 오정훈과 함께 술자리를 가졌다. 그는 거의 한마디 말 없이 술만 끼었었다. 술자리가 파하고 두 사람은 서울대입구역을 향해 걸었다. 지하철 입구에서 그가 말했다.

"정훈아, 부탁이 하나 있는데……."

"……."

"내가 가면 네가 꼭 살풀이를 해줬으면 해서."

오정훈은 무슨 말인지 이해하지 못했다. 허세욱이 재차 요구했다.

"살풀이는 네가 꼭 해줬으면 좋겠다."

오정훈은 고개를 들었다.

"형, 뭐라고 했어요?"

"내가 떠나면 정훈이 네가 살풀이를 해달라는 말야."

그제야 오정훈은 무슨 소린지 이해했다. 그의 머리에 쭈뼛 소름이 돋았다.

"아이, 씨발. 형, 지랄 맞게 무슨 청승이야."

허세욱은 목소리를 높였다.

"내가 가면 살풀이는 네놈이 해줘야 된다고."

오정훈은 고개를 들어 허세욱을 노려보았다.

"왜 그런 소릴 해요? 지나가는 얘기라도 듣기 싫어요."

"동생이란 놈이 이런 부탁도 못 들어주냐?"

"가긴 어딜 가요? 씨발, 그게 형이란 사람이 할 소리야?"

허세욱은 초점을 잃은 눈으로 억지를 부렸다.

"내가 가면 살풀이는 네놈이 꼭 해줘야 돼."

오정훈은 허세욱의 멱살을 틀어쥐고 못을 박았다.

"형, 다신 그따위 얘기 하지 마요. 그런 말 또 하면 다신 안 봐. 입 닥치고 정신 차려요."

허세욱도 물러서지 않았다. 그의 눈동자가 어느 곳을 향하고 있는지 알 수 없었다.

"내 말을 절대 잊으면 안 돼."

"정말 그 수준밖에 안 돼요? 그럴려면 뒈지든가, 씨발. 또 그 말 하면 정말 당신 안 볼 거야."

오정훈은 허세욱에게 단단히 주의를 준 후에 멱살을 풀었다. 그는 허세욱과 헤어진 후에도 찜찜한 기분을 떨치기 어려웠다.

허세욱은 봉천놀이마당의 이계화를 만난 술자리에서도 비슷한 얘기를 했다.

"내 애인 같고 내 누이 같고 어머니 같고 친구 같은 우리 계화야!"

허세욱은 종종 가까운 사람의 이름 앞에 '~같은'이라는 수식어를 달아 불렀다. 특히 그가 아끼는 이계화에겐 많은 수식어를 붙였다.

"형, 또 무슨 말하려고?"

허세욱은 환하게 웃으며 말했다.

"나 집에 신나를 사 뒀다."

이계화는 온몸에 도는 소름에 몸을 떨었다. 그녀는 기가 막혔다. 술을 많이 마신 상황이 아닌 데다, 그 말을 하는 허세욱의 표정은 천진난만하기까지 했다.

"형, 미쳤어요? 뭘 샀다고?"

허세욱은 웃으면서, 하지만 진지하게 다시 말했다.

"신나를 사 두었어. 그런데 그만큼으론 모자랄 것 같아서 한 통 더

사 두려고."

이계화는 어안이 벙벙했다. 그녀는 무슨 소린지 알면서도 질문했다.

"형, 그거 왜 샀어?"

"언젠가 내가 이거를 큰일을 위해서 한번 쓸 일이 있을 거야. 그걸 사 놔서 너무 행복해."

이계화는 고개를 돌려 허세욱의 눈을 바라보았다. 그의 눈은 투명했다. 너무 투명해 사람의 눈 같지가 않았다. 그녀에게 허세욱은 겁이 많고 여리고 세심한 사람이었다. 그녀는 정신이 아뜩했다. 이계화는 낮고 분명하게 말했다.

"형, 그거 버려. 나이 들어서 왠 지랄이야? 지금 그걸 자랑하는 거예요?"

그녀는 다시 허세욱의 표정을 살폈다. 예전의 그 같지가 않았다. 함께 앉아 있지만 다른 곳에 머물고 있는 사람 같았다. 이계화는 계속 말했다.

"형, 정말 지랄이다. 행여라도 꿈도 꾸지 마. 몸에 그거 뿌리고 죽어버리면 나는 형 무덤가에 가 보지도 않을 거야."

"계화야, 나는 언젠가 이 한 몸, 쓰잘데기 없는 이 몸을 요만큼이라도 세상이 필요로 하면 몸을 불사를 거야."

"형, 지금 제 정신이야? 술을 얼마나 마셨다고 그래?"

"아냐. 난 행복해. 행복하다. 계화야. 내 누이 같고, 친구 같고, 동지 같고, 애인 같고, 딸 같은 계화야!"

"내 이름 부르지 마요. 형은 지금 딴사람 같고, 지랄 같고, 푼수 같고, 못난 반푼이 같고, 미친놈 같고, 망나니 같애."

아무리 얘기해도 허세욱은 말을 듣지 않았다. 전에도 허세욱은 종종 말했다.

"계화야, 난 오래 살고 싶지 않아. 오래 살 이유가 어딨냐? 세상에 잠시 머물러도 행복하게 살고 싶고 외롭지 않게 살고 싶어."

그녀에게 허세욱은 행복하게 살기 위해 노력하는 사람이었다. 외롭지 않기 위해 안간힘으로 애쓰는 사람이었다. 그녀는 그보다 행복하기 위해, 외롭지 않기 위해 간절하게 달려가는 사람을 본 적 없었다. 그래서 언제나 사람들에게 먼저 손을 내미는 사람이었다. 세상의 아픈 자리마다 달려가고 사회단체에서 활동하면서 존재감을 느끼는 사람이었다. 하지만 어느 때부턴가 그에게서 존재감이 느껴지지 않았다. 그녀가 허세욱에게 장가가라고 말하면 그는 고개를 내저으며 말했다.

"나는 여자랑 같이 살 자격이 없어. 내가 잘못한 게 너무 많아. 예전에 잘못해서 떠나보냈기 때문에 더 이상 잘못하고 살 수가 없어."

"형, 그 여자랑 왜 헤어졌어요?"

"내가 잘못한 게 많아."

허세욱은 함께 살았던 여자를 원망할 때도 가끔 있었지만 자신의 잘못을 더 자주 얘기했다. 그는 인간에 대한 연민이 깊은 사람이었다 사람에 대해 밑바닥까지 기대하는 사람이었다. 많은 이들이 비판하는 사람을 두고도 "아냐. 그에게는 이런 순수한 면이 있을 거야"라고 말하며 바보스러울 만큼 사람에 대한 기대를 놓지 않는 사람이었다.

허세욱은 봉천놀이마당에서 가끔 술자리가 있으면 취해도 귀가하지 않고 김경완을 붙들고 말했다.

"경완아, 사람과 함께 있고 싶다."

"너무 외로워. 옆에 사람이 있었으면 좋겠어."

허세욱은 어디선가 술을 마신 상태에서 김경완에게 전화를 걸어 봉천놀이마당에 나가고 싶다는 말을 자주 했다. 그러면서도 찾아가지는 않았다. 그는 사람과 함께 있고 싶었고, 그러면서 사람을 피했다. 그는 장구를 들고, 징을 들고 신명에 빠지고 싶었지만 악기를 들지 않았다. 희망의 가락을 만들지 않았다.

나는 위에 서려고 하지 않았어요

2007년 3월 31일. 한독운수에 도착한 허세욱은 여느 날처럼 배차실 앞에 유인물을 올려두었다. 회사 마당엔 몇 대의 택시가 주차돼 있었다. 그는 16년 동안 머문 자신의 일터를 둘러보았다. 이곳에서 그보다 오래 머문 사람은 거의 없었다. 택시 운전은 오래 할 만한 일이 아니었다. 사업에 실패하고, 직장에서 쫓겨나고, 일터를 찾을 수 없을 때 사람들은 이곳을 찾았다. 택시 회사에는 1~2년 일하다 떠나는 사람이 많았다. 정을 줄 만하면 사람들은 새 일터를 찾아서 떠나갔다. 최저 임금도 받기 어려운 곳에서 한 가족의 생계를 유지하기는 어려운 일이었다. 민주노총 전환 이후 노동환경이 나아진 한독운수에도 가족을 이루지 못하고 혼자 사는 사람들이 많았다.

한독운수에서 그의 별명 중 하나는 '4차원'이었다. 앞뒤 맥락 없이 효순이를 살려내야 한다는 둥 엉뚱한 소리를 하는 사람으로 유명했다.

무엇이 자신을 이곳에 오래 머물게 했을까? 민주노총을 꿈꾸기 전까지 그는 여러 차례 회사를 그만둘 생각을 했다. 민주노총을 알게 된 후부터는 한 번도 다른 일터를 생각해보지 않았다. 민주노총을 알게 된 후 꿈꾸지 않는 것은 사는 것이 아니라는 것을 깨달았다. 대부분의 택시운전사처럼 개인택시를 할 생각도 없었다. 허세욱의 눈에 조합원 박병욱이 보였다. 허세욱은 그의 손을 잡았다.

"병욱아, 너 오늘 막날이지? 좋겠다. 맥주 한잔 해야 되는데, 못 하겠네."

박병욱은 6일째 출근하고 이제 막 귀가하려는 참이었다. 내일은 그가 쉬는 날이었다. 그와 일하는 시간이 같을 때면 두 사람은 귀갓길에 술집에 들러 술 한잔 마시고 헤어지곤 했다. 박병욱은 그 말을 듣고 잠시 이상한 기분이 들었지만 대수롭게 생각하지 않고 회사를 빠져나갔다. 허세욱은 회사 정문에 서서 멀어져가는 박병욱의 모습을 물끄러미 바라보았다.

그는 발길을 돌려 노조위원장 사무실로 향했다. 그는 사무실 앞에서 창문을 열었다. 정면에 황규금이 보였다. 그는 출퇴근 시간이면 언제나 이 문을 열고 황규금과 대화를 나눴다. 황규금은 네모난 창문에 드러난 허세욱의 얼굴을 보고 농담 삼아 '영정 사진틀'이라고 불렀다. 창문을 열면 키 작은 허세욱의 가슴께까지 보였다. 허세욱은 창문 너머로 어디선가 가져온 새 유인물을 넘겨주곤 했다. 황규금이 자리에 없으면 문틈에 유인물을 꽂아두었다. 허세욱이 사무실 문을 열지 않고 창문을 연 것은 언제나 바쁜 황규금을 배려한 것이었다. 창문 너머 황규금을 보면서 허세욱이 말했다.

"위원장님. 5분만 대화를 나눌 수 있을까요?"

다른 때와 달리 침착한 목소리였다. 그는 평소 입던 조끼를 입고 서 있었다. 봉천6동 철거민 시절 그가 입고 있는 조끼엔 '독도는 우리 땅'이라는 글귀가 적혀 있었다. 그 후 독도 조끼에서 세대위에서 제작한 조끼로 바뀌었고, 훗날 민주노총 조끼로 바뀌었다.

"들어오세요."

황규금은 전 노조 간부의 돌잔치에 갈 예정이었다. 약속 시간이 채 20분이 남지 않은 시간이었다. 허세욱은 원형 탁자 앞에 앉았다. 그는 마음에 꺼림칙하게 남아 있는 오해를 풀고 싶었다. 몇 년 전 그가 노조 집행부를 부정한다는 소문이 있었다. 허황된 말이었지만 막상 한독운수를 떠나려니 마음에 걸렸다. 황규금은 너털웃음을 지었다.

"하하. 형님, 왜 옛날 얘기를 꺼내세요? 말도 안 되는 얘기라 저는 기억도 못하고 있었습니다. 그런 얘긴 다시 꺼내지도 마세요."

이날따라 허세욱의 목소리는 낮아서 귀를 기울여 들어야 했다. 대화도 처음부터 끝까지 차분했다.

"위원장님. 정치통일부 차장을 한 명 뽑았으면 좋겠어요."

뜬금없는 얘기였다. 한독운수에서 자신을 대신해 통일운동을 맡을 사람을 뽑아달라는 의도였지만 황규금은 그의 속뜻을 이해할 수 없었다.

"형님, 다른 부서엔 차장이 없는데 정치통일부만 차장을 둘 순 없죠."

황규금은 그가 떠난 후에야 허세욱의 말을 이해하게 되었다. 허세욱은 잠시 뜸을 들인 후 다시 입을 열었다.

"제가 위원장님을 옆에서 보필해야 되는데……."

황규금은 무슨 말인지 의아했다. 허세욱은 황규금의 건강이 염려됐다. 그는 시장에서 소뼈를 곤 시골 국물을 황규금에게 가져다주곤 했다. 몇 번을 만류했지만 말을 듣지 않았다. 황규금은 건강을 더 챙겨주고 싶다는 뜻으로 이해했다. 황규금은 대화 분위기가 진지해 약속

시간을 넘긴 후 결국 돌잔치에 가는 것을 포기했다. 허세욱은 한미 FTA의 문제점에 대해 오랫동안 설명한 후 황규금의 얼굴을 보지 않은 채 말했다.

"그동안 내가 정말 많이 부족했어요."

황규금은 손사레를 쳤다.

"세욱이 형님, 무슨 소립니까? 형님은 누구 못지않게 싸우셨고, 고생도 많이 하셨고 최고로 일을 많이 하셨어요. 새삼스럽게 왜 그런 얘길 하세요?"

"내가 가더라도 한독운수를 위해 꼭 해결하고 싶은 일이 있는데……."

황규금은 대화 내용이 갈수록 이상하다고 생각했다. 하지만 근래 들어 '간다' 는 말은 여러 차례 들었기 때문에 크게 개의치는 않았다.

"형님이 가긴 어딜 가요? 한독운수를 가족보다 더 아끼고 사랑하는 사람인 거 다 아는데."

이어서 두 사람은 한독운수노조의 앞일을 걱정하는 얘길 주고받았다. 최근 우창기업을 비롯해 많은 택시 회사 노조들이 흔들리고 있었기 때문이다. 허세욱은 잠시 목소리를 높였다.

"설내 흔들리년 안 돼요. 제가 한독운수를 지키고 위원장님을 지켜야 되는데……."

두 사람의 대화는 7시쯤 끝이 났다. 허세욱은 자리에서 일어서며 마지막 말을 남겼다.

"나는 위에 서려고 하지 않았어요."

황규금은 고개를 끄덕였다. 그는 누구보다 그것을 잘 알고 있었다. 허세욱은 항상 낮은 곳에 있었고, 허드렛일을 찾아 일했다. 조합원들이 귀찮아하는 일은 대부분 그의 몫이었다. 그게 미안해서 허세욱이 하고 싶고 잘할 수 있는 일을 배려했지만 늘 아쉬웠다. 허세욱이 몇 년 전부터 많은 집회에 나설 수 있었던 것도 노조에서 활동비를 일부 보조했기 때문에 가능한 면도 있었다. 식사비와 교통비 정도에 해당하는 적은 액수였지만 조합원들 중에서 가장 적은 월급을 받는 허세욱에겐 그것이 큰 힘이 되었다. 돈의 액수보다 자신이 나서는 싸움을 노조에서 지원한다는 의미였기 때문이다. 허세욱은 사무실에서 일어나 밖으로 나섰다. 그는 황규금의 얼굴을 다시 보고 싶었다. 그는 창문을 열고 황규금을 물끄러미 바라본 후 말했다.

"위원장님, 안녕히 계십시오. 제가 언제나 지켜드릴게요."

황규금은 웃음으로 화답했다. 허세욱은 택시를 타고 한독운수 정문을 나섰다. 그는 광화문 방향을 향해 운전대를 돌렸다. 앞으로 자신이 함께하지 못할 한독운수의 미래를 생각하니 기분이 착잡했다. 그는 라이트를 켜며 속으로 말했다.

'이제 광화문으로 가야 한다. 촛불을 들어야 한다.'

허세욱은 입술을 질끈 깨물었다. 마천루 위에서부터 세상이 어두워져 오고 있었다.

마른땅에 감나무를 심다

광화문에서 마지막 촛불을 든 허세욱은 광양에서 올라온 이성원을 태우고 일산으로 달리고 있었다. 일산엔 이성원의 집이 있었다. 그는 최근에야 이성원과 화해했다. 작년 8월 이성원이 다니던 회사 '친절한택시'를 퇴사한 일 때문에 허세욱은 한동안 그와 절교했다.

화평운수는 2005년 8월 매각된 이후 사명이 '친절한택시'로 바뀌었다. 화평운수노동조합은 민주택시를 통틀어 가장 모범적인 곳이었다. 그런데 회사가 매각되고 사장과 전무가 바뀌면서 노조가 흔들리기 시작했다. 전무는 민주택시 서울본부장 출신이었는데, 이성원은 그와 갈등이 많았다. 그가 볼 때 전무는 노조를 무력화하기 위해 채용된 사람이었다. 민주노총 출신 전무의 변절은 그에게 적잖은 충격이었다. 그는 매번 대놓고 전무를 '씨발놈'이라고 불렀다.

사업주가 바뀐 후 회사는 노조를 탄압하기 위한 다양한 전술을 펼쳤다. 전액관리제를 이용한 교묘한 탄압이었다. 회사는 8시간 근로제를 근거로 그 이상의 시간을 근무할 수 없게 했다. 저임금의 노동자들은 생계가 어려워졌다. 회사 측의 이른바 '준법 탄압'은 사납금제를 유도하기 위한 것이었다. 회사는 사납금제를 받아들인 노동자들에겐 8시간 이상 자유롭게 일할 수 있게 하고 과속을 해도 눈감아주었다. 반면 전액관리제를 지키려는 노동자들의 근무시간은 철저하게 단속했다.

노조 파괴 공작은 효과적이었고 노동자들이 하나둘 전액관리제를 포기했다. 회사는 강성인 이성원을 고립시켜갔다. 어느새 노조 핵심 임원 4명 중 3명이 사납금제를 받아들였다. 이성원은 임원들을 끊임없이 추궁했다. 임원들의 대답은 비슷했다.

"아닙니다. 나는 월급제로 하고 있습니다. 누가 사납금제를 한다고 그래요? 증거가 있으면 대 보세요."

회사와 싸우는 일보다 조합원 사이에 서로 의심해야 하는 상황이 더 힘들었다. 노동자들의 단결이 약화된 상황에서 타협을 모르는 이성원은 고립되었다. 그런 상황에서 뇌출혈이 발생했다. 어느 날부턴가 일하는 도중 코에서 피가 쏟아졌다. 한 번 그런 일이 생기면 며칠씩 피가 줄줄 쏟아졌다. 몸이 더 버틸 수 없었다. 요양할 계획으로 회사에 사표를 제출하고 전남 광양에 내려갔다. 이 사실을 알게 된 허세욱의 훈계가 매서웠다.

"회사가 탄압한다고 노동조합을 포기하면 네가 진짜 노동자냐? 조직이 마음에 들건 안 들건 거기서 비판을 하고 함께 어우러져서 가야지, 조직을 함부로 이탈하는 것은 노동자로서 있을 수 없는 일이야."

이성원은 차마 몸이 아프다는 말을 할 수 없었다. 허세욱은 동지 한 명을 잃은 기분이었다. 그것도 다른 사람이 아닌 마음이 잘 통했던 이성원이었다. 친절한택시노동조합의 어려움은 이성원을 통해 잘 알고 있었지만, 서운한 마음은 어찌할 수 없었다.

두 사람이 다시 만난 것은 반년 후였다. 용산 철도웨딩홀에서 '이주노동조합 연대 강화를 위한 단결의 밤' 행사가 열릴 때였다. 약속 장소를 잡을 때 허세욱이 말했다.

"우리가 술을 마셔도 후원 행사 하는 곳에서 마시면 좋지 않겠냐."

행사가 끝난 후 두 사람은 허세욱의 집으로 향했다. 두 사람이 도착한 것은 밤 12시가 다 된 시각이었다. 이성원은 허세욱의 컴퓨터를 고쳐줬다.

허세욱의 문서 작성 실력은 흔히 얘기하는 '독수리 타법' 수준에도 미치지 못했다. 컴퓨터 자판을 두들기는 것보다 펜으로 직접 쓰는 것이 훨씬 빨랐다. 컴퓨터 사용법은 아무리 설명해줘도 잘 알아듣지 못했다. 몇 번을 반복해야 겨우 한 가지를 익혔다. 이성원은 허세욱에게 야후 이메일 계정을 만들자고 제안했다. 허세욱이 말했다.

"성원아, FTA와 관련된 아이디로 하고 싶은데, 그런 게 있을까?"

이성원은 'nofta'를 입력했다. 이미 누군가 사용하고 있었다. 이번엔 'antifta'를 입력했다. 없었다. 'antifta'를 아이디로 사용할 수 있는 것으로 확인되자, 허세욱의 얼굴이 상기되었다. 그는 놀란 눈으로 이성원을 바라보았다.

"없다. 없어. 허허. 정말 없어. 왜 아무도 쓰고 있지 않지?"

두 사람은 대단한 사실을 발견한 듯 흥분했다.

"세욱이 형님, 정말 대단한 일입니다. 이제부터 야후에서 'antifta'가 형님 아이디예요."

이성원도 들뜬 기분을 감추지 않았다.

"정말이지? 내 아이디가 'antifta' 맞지? 그래. 그래. 너무 좋다. 좋아. 성원이 널 만나면 꼭 이렇게 좋은 일이 생긴다니깐."

허세욱은 선물을 받은 아이처럼 기뻐했다. 'antifta@yahoo.co.kr' 허세욱의 이메일 주소는 이렇게 만들어졌다. 두 사람은 벌써 한미 FTA 협상을 폐기시킨 듯 자축하면서 소주 한 병에 참치 캔을 두고 술자리를 이어갔다.

그날 이후 두 사람은 다시 빈번하게 연락을 주고받았다. 분신 닷새 선인 2007년 3월 27일. 허세욱이 이성원에게 전화를 걸었다. 이성원은 차를 타고 경상남도 사천군 시골길을 달리고 있던 중이었다. 그는 고등학교 동창의 소개로 소의 사료인 미국산 건초를 수입해 판매하는 회사에서 일하고 있었다. 허세욱은 몇 가지 궁금한 것을 질문했다.

"성원아, 잘 지내고 있냐?"

"그곳을 어떻게 들어가게 된 거지?"

"넌 그 직장에서 무슨 일을 하냐?"

논과 논 사이로 난 시골길에서 운전대를 돌리는 동안 허세욱의 질문이 이어졌다. 이성원은 대답했다.

"소 풀을 팔러 다니고 있어요."

이성원은 시골 우사를 찾아다니며 수금을 하는 중이었다. 그는 여전히 노조 활동을 하지 않는 자신을 나무라는 것 같아 면구스러웠다. 하지만 허세욱의 태도가 바뀌었다.

"그 직장이 안정적인 것 같다. 다른 곳으로 옮기지 말고 열심히 일해라. 처자식을 굶겨선 절대 안 돼."

허세욱은 자신의 겪은 상처를 이성원이 겪어선 안 된다고 생각했다.

"현재 네가 있는 곳에서 남들한테 부끄럽지 않게 살아라."

이성원은 눈자위가 시큰해졌다.

"너는 너대로 나는 나대로 각자의 환경과 처지에서 세상을 바꾸면 되지."

그 말은 허세욱이 표어처럼 자주 하던 말을 떠올리게 했다.

'돈이 있는 자는 돈으로, 지식 있는 자는 지식으로, 노동자는 노동으로.'

이성원은 눈가에 맺힌 눈물을 닦았다.

"형님, 이해해줘서 고맙습니다."

"성원아, 이제 광양에 있으니 민주노동당 당적부터 그쪽으로 옮겨라."

"네, 그럴게요."

허세욱이 그 말을 빠트릴 리 없었다. 이성원은 바로 당적을 광양으로 옮겼다. 그는 실천에 있어 철저했던 허세욱을 존경했다. 그래서 그의 말이라면 즉시 실천에 옮겼다. 그는 삶의 경험을 통해 아무리 좋은 말이라도 실천이 없으면 소용 없다는 것을 잘 알고 있었다.

이성원이 일산 가는 길에 허세욱에게 택시를 태워달라고 부탁한 건 영업을 도와주기 위해서였다. 택시는 서울을 빠져나가 자유로를 달리고 있었다. 길 왼편으로 한강 물줄기가 이어졌다. 허세욱이 입을 열었다.

"무좀을 치료해야겠어. 갈수록 심해지고 있어. 발가락이 너무 아파."

"형님, 무좀이 그렇게 심해요?"

"응. 되게 힘들어. 먹는 약으로 치료해야 한다고 하는데 간이 피로하면 안 된다고 하더라. 앞으로 무좀 때문에 고생이 많을 것 같아."

통증은 갈수록 심해졌다. 손님들에게 피해를 줄까 싶어 가려워도 양말을 벗을 수 없는 상황이 고역이었다. 매일 집회에 참여하고 유인물을 돌리고 나면 잠자는 시간은 빠듯했다. 귀가하자마자 씻을 여유도 없이 이불 속을 파고들어갔다. 한미FTA 협상 상황이 긴박해지면서 거의 잠을 이룰 수 없었다. 하루 두세 시간 수면으로는 피로가 풀리지 않았다. 그 사이 무좀이 발가락 사이를 깊숙이 파고들어갔다. 가려워서 긁다 보면 양말에 피가 묻을 정도였다. 제약 회사 영업 사원 출신의 이성원은 무좀에 잘 드는 약을 일러주었다.

"그렇게 심하면 치료 먼저 하셔야죠."

"무좀 치료는 FTA 협상 시한이 지나면 할 생각이야."

허세욱을 잘 아는 이성원은 더 종용할 수 없었다. 허세욱은 오늘 집회에서 피켓을 직접 만들고, 두건을 쓰고 퍼포먼스 한 일을 자랑했다. 그는 이성원이 곁에 있으면 이것저것 자랑하고 싶었다. 허세욱은 여느 때보다 표정이 밝았다. 평소에도 웃을 때면 꾸밈없는 얼굴이 아이처럼 환했지만 오늘따라 더욱 그랬다. 제약 회사 영업을 오래하면서

꽤 눈치가 빠른 편인 이성원이었지만 어떤 낌새도 알아챌 수 없었다. 두 사람이 한동안 웃고 떠든 후 허세욱은 창밖을 바라보며 생각에 잠겼다. 내일 일은 자신의 말을 잘 따르는 이성원이 도와줘야 했다.

"성원아, 내일 FTA 집회 갈 건데, 너도 갈 테냐?"

허세욱이 운을 띄웠다.

"당연히 가야죠."

내일 열릴 FTA 집회 장소는 정해지지 않았지만 협상장인 하얏트호텔 앞에서 기자회견이 있었다.

"하얏트호텔에서 만나서 집회 장소로 이동하자."

"네. 그래요."

허세욱은 이성원에게 당부하고 싶은 말이 있었다.

"성원아, 지금 시점에서 제일 중요한 것은 한미FTA다. 내가 공부를 계속 해보니 여기에 모든 단체와 시민들이 하나로 모여 집중해서 해야겠더라……."

그는 허세욱의 말이 무슨 뜻인지 알고 있었다. 허세욱은 여러차례 한미FTA 싸움이 어려워지게 된 데는 사회단체와 시민들이 모두 모이지 않았기 때문이라고 말했다.

"왜 사람들은 연대하지 않을까? 연대하면 막을 수 있는데……. 모든 단체와 시민이 하나가 되어야 되는데……. 내가 그렇게 하고 싶다."

이성원은 웃으면서 대답했다.

"저도 그렇게 하고 싶어요."

택시는 일산에 들어서고 있었다. 허세욱은 운전을 하다 말고 고개를 돌려 이성원에게 당부했다.

"성원아, 곶감 따 먹는 사람들을 닮으면 안 된다."

여러 차례 들었던 얘기였다.

"가만히 앉아가지고 남이 해놓은 것만 먹는 사람은 되지 말아라. 마른땅에 감나무를 심는 사람이 돼야지 곶감 따 먹는 사람이 되면 안 된다. 꼭 부탁이다."

"네, 형님. 곶감 따 먹는 사람은 되지 않을게요."

허세욱은 두 달 전 월간 『참여사회』 인터뷰에서도 같은 말을 한 적이 있었다. 택시는 일산 이성원의 집 앞에 도착했다. 다음 날 연락하기로 약속하고 이성원이 택시에서 내리자 허세욱이 차 문을 열고 미소를 던졌다.

"내일 보자."

"그래요. 내일 봐요."

허세욱은 운전대를 놓고 이성원이 사라질 때까지 바라보았다. 그는 일산을 빠져나와 다시 서울을 향해 달렸다. 한강은 변함없이 흘러가고 있었다. 밤하늘의 거울인 듯 강물 속엔 별들이 박혀 있었다. 허세욱은 고난 많은 이 땅의 현대사를 묵묵히 지켜보며 흐르는 한강을 닮고 싶다는 생각을 했다. 한강 위에서 일렁이며 흐르는 별을 바라보면서 그는 느린 속도로 강물을 따라 달려갔다. 평온하고 담담했다.

서울을 향해 달리던 택시는 어느덧 20년 전 그가 막걸리를 배달하던 상도동을 지나고 있었다. 수면 시간이 턱없이 모자라 몸이 무거웠지만 의식은 뚜렷했다. 협상 타결이 임박한 시점이지만 허세욱은 다시 커다란 싸움이 시작될 것을 믿었다. 그는 이 땅의 농민을 믿었고, 이 땅의 노동자를 믿었고, 시민들을 믿었다. 허세욱은 몇 번이고 되뇌었다.

'내일 한미FTA 협상 타결을 막아야 한다. 효순이 미선이를 잃었고 대추리를 잃었는데 FTA마저 저들의 뜻대로 되게 할 수는 없다. 누군가 한 사람 나서서 막아야 한다. 권력자들의 조직적이고 강력한 움직임에 비하면 새 발의 피만큼도 안 되지만 희망의 끈을 놓지 않는 사람들에게 몸을 내어줄 것이다. 내 한목숨 내던지면 협상 타결을 잠시라도 미룰 수 있을 것이다. 협상 타결이 미뤄지면 많은 단체들과 시민들이 모일 것이다. 촛불들이 모이고 시민들이 단결한다면 그 힘으로 한미FTA를 폐기할 수 있다. 지금은 여중생 투쟁 때처럼 많은 촛불이 모여야 하는 때다. 비록 보잘것없는 몸이지만, 내 몸을 희생해 촛불들이 모이게 할 수 있다면, 그래서 한미FTA를 폐기시킬 수 있다면 나는 아무것도 두렵지 않다. 촛불들이 깨어 일어날 것이다. 거대한 촛불의 바다가 하얏트호텔 협상장을 위태로운 작은 쪽배로 만들 것이다.'

그는 서울의 불빛들을 보면서 이 도시가 하나의 커다란 탄광 같다고 생각했다. 사람들은 그의 직업을 도시의 막장 인생이라고 표현했다. 자신도 한동안 도시의 탄부란 생각을 하고 살았다. 하지만 파업과 함께 모든 것이 바뀌었고 그는 희망의 도로에 선 택시운전사였다. 그러나 지금 서울의 도로를 내달리는 허세욱은 지하 깊고 깊은 갱도 속으로 내려가는 탄부의 심정이었다. 그 막막한 어둠 속으로, 인간의 삶을 부정할 수밖에 없는 그 깊은 어둠의 막장 속으로 다시 들어가는 것 같았다. 창밖의 어둠은 숯처럼 그의 뺨을 짙고 어둡게 칠하고 있었다. 어두운 갱도 속에서 허세욱은 그리운 사부들의 이름을 한 명씩 호명했다.

'내 누이 같고, 내 친구 같고, 내 가족 같고, 내 어머니 같고, 내 애인 같고, 내 동지 같은…… 사부님들.'

그는 브레이크를 밟았다. 그는 자신을 참된 삶으로 이끌어준 사부들과 활동가들, 한독운수 벗들을 향해 간절하게, 그리고 고통스럽게, 너무도 처절하게 손을 내밀고 있었다. 그의 두 손은 부들부들 떨고 있었다. 그의 상체가 운전대 위로 쓰러졌다.

　엎드려 울고 있는 그의 팔이 클랙슨을 건드렸다. 4월 1일 새벽. 지구별에서 가장 외로운 한 남자의 택시에서 경적 소리가 울렸다. 그 소리는 길게, 아주 길게, 그리고 아주 먼 곳까지 울렸다. 새벽의 도로 위로 길게, 그리고 오래 울려 퍼졌다. 아주 먼 곳까지 경고음을 내며 도시 속으로 퍼져나갔다. 잠을 자는 존재들이 깨어 일어날 수 있게, 경적 소리를 듣기를 바라는 간절한 바람으로 클랙슨을 누르는 팔을 오래도록 거두지 않았다. 세계의 모든 도로 위로 소리가 퍼져나갈 때까지.

워낙 많이 다니셔서 집회 때 보는데 택시 일하는 허세욱이라는 건 사람들이 정확히 몰랐죠. 몰라도 눈인사 주고받고, 그러다 보면 걱정도 서로 해주고 이러다가 나중에 돌아가시고 난 다음에 사진을 보고 "아, 저 아저씨!" 이렇게 기억한 사람이 되게 많아요. 치료비 모금할 때 많이 들어왔는데, 뒤늦게 꿀차를 얻어먹은 것에 대한 은혜를 작으나마 갚고 싶었다는 사람들이 많았어요.

– 진보신당 나경채

간밤에 이상한 꿈을 꾸었어요. 흰 대야에 맑은 물을 받아 머리를 감았지요. 감은 후 고개를 들어 손으로 감싸는데 대야에 긴 머리카락이 두 손으로 움켜쥘 만큼 빠져 있었어요. 매우 정돈된 채로. 난 그 머리카락을 두 손으로 움켜쥔 채 남편에게 어떡하면 좋냐고, 머리카락이 이렇게 많이 빠져버렸으니 어쩌면 좋냐고 당황하며 잠에서 깨었지요. 정오가 좀 지나 운명 소식을 문자로 받고 그제야 알아차렸어요.

– 평화와통일을여는사람들 남미영

표정이 늘 환하세요. 근데 2007년 들어오면서 얼굴이 확 변했다고 해야 되나? 늘 뭔가 걱정이 있는 사람 같이 굉장히 어두웠어요. 그 이후에 찍었던 사진들 보면 그 이전의 사진들과는 비교가 돼요. 사진 찾는다고 혼자 밤을 샜는데, 참여를 많이 했는데도 사진이 많지가 않아요. 거의 뒤편에 계셔서 보이지 않는 게 대부분이었어요. 그렇게 오랜 시간 사진을 찾다가 문득 깨달았어요. 자신을 내세우지 않고 한결같이 뒤에 서 계셨다는 것을.

제가 귀여우셨는지 한번은 집회를 알려주는 전화를 할 때마다 500원씩 주겠다고 약속하셨어요. 평화군축집회 때 저에게 다가와서 처음으로 500원을 내미셨어요. 500원짜리 아르바이트라고 우스갯소리를 하는 저를 보고 미소 짓던 얼굴이 떠올라요. 뒤늦게 그분이 어렵고 힘들게 사셨다는 것을 알고 매번 500원을 받았던 게 제가 너무 철이 없고 어렸구나. 굉장히 미안한 마음이 드는 거예요.

– 평화와통일을여는사람들 김슬기

고민이 많았던 분이라 진화를 사수 하셨어요. 전화하면 한 시간이고 두 시간이고 고민을 늘어놓곤 했어요. 허세욱 동지의 주름살만큼 고장 난 사회만큼 고민이 많으셨죠. 손아랫사람인 저에게 언제나 '동지'라고 부르며 존댓말을 해주셨는데, 아직도 그 모습이 생각나요. 늘 겸손한 분이셨고, 고생한다고 삼계탕이며 밥도 사주시고 연하장도 손수 써서 주시는 정말 따뜻한 선배님이었어요.

삶에 게으름이라곤 없는 분이셨어요. 언제나 어느 곳이나 투쟁 현

장이라면 달려가는 분이셨고 저 같은 젊은 사람들이 많이 함께 해주
지 못하는 것에 몹시 안타까웠을 거예요. 그런 면에서 정말 외로운 분
이셨어요. 그때 허세욱 동지의 두 발이 되어주지 못한 것이 아직도 가
슴에 남아요.

2006년 여름이었던 것으로 기억해요. 제가 '홀리데이 인 서울 호텔
노조'에서 일할 때 롯데호텔 노동자들이 한창 파업을 벌이고 있었는
데, 늦은 밤 그곳에서 허세욱 동지를 우연히 만났어요. 택시를 몰다
혼자 파업 현장에 오신 거예요. 수줍어하시면서 수박 한 덩이를 사들
고 오셨어요. 그리고 노동조합에 힘내라고 만 원짜리 지폐 한 장을 주
시더라구요. 아무 일 아니라는 듯 늦은 밤에 만난 허세욱 동지는 또
다른 곳에서 언제나 우리를 기다리고 있었어요. 분신하시던 하얏트
호텔 앞 골목에서도 우리를 기다렸을 것 같아요.

– 다함께 구태옥

5부 인간의 대지

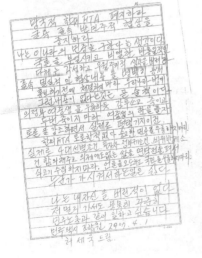

나는 내 자신을 버린 적이 없다

2007년 4월 1일 오전 10시가 넘은 시각. 허세욱은 이성원에게 전화를 걸었다.

"성원아, 지금 어디 있냐?"

이성원은 아침 식사를 하던 중이었다.

"네. 형님. 지금 밥 먹고 있습니다."

"뭐라고? 아니 왜 지금 집에 있어? 나오지 않고 뭐해? 꾸물대지 말고 어서 움직여."

"아, 네. 죄송합니다. 지금 나갈게요."

이성원은 휴대전화를 든 채 국을 뜨던 숟가락을 내려놓고 외투를 입었다. 허세욱이 재촉했다.

"회담 시간이 얼마 남지 않았으니 빨리 택시 타고 와. 시간이 없어."

"지금 바로 나갈게요."

"택시를 타고 우선 우리 집으로 와라. 택시비는 내가 줄 테니까 빨리 서둘러."

이성원은 그가 왜 서두르는지 의아하면서도 급히 콜택시를 불렀다. 택시를 타고 가는 도중 다시 전화벨이 울렸다.

"택시비는 화장실 변기 위에 올려뒀다. 잊지 말고 꼭 챙겨."

허세욱을 만나 함께 이동하는 것으로 알고 있던 이성원은 택시비를 준비했다는 말에 의아했다.

"형님, 지금 어디 계세요?"

"응. 난 잠깐 나왔어. 동네 근처야. 곧 들어갈 테니 집에 먼저 가서 기다리고 있어."

이성원은 허세욱이 세들어 사는 집에 도착하자마자 방문을 찾았다. 문이 열려 있었다. 그는 방에 들어서자마자 화장실 문을 열었다. 화장실 변기 위에 신문지가 쌓여 있었고 신문지 사이에 택시비 2만 5000원이 놓여 있었다. 이성원은 택시비를 챙긴 후 방에 들어가 허세욱을 기다렸다. 20여 분이 지나도 오지 않았다. 그는 무료함을 달래기 위해 텔레비전을 켰다. 다시 10여 분 정도 지났을 때 전화벨이 울렸다.

"형님, 어디세요? 언제 오세요?"

"아직 바깥이다. 부탁이 있는데, 지금 옷장을 열어봐라. 거기 편지가 있을 거야."

이성원은 작은 비키니 옷장 맨 아래 서랍을 열었다. 세 통의 편지가 놓여 있었다. 심상치 않은 느낌이 들었다. 허세욱의 목소리는 무슨 일인지 조급했다.

"세 통의 편지 중, 가족들에게 보내는 편지는 읽지 말고 거기 놔둬. 그리고 다른 편지는 네가 집회할 때 읽어줘."

이상한 낌새를 챈 이성원이 물었다.

"형님, 지금 어디 계세요?"

"……내가 다시 전화할게."

허세욱이 전화를 끊었다. 이성원은 그에게 전화를 걸었다. 받지 않았다. 그는 편지를 읽었다. 편지는 유서였다. 이성원은 그제야 무슨 일이 벌어지고 있는지 깨달았다. 불길한 예감이 한순간 현실로 다가오며 그의 가슴을 두드렸다. 이성원은 떨리는 손을 다잡으며 허세욱의 휴대전화 번호를 눌렀다. 저편으로 건너가는 벨소리가 구급차 소리처럼 느껴졌다. 긴 벨소리 끝에서 허세욱이 전화를 받았다. 어디서부터 얘길 꺼내야 할지 막막했다. 무슨 말인가를 해야 되는데 말이 나오지 않았다.

"혀, 형님, 어디, 어디세요? 뭐, 뭐하고 계신 거예요?"

"……"

허세욱은 잠시 동안 말이 없다가 낮은 목소리로 담담하게 말했다.

"집회 때 만나자."

이성원은 입이 바짝 타들어갔고 눈시울이 뜨거워졌다. 그는 단호하게 말했다.

"지금 만납시다."

그가 말을 마치기 전에 전화가 툭, 끊겼다. 이성원은 다시 전화를 걸었다. 받지 않았다. 다시 전화를 걸었다. 받지 않았다. 이성원은 현관문을 박차고 달리다시피 빠져나가 언덕길을 내려갔다. '집회 때 만나자'는 허세욱의 마지막 말이 맴돌았다. 숨이 찼다. 택시가 보이지 않았다. 맞은편에서 올라오는 사람들이 어깨에 부딪혔다. 택시 한 대를 겨우 잡아탔지만 어디로 가야 할지 알 수 없었다.

"일단 출발하세요. 아무 곳이나 가 주세요."

이성원은 다시 허세욱에게 전화를 걸었다. 이번엔 전화를 받았다. 숨을 고르기가 어려웠고, 애가 탔다.

"형님, 왜 그러세요? 그러지 마요. 제발 그러지 마세요. 대체 왜 그래요?"

목소리 낮은 절규였다.

"아니야. 오늘 내 한 몸 바치마. 그래야 사람들이 변하지."

"그러지 마요. 그러지 마세요. 저한테 다신 그러지 않는다고 하셨잖아요. 형님, 나 좀 잠깐 만나요."

이번에도 말을 다 마치기 전에 전화가 끊겼다. 다시 전화를 걸었다. 받지 않았다. 그는 다급히 김영제에게 전화를 걸었다. 김영제는 출근을 준비하던 중이었다.

"세욱이 형님이 이상합니다. 편지를 집회 때 읽어달라고 했어요. 오늘 일을 낼 것 같습니다. 큰일 났어요."

김영제는 이성원에게 자초지종을 듣고 상황의 심각성을 깨달았다.

"이성원 동지, 민주노총 사무실에서 봅시다."

김영제는 급히 옷을 갈아입으며 외출을 서둘렀다. 그는 밖을 나서며 민주노총 사무실에 전화를 걸었다. 이날따라 전화를 받지 않았다. 김영제는 이번엔 허세욱에게 전화를 걸었지만 받지 않았다. 몇 차례 더 전화를 건 후에야 연락이 닿았다. 그가 주차장에 도착했을 때였다.

김영제는 긴장된 마음을 풀어주기 위해 넉살을 피웠다.

"세욱이 형님, 잘 지내시요? 지금 어디요?"

짐짓 상황을 모르는 척 안부를 먼저 물었다.

"네. 지금 봉천동입니다."

집에 있다는 얘기였지만 사실 허세욱은 하얏트호텔 앞 골목에 있었다. 김영제는 어떻게든 그가 있는 장소를 파악해야 했다.

"아, 봉전동에 계쇼?"

"네. 봉천동에 있습니다."

"아, 네. 형님, 오늘 저녁에 집회장에 오시요?"

"네. 가야죠. 꼭 가야죠."

"이따 좀 빨리 오실 수 있소? 집회 시작하기 전에 미리 저 좀 봅시다."

"네. 그래요. 이따 봐요."

마지막 통화였다. 김영제는 전화를 끊고 민주노총 간부들에게 연락했다. 전화를 받지 않았다. 그는 차를 타고 민주노총 사무실로 향하며 계속 전화를 걸었다. 몇 번의 통화 버튼을 누른 후 다행히 박석민이 전화를 받았다.

"박 실장님. 지금 세욱이 형님이 위험합니다. 뭔가 저지를 것 같습니다. 빨리 수배해주셔야겠어요."

사태를 파악한 박석민은 경찰에 연락을 취해 위치 추적에 들어갔다. 김영제는 민주노총으로 가는 도로 위에서 다시 허세욱에게 전화를 걸었다. 허세욱은 더 이상 전화를 받지 않았다.

FTA범국본 대표 한상렬 목사는 일요일인 이날 아침 목회를 마치고 2시에 예정된 기자회견 장소에 반 시간가량 이르게 도착했다. 한미 FTA 회담 장소인 하얏트호텔 앞에 도착하자마자 경찰들이 막아섰다.

"오늘은 기자회견을 할 수 없습니다."

한상렬은 항의했다.

"우리는 이 장소에서 계속 기자회견을 해왔습니다. 오늘은 왜 안 된다는 말입니까?"

한 목사가 경찰들과 실랑이를 벌이는 사이 전국농민회 간부들과 농민 몇 명이 도착했다. 경찰들은 기자회견을 막기 위해 호텔 앞을 둘러싸고 있었다. 곧이어 경찰들이 한 목사를 중심으로 참석자들을 에워쌌다. 농민들이 경찰들에게 물러날 것을 요구했다. 그때 갑자기 한 목사가 주저앉았다. 예정된 기자회견장에서 물러서지 않겠다는 의지였다. 한 목사는 다짐했다.

'이곳에서 망국적인 협상이 열리고 있는데 어디로 간단 말인가? 반드시 호텔 정문 앞에서 기자회견을 해야 한다.'

경찰들이 다시 외쳤다.

"현 장소에서는 기자회견을 할 수 없습니다. 즉시 바깥쪽으로 내려가시기 바랍니다."

지휘관의 지시에 따라 경찰들이 참석자들을 한 명씩 들어올려 내보내기 시작했다. 한상렬 목사는 자리를 고수하기 위해 경찰들을 뿌리쳤다. 경찰들이 참석자들을 내보내는 도중 저항하던 한상렬이 넘어져 의식을 잃었다. 그가 의식을 되찾는 동안 기자회견은 예정된 2시를 지나 벌써 한 시간 넘게 지체되고 있었다.

오랜 실랑이 끝에 기자회견 참석자들은 예정된 장소에서 경찰들이 에워싼 상태로 기자회견을 진행했다. 참석자들이 번갈아가며 발언할 때였다. 이상한 느낌에 한상렬의 시선이 경리단길을 향했다. 골목 저편에서 검은 연기와 흰 연기가 솟아올랐다. 골목 주변의 집들에서 피어오르는 연기 같았다. 그와 동시에 다급한 외침이 경리단길 쪽에서 봉쇄된 기자회견장으로 들려왔다.

"분신이다!"

하얏트호텔 정문 앞 노르웨이대사관 초소에서 근무하는 스물두 살의 최흥규 의경은 외마디 비명 소리를 들었다. 기동단장의 무전기 소리 때문에 다른 소리들이 묻히는 상황에서 이상하게 비명은 매우 선명하게 들려왔다. 주변 사람들 중에 최흥규만이 그 소리를 들었다. 그는 순식간에 소리가 나는 경리단길로 뛰쳐나갔다. 그 길은 30~40명가량의 시민들이 시위를 하는 곳이었다. 경리단길 바로 아래에서 한 남자의 불길이 보였다. 시민들과 기자들이 남자 주변을 둘러싸고 있었다. 남자의 외침이 들렸다.

"한미FTA 폐기하라!"

남자는 하나의 촛불 같았다. 하얏트호텔 앞에서 거대한 촛불 하나가 타오르고 있었다.

최흥규는 대사관 초소로 되돌아왔다. 초소에는 큰 소화기 두 개가 비치되어 있었다. 소화기를 들고 경리단길로 다시 뛰어갔다. 그는 분신한 남자 앞으로 다가가 두 개의 소화기 중 한 개는 주변 시민을 향해 던진 후, 소화기를 열어 분신한 남자를 향해 뿌렸다. 둘러싸고 있던 기자들은 카메라를 들고 셔터를 누르고 있었다. 그가 기자들을 향해 외쳤다.

"도와주세요. 빨리 구급차 불러요!"

하지만 기자들은 불타고 있는 남자 주변을 에워싸고 사진과 영상을 찍고 있을 뿐이었다. 사람이 불에 타고 있는데 사진을 찍는 데만 열중하는 기자들에게 화가 난 최흥규가 외쳤다.

"당장 구급차 부르란 말야. 개새끼들아!"

그는 꿈쩍하지 않는 기자들에게 화가 나 미친 듯이 외쳤다.

"119 부르라고, 씨발놈들아!"

소화기를 뿌려도 불은 바로 꺼지지 않았다. 남자는 그 상황에서도 입을 열고 있었다. 말이 되어 나오지 않았지만 계속 무슨 말인가를 하려고 했다. 남자의 옷은 모두 재가 되었다. 탄 옷 조각들이 살에 눌어붙어 있었다. 남자의 머리카락은 모두 탔고, 얼굴도 모두 타 버렸다. 입술은 뒤집어졌고 코와 귀는 녹아버렸다. 피부도 손가락도 타서 녹아내렸다. 소화를 마친 후 구급차가 달려왔다. 구급차에 실려갈 때 남자가 갑자기 큰 소리로 외쳤다.

"한미FTA 협상 폐기하라!"

"노무현 정권 퇴진하라!"

분신한 사람이라고 믿기 어려울 만큼 큰 소리였다. 남자의 외침을 듣는 사람들은 믿기지 않았다. 남자는 외침을 멈추지 않았다.

"한미FTA 협상 폐기하라!"

기도에 화기가 들어간 상태에서 구호를 외치는 것은 돌이킬 수 없이 위험한 일이었다. 남자가 구급차에 실려갔다. 그가 떠난 자리엔 불에 탄 동전 몇 개와 지폐가 남아 있었다.

한상렬 목사는 봉쇄를 뚫고 분신 장소에 가려 했지만 경찰들이 가로막았다. 그가 현장에 도착했을 때는 이미 분신한 사람이 구급차에 실려가고 없었다. 한 목사는 전국농민회 전성도 사무총장과 함께 용산 중대병원으로 허겁지겁 달려갔다.

이성원은 민주노총 사무실에 도착해 김영제와 박석민을 만났다. 그들이 만난 지 불과 10분이 채 되지 않았을 때 '농민 한 명이 분신했다'는 소식이 들려왔다. 김영제가 외쳤다.

"큰일 났습니다. 내가 볼 때 분신한 사람은 농민이 아닙니다."

상황이 절망적으로 기울어가고 있었다. 김영제는 다시 허세욱에게 전화를 걸었다. 몇 분이 더 흐르고 허세욱의 분신 소식이 들려왔다. 그의 이름을 듣자 온몸에 힘이 빠지고 어지러웠다. 이성원은 자신이 분신을 돕는 역할을 한 것 같아 비통한 마음이 들었다. 김영제와 이성원은 용산 중대병원으로 달려갔다.

한 목사와 전 총장이 중대병원 응급실에 도착했을 때, 의사들은 응급처치를 하고 있었다. 의사 예닐곱 명이 그를 둘러싼 채 붕대를 감싸고 있었다. 한 목사와 전성도, 오종렬 의장이 분신한 남자에게 다가갔다. 얼굴이 불에 그을려 있었지만 어디선가 본 사람 같았다. 허세욱이었다.

허세욱은 두 여중생 추모 촛불집회 때부터 한상렬의 눈에 띈 사람이었다. 집회 때면 조용히 뒷자리에 앉아 있던 남자였다. 평택 대추리에서도, 비정규직 집회 현장에서도 그를 만났다. 한미FTA 협상을 막기 위해 열린시민공원에서 오종렬과 보름간 단식하던 때였다. 허세욱은 천막을 조용히 살피다 가곤 했다. 엊그제는 비바람이 심해 광화문 열린시민공원에 설치한 천막이 쓰러지기도 했다. 그때 밤을 새워 돌아다니며 무너진 천막을 보수하는 허세욱을 본 적이 있었다. 그는 조용히 이곳저곳을 이동하며 허드렛일을 찾아 일하는 사람이었다. 어제는 경복궁 전철역에서 경찰 대열에 막혀 마무리 집회를 했다. 비가 부슬부슬 내리고 있을 때 누군가 비옷을 내밀었다. 허세욱이었다.

"목사님, 정말 건강하셔야 합니다. 목사님은 우리를 위해 할 일이 많은 분이에요. 목사님의 몸은 역사의 몸이니까 꼭 건강하셔야 합니다."

그의 따뜻한 마음이 전해졌다. 한 목사는 허세욱의 손을 꼬옥 다잡았다. 허세욱은 고개를 깊이 숙이며 말했다.

"고맙습니다."

한상렬은 고맙다는 그 말이 슬프게 들렸다. 어제 그가 남긴 말이 귓가에 남아 다시 들려왔다. 한 목사는 기도했다.

"저의 몸을 '역사의 몸'이라고 말하는 이 순박한 영혼을 구원하소서."

허세욱은 신음 소리를 내며 몸을 고통스럽게 흔들었다.

"저 한상렬 목사입니다. 살아나야 합니다. 충분히 뜻을 밝히셨으니 이제는 살아서 함께해주셔야 합니다."

그의 몸이 알아들었다는 듯 움직였다.

황규금은 집에서 텔레비전을 보고 있었다. 뉴스에서 'FTA 협상장 앞에서 기자회견 도중 농민 1명 분신'이라는 자막이 보였다. 그 순간 황규금은 머리끝이 쭈뼛했다. 직감이 틀리길 기도했지만 10분쯤 지나 구수영에게서 전화가 왔다.

"세욱이 형님이…… 분신했습니다."

몇 초의 침묵 끝에 분신이란 단어가 들렸다. 황규금은 모든 것이 무너지는 느낌이 들었다. 그는 즉각 전화를 걸어 한독운수 노조 간부들을 소집했다. 이 시각 허세욱은 구급차를 타고 용산 중대병원에서 한강성심병원으로 이동하고 있었다. 병원으로 가는 택시 안에서 허세욱과 친했던 최낙현이 울먹였다.

"그렇게 죽지 말고 싸우자고 했던 형님이 어떻게 이럴 수가 있습니까?"

노동조합 동료들은 구급차보다 먼저 한강성심병원에 도착해 기다리고 있었다. 잠시 후 구급차가 도착했고 응급실로 들어가는 들것을 에워싸고 한독운수 동료들이 울먹이며 소리쳤다.

"형님, 형님, 형님."

허세욱은 신음 소리만 내뱉었다.

관악주민연대 이종환 사무국장은 관악산을 오르던 도중 문자메시시를 받았다.

'허세욱 님 분신. 한강성심병원 후송. 지인들에게 연락 바람.'

그는 관악산을 황급히 내려와 오후 4시경 한강성심병원에 도착했다. 병원엔 벌써 200명가량의 사람들이 병원을 지키고 있었다. 허세욱은 응급실에서 화상 치료 중이었다. 응급실에 들어서자 붕대에 감싸인 허세욱의 모습이 보였다. 허세욱은 발음이 정확하지 않은 무슨 말인가를 외치고 있었다. 으어어, 으어어억. 아직 남아 있는 생명의 온기를 모두 쥐어짜 무언가를 외치고 있었다. 외칠 때마다 몸뚱어리가 움직였다. 응급실 침대가 끼익거리며 고통스런 몸을 받쳐주고 있었다.

황윤미는 이성원에게 문자메시지를 받았다. 그녀는 멍하니 서 있었다. 문자메시지를 다시 읽었다.

'허세욱 님 분신.'

그녀는 만우절 농담이라고 생각했다. 하지만 아무리 만우절이라도 이런 농담을 할 수는 없었다. 그녀는 다시 읽었다.

'허세욱 님 분신.'

정신이 아득해졌다. 오늘은 허세욱이 그토록 지키고 싶었던 땅 대추리의 주민들이 고향 땅에서 내쫓겨 팽성읍 송화리로 이사를 떠나는 날이었다.

최문희는 고향 춘천에서 문자메시지를 받았다. 내용이 너무 심각했다. 허세욱이 장난하는 것이라고 생각했다.

'아유, 참. 선생님도. 얄궂게 이런 문자를 다 보내시구.'

그녀가 아는 허세욱은 겁이 많은 사람이었다. 그런 일을 벌일 수 없는 사람이었다. 곧이어 위독하다는 소식이 들렸다. 온몸의 힘이 쭉 빠졌다. 그녀는 서울행 버스에 몸을 실었다. 서울로 가는 버스 안에서 그녀는 속으로 되뇌었다.

'아닐 거야. 거짓말일 거야. 그럴 리가 없어. 그럴 리가 없어. 얼마나 겁이 많은 사람인데. 사실이면 가만 놔두지 않을 거야.'

서울에 도착해 버스에서 내릴 즈음엔 바깥 풍경이 어둑해지고 있었다. 그녀는 발을 헛디디며 주차장을 가로질러갔다.

최인숙은 뉴스를 보고 있었다. 아나운서는 40대 남성의 분신 소식을 알리고 있었다. 그녀는 누군가 분신했다는 소식에 안타까운 마음이 들었다. 오후 2시경이 됐을 즈음 참여연대 총무팀장에게서 전화가 왔다.

"허세욱 선생님이 위급하대요. 빨리 병원으로 가 봐요."

최인숙은 황급히 집을 나섰다. 옷을 갈아입을 경황도 없었다. 차를 타고 출발하는 그녀의 영혼은 텅 비어 있었다. 차는 제한속도를 넘어서고 있었다. 방향을 안내해주는 기계가 자꾸 꺼졌다. 길 찾기를 포기한 최인숙은 차에서 내려 택시를 잡아탔다. 허세욱을 만난 지난 4년의 시간들이 떠올랐다. 참 많은 전화 통화를 했다. 그는 집회가 있으면 휴가를 반납해가며 참여했다. 하루는 그녀가 전화를 걸어 중요한 집회 일정을 알려줬다. 허세욱은 일하는 날이라고 했다.

"선생님, 어떡해요? 못 가시겠네요."

"아뇨. 노동조합에 얘기해서 가 보도록 할게요."

설마 했는데 예정된 집회 장소에서 그를 만났다. 휴가를 내서 찾아온 것이었다. 그러면서도 그는 언제나 "열심히 하지 못해 죄송합니다"라고 말했다. 그가 늘상 입에 달고 사는 말은 세 가지였다.

"죄송합니다." "고맙습니다." "열심히 할게요."

무엇이 죄송하고, 무엇이 고맙다는 건지 알 수 없었다. 최인숙은 허세욱 분신 후 사흘 내내 병원에서 밤을 샜다. 이 기간 동안 주차시킨 차 때문에 과태료를 여섯 번이나 내야 했다.

민주노동당의 이승헌은 이집트에서 열린 반전 단체 회의에 참석하고 있었다. 함께 참석한 동료에게서 한국에서 농민이 분신했다는 소식을 들었다. 그때 왠지 자신이 아는 사람일 거라는 예감이 들었다. 서울에 전화를 걸었다. 허세욱이라는 이름이 들렸다. 이름을 다시 확인했다. 허세욱이었다. 다음 날 이승헌은 귀국하는 비행기 안에서 언젠가 허세욱이 넋두리처럼 하던 말이 생각났다.

"국장님, 정말 세상이 바뀔 수 있나요? 정말 미군놈들을 한반도에서 몰아낼 수 있나요?"

무엇엔가 지치고 힘든 목소리였다. 그 말을 들은 지 며칠 지나지 않아 그에게서 다시 전화가 왔다.

"국장님, 지난번에 미안해요. 열심히 할게요."

그는 때로 좌절하면서도 어느 순간 절망을 극복했고, 집회가 열리는 광장에 얼굴을 드러냈다. 이승헌은 세상이 불공평하다고 생각했다. 허세욱은 세상을 위해 매 순간 자신을 다 바치는 사람이었다. 만날 때마다 밥을 먹었냐는 질문을 먼저 하던 사람이었다. 밥값을 계산하려고 하면 극구 만류했다. 한번은 밥값을 이승헌이 낸 적이 있었다. 그걸 기억해둔 허세욱은 웃으면서 말하곤 했다.

"이 원수를 꼭 한 번 갚아야 되는데 언제 시간을 내줄 거예요?"

이승헌은 귀국하는 비행기 안에서 그의 목소리를 떠올렸다.

'국장님, 정말 세상이 바뀔 수 있나요?'

그 질문을 할 때 허세욱은 그에게, 그리고 우리들에게 묻고 있었는지도 모른다. 정말 세상을 바꿀 수 있느냐고. 세상을 바꿀 생각이 있느냐고. 세상을 바꾸기 위해 나설 수 있겠느냐고. 세상을 바꾸기 위해 너는 무엇을 할 거냐고. 세상을 바꾸기 전에 자신을 먼저 바꿀 준비와 마음 다짐이 돼 있느냐고. 이승헌은 비행기 창가에 머리를 대고 훌쩍였다.

분신 이후 허세욱이 소속된 단체들을 중심으로 '허세욱분신대책위원회'가 만들어졌다. 단체들은 번갈아가며 '허세욱 쾌유 기원 촛불집회'를 열었다. 한강성심병원 앞에 많은 이들이 모였지만, 사위는 고요했다. 사람들은 대화를 나눌 수 없었다. 촛불을 켜고, 촛불을 들고 있을 뿐이었다. 사람들은 허세욱을 위해 촛불을 들었다. 그가 일생에 걸쳐 사회 소수자들을 위해 들었던 촛불을 지금은 시민들이 그를 위해 들고 있었다.

의료진은 전신의 3분의 2에 화상을 입었고, 사망에 이를 가능성이 70~80퍼센트라고 진단했다. 급히 피부 이식수술을 받지 못하면 생명이 위독했다. 가족을 대신해 허세욱대책위에서 '수술 이후 모든 책임을 지겠다'는 각서를 작성했다. 의료진은 수술에 들어갔다. 붕대를 풀고 치료하고 다시 붕대를 감는 일이 반복됐다. 허세욱은 하루에도 몇 번씩 삶과 죽음 사이를 오갔다.

상태가 회복되고 있다는 말에 사람들은 희망을 걸었다. 수술 과정에서 손가락을 잘라냈다는 소식을 듣고 황윤미가 평통사 회원들에게 말했다.

"앞으로 택시 운전을 못하실 테니 우리가 어떻게든 선생님의 생계를 책임져야 해요."

회원들은 회복 후 거동이 자유롭지 못할 허세욱을 보살필 방법을 고민했다. 빈수노동당의 홍은광은 당원들과 "그가 손이 없어서 못 드는 피켓을 우리가 들고, 손가락이 없어서 나눠줄 수 없는 유인물을 우리가 나눠주자"고 얘기를 나눴다. 평통사 회원들 사이에서 쾌유를 비는 천 마리의 종이학을 접자는 제안이 나왔다. 회원들이 학을 접기 시작했다. 한독운수 노동자들도, 관악주민연대 주민들도, 촛불 시민들도 병원 앞에서 쪼그리고 앉아 종이학을 접었다. 쾌유를 바라는 종이학이 백 마리, 이백 마리, 삼백 마리로 늘어났다. 생명이 다시 소생하고 있는 듯했다.

　가족의 요청으로 면회가 금지되었다. 담당 의사도 허세욱대책위의 면담을 거부했다. 허세욱 쾌유기원 촛불집회 5일째. 우연히 두 사람이 이날 허세욱을 만났다.

　광영고등학교 2학년 학생인 박상훈은 교복 차림으로 택시를 타고 한강성심병원에 도착했다. 그는 수업을 마치자마자 달려왔다. 그는 도서관리부 선생님이 추천한 〈한겨레 21〉을 구독하던 중 2006년 5월 평택 대추리에 관한 기사를 읽고 호기심에 평택을 찾아갔다. 서울에서 모두 아무렇지 않게 살고 있는데 누군가 절박한 싸움을 하고 있다는 것이 충격이었다. 그 후 방학 중에 평택 지킴이로 참여했다.

　그가 볼 때 중년 이상의 아저씨들은 대부분 '꼰대'였다. 그런데 그가 만난 허세욱 아저씨는 꼰대가 아니었다. 자신을 동등한 인격으로 대우해준, 세상에서 찾아보기 힘든 아저씨였다. 박상훈은 황윤미로부터 면회가 어렵다는 얘기를 들었다. 하지만 그는 부딪혀볼 생각이었다. 간호사에게 면회를 신청했다. '허세욱'의 이름이 적힌 슬리퍼를 신고 동의를 구하기 위해 가족을 기다렸다. 초조한 시간이 흘렀다. 가족들이 없으면 면회가 가능할 수도 있을 것이라는 한가닥 희망을 가졌다. 가족이 나타났을 때 머릿속이 복잡해졌다. 그는 공손하게 인사한 후 말했다.

　"저희 아빠가 아저씨의 친구입니다. 예전에 절친한 친구라고 들었는데 인터넷에서 우연히 기사를 읽고 찾아왔어요. 어릴 때 아저씨를 뵌 적이 있어요."

　자신도 모르게 거짓말이 나왔다. 가족이 확인하려는 듯 몇 가지 질문을 던졌다.

"저희 아빠는 몇 년 전에 돌아가셨어요. 제가 대신 면회하고 싶어서 왔어요. 아빠도 좋아하실 거예요. 면회할 수 있을까요?"

잠시 생각에 잠긴 가족이 면회를 허락했다. 박상훈은 병실 문을 열고 허세욱이 누워 있는 침대로 걸어갔다. 정적 속에서 그의 숨소리가 들렸다. 그는 3~4분가량 가만히 서서 바라보았다. 온몸이 붕대에 감겨 있는 아저씨를 보니 콧등이 시큰했다.

"많이 힘드세요? 아저씨가 보고 싶어서 거짓말하고 들어왔어요."

허세욱은 대답이 없었다. 침묵 속에서 시간이 흘렀다.

"제가 아저씨 갖다 드리려고 '평화의 씨앗'을 가져왔어요."

박상훈은 호주머니에 있는 '평화의 씨앗'을 꺼냈다. 볍씨를 넣어 만든 휴대전화기 고리였다. 그 안엔 볍씨 한 톨이 들어 있었다. 지난해 대추리에 있을 때 사 둔 것이었다.

"아저씨가 지키려고 한 땅에서 난 볍씨를 담은 거예요. 회복되면 꼭 갖고 다니세요."

박상훈은 '평화의 씨앗'을 병실 탁자에 올려두었다.

그는 허세욱을 한참 동안 바라보았다. 얼굴까지 붕대가 감겨 있어 표정을 볼 수 없었다. 언젠가 '필요한 일 있으면 연락하라'던 허세욱의 말이 떠올랐다.

"아저씨 다 나으면 그땐 꼭 연락 드릴게요."

허세욱의 숨소리만 들렸다. 눈물이 핑 돌았다. 울먹이며 그는 허세욱에게 마지막 인사를 했다.

"아저씨, 아저씨 저 갈게요."

박상훈은 힘없이 병실 문을 빠져나갔다. 그는 꼰대 아저씨들이 너무 많은 세상에서 왜 그의 몸이 불에 타야 하는지 알 수 없었다. 그가 병실을 빠져나간 후 한 시간가량 지나 공성경이 유가족이 없는 틈을 타 병실에 들어섰다. 작은 명찰에 환자 허세욱의 이름이 적혀 있었다.

"선생님, 저 공성경 간사예요."

공성경이 고개를 숙여 말했다. 허세욱은 알아들었다는 듯 팔을 약간 위로 올렸다. 거친 숨소리가 들렸다.

"선생님, 꼭 살아야 됩니다. 꼭 일어나셔야 해요. FTA 막으려고 분신하셨는데 꼭 살아서 함께 막아내야죠. 그래야 다시 집회도 함께 가죠."

허세욱은 잠시 가만히 멈춰 있다 다시 팔을 들었다. 그리고 옆으로 저었다. 공성경의 눈자위가 뜨거워졌다. 공성경은 조금 더 크게 그의 귀에 대고 말했다.

"무슨 말이에요! 아녜요. 선생님은 꼭 사셔야 돼요. 꼭 일어나셔야 합니다."

허세욱은 고개를 조금 움직이며 가로저었다. 허세욱은 끝내 생명의 얕은 숨결마저 비우고 있었다. 그는 마지막 한 줌의 생명마저도 비우려 하고 있었다. 공성경은 살아야 된다는 말을 거절하는 허세욱을 향해 오열했다.

"선생님. 허세욱 선생님. 꼭 일어나서 한미FTA 저지해야 됩니다. 선생님, 꼭 살아주실 거죠? 꼭 사셔야 돼요."

허세욱은 더 이상 대답하지 않았다. 그는 잡고 있던 허세욱의 손을 서서히 놓았다. 다시 잡을 수 없는 손이었다.

허세욱이 쓴 유서는 누군가 한두 사람만 이해할 수 있는 몇 가지 수수께끼 같은 내용이 포함되어 있다.

망국적 한미FTA 폐지하라.

굴욕 졸속 반민주적 협상을 중지하라.

나는 이 나라의 민중을 구한다는 생각이다.

국론을 분열시키고 비열한 반통일적인 단체는

각성하고 우월주의적 생각을 버려라.

졸속 밀실적인 협상 내용을

명백히 공개 홍보하기 전에 체결하지 마라.

우리나라 법에 그런 내용이 없다는 것은 곧 술책이다.

의정부 여중생을 우롱하듯 감투 쓰고 죽이고,

두 번 죽이지 마라.

여중생의 한을 풀자.

토론을 강조하면서 실제로 평택 기지 이전,

한미FTA 토론한 적 없다. 숭고한 민중을 우롱하지 마라.

실제로 4대 선별 조건, 투자자 정부 제소건, 비위반 제소건 합의

해주고

의제에도 없는 쌀을 연막전술 펴서 언론을 오도하고 국민을 우롱

하지 마라.

쇠고기 수입하지 마라.

누군가가 시켜서 하는 일은 싫다.

나는 내 자신을 버린 적이 없다.

저 멀리 가서도 묵묵히 꾸준히 민주노총과 같이 일하고 싶습니다.

2007. 4. 1. 민주택시 조합원 허세욱 드림.

한독운수 동료들에게 보낸 편지는 다음과 같다.

　한독 식구
　나를 대변할 사람은 아무도 없습니다.
　나는 절대로 위에 서려고 하지 않았습니다.

　모금은 하지 말아주세요.
　전부 비정규직이니까.

　동지들에게 부탁(나를 아는 동지)
　내가 죽으면 화장을 해서 전국에 있는 미군기지에 뿌려서
　밤새도록 미국놈들 괴롭히게 해주십시오.

　효순 미선 한을 갚고
　돈 벌금은 내 돈으로 부탁.

　허세욱이 한미FTA에 반대해 자신의 몸을 던지기로 결단한 날은 3월 19일로 추측된다. 그는 하루도 빠짐없이 기록한 가계부의 이 날짜에 굵은 네임펜으로 '한미FTA 결단일'이라고 적어두었다. 이 문구 옆엔 "한미FTA는 내가 폐기한다"라고 또렷하게 적혀 있다. 유서의 첫머리에 적은 '한미FTA 폐기하라'는 외침은 세상에 전하는 허세욱의 마지막 메시지였다. 그리고 하얏트호텔은 그가 자신의 마지막 광장으로 선택한 곳이었다.
　이 글귀 아래엔 '혼자서 상황을 보고 온 날', '이발도 했음'이라고

적혀 있다. 또 그 아래엔 '신림역 정차 위반'이라는 글자가 적혀 있다. 그의 가계부엔 이미 1월 초부터 '문성현 대표 청와대 단식농성'을 비롯, 한미FTA에 관한 집회와 동향, 노무현 대통령의 행보가 꼼꼼히 기록되어 있었다. 신문의 주요 뉴스도 기록해두었다. 통일운동과 관련된 메모들은 평통사와 통일운동에 대한 그의 관심과 애정이 변하지 않았음을 말해주고 있다.

3월의 가계부엔 특히 이성원에 관한 의미심장한 메모가 많아 분신 당일 이성원의 역할을 미리 염두에 둔 흔적이 엿보였다. 허세욱은 3월 28일 암보험을 해지하고 통장을 정리했다.

살아남은 자의 슬픔

모란공원은 고요했다. 하관식이 열리는 공원엔 그의 동료와 사부, 시민들이 그가 떠나는 길을 지켜보고 있었다. 울음소리가 목련 꽃잎을 흔들었다. 모란공원에 모여 선 이들은 피를 나눈 형제자매는 아니었지만, 고통과 꿈을 나눈 동지들이었다. 허세욱의 관에는 머리띠와 평소 입던 민주노총 조끼, 유인물 일부와 '민주노동당 시당 대의원 출마의 변'이 적힌 종이를 넣었다. 그리고 뼛가루가 놓여졌다. 이 뼛가루는 구수영이 성남승화원의 무연고자 유골함에 버려진 것을 긁어모아 머리띠에 담아온 것이었다. 몇 가지 유품을 넣었지만 관은 가벼웠다. 관이 너무 가벼운 것이 서러워 사람들은 눈물을 훔쳤다.

허세욱이 영면한 시각은 2007년 4월 15일 11시 22분이었다. 사망 원인은 패혈증이었다. 2002년부터 2007년 4월까지 이 땅에서 가장 많은 촛불을 든 한 시민의 죽음이었다.

택시 운전을 한 지 16년째였다. 쉰여섯 해 동안 허세욱의 영혼을 받치고 있던 작은 몸뚱어리는 재가 되었다. 허세욱의 영혼은 그가 그토록 미안해하던 신효순, 심미선 양이 먼저 가 있는 세계로 떠나갔다. 숨을 놓으면서도 그는 두 여중생에 대한 미안함을 지울 수 없었다.

허세욱의 회복을 기다리던 시민들은 갑작스럽게 그의 사망 소식을 접했다. 4월 11일 허세욱대책위 박석민 상황실장은 어렵게 만난 담당 의사에게서 "소생 가능성이 높다"는 얘기를 들었다. 하지만 나흘 후 그는 갑자기 운명했고, 운명한 지 불과 10분도 되지 않은 11시 30분경 사망진단서가 발급됐다. 그와 동시에 시신을 실은 구급차가 황급히 병원 밖으로 사라졌다. 사망 전부터 머물고 있던 지방 병원의 구급차였다. 치료비 문제와 시신에 대한 법적 처리 문제가 남은 상황에서 급작스럽게 벌어진 일이었다. 한독운수 조합원들은 구급차의 행방을 수소문했다. 사망 소식을 들은 민주택시의 구수영은 급히 한강성심병원에 도착했다. 그는 병원 관계자들을 향해 소리쳤다.

"세욱이 형님 어디로 갔소?"

"어떻게 죽을 줄 알고 미리 앰뷸런스가 와 있는 거요?"

"야, 개새끼들아! 모든 책임을 다 지겠다는 우리들한테 이럴 수가 있어?"

구수영은 구급차의 목적지를 두고 고민했다. 허세욱의 고향인 안성이나 용인에 갈 확률이 높다고 판단했다. 구수영과 한독운수 조합원들은 급히 차를 몰았다. 택시를 타고 가는 도중 보건의료노조와 민주노동당 등을 통해 장소를 수소문했다. 안성농민회로부터 구급차가 '성요셉병원'으로 가고 있다는 속보를 받았다. 조합원들은 황급히 안성 방향으로 차를 몰았다. 성요셉병원에 도착한 것은 오후 2시였다. 곧이어 민주노동당 문성현 대표와 FTA범대위의 오종렬, 정광훈이 도착했다. 구수영은 가족들에게 부탁했다.

"고인과 잘 아는 분들입니다. 마지막 가는 길에 절이라도 할 수 있도록 한 번만 봐주십시오."

유가족은 거절했다. 영안실에서 문상할 수 없으면 바깥에서라도 하자는 의견이 나왔다. 오후 8시. 조합원들과 병원을 찾아온 시민 100명가량이 영안실 입구에서 열을 지어 서서 인사하는 것으로 문상을 대신했다.

"허세욱 동지여, 잘 가십시오."

숙연한 분위기에서 울먹이는 소리와 인사 소리가 뒤섞였다. 인사를 마친 문성현과 오종렬, 정광훈이 착잡한 심정으로 병원을 떠나갔다. 허세욱분신대책위원회는 '허세욱장례대책위원회'로 바뀌었다. 허세욱대책위는 그의 장례식을 사회장으로 치루기 위해 가족들을 설득했지만, 결국 가족장으로 치러졌다.

오후 10시 43분경. 한독운수 조합원들에 한해 문상이 허용되었다. 조합원들이 장례식장에 들어서자 유가족 한 명이 와인을 건네주었다. 황규금이 허탈하게 말했다.

"세욱이 형님은 이런 것 먹지 않았습니다. 소주 가져오세요."

황규금이 소주를 따랐고, 조합원들은 허세욱의 영정 앞에 엎드려 두 번 절을 했다. 두 번째 절을 마친 후 엎드린 조합원들 누구도 일어나지 못했다. 조합원들이 그를 부르며 흐느꼈다.

"형님!"

수백 번 넘게 함께 다닌 연대의 도로 위에서 나눈 시간들이 떠올라

감정이 북받쳤다. 그의 수줍은 미소와 착한 눈동자가 떠올랐다. 어깨가 흔들렸다. 싸움이 벌어질 때마다 겁에 질려 맨 먼저 도망치던 사람이 자신을 내던졌다는 사실이 믿기지 않았다. 유가족들이 빨리 나가 달라고 재촉했기 때문에 더 머물 수 없었다. 조합원들과 시민들은 병원 앞에서 노숙하며 날을 지샜다.

다음 날인 2007년 4월 16일 새벽 6시. 허세욱의 몸이 병원을 빠져나갈 때 구수영이 유가족에게 부탁했다.

"정문에서 세워주십시오. 저희 모두가 큰절 두 번만 하고 길을 터주겠습니다."

유가족은 요청을 받아들였다. 영구차가 빠져나오고 병원 마당에 섰다. 조합원들과 시민들은 허세욱을 향해 큰절을 두 번 올렸다. 영구차는 다시 어딘가로 떠나갔고, 조합원들은 택시를 타고 뒤쫓았다. 사망한 지 하루가 지나지 않은 시간이었다.

2007년 4월 16일 오전 11시 28분. 시신은 성남승화원에서 화장되었다. 화장을 마친 후 유가족은 무연고자 유골함에 허세욱의 뼛가루를 뿌렸다. 구수영은 화장을 기다리는 동안 왠지 무연고자 유골함에 뿌릴 수도 있다는 생각에 미리 유골함 주변을 깨끗이 닦아두었다. 유가족이 떠난 후 구수영은 주변에 떨어진 뼛가루를 머리띠로 긁어모아 비닐에 담았다. 뼛가루를 모으며 구수영은 바닥에 주저앉아 목 놓아 울었다.

"혀엉니임, 어어디이 가았소? 이거어시 우리이 혀어엉님이오? 혀어엉니임, 우리이 세에우기 혀어엉니임."

"이게 형님이요? 형님은 어디 가고 이렇게 뼛가루만 남아 있소?"

뼛가루는 한 줌도 되지 않는 양이었다.

허세욱이 분신한 후 황윤미가 봉천동 그의 집을 찾아갔을 때, 방 안의 살림살이는 모두 사라지고 가계부 한 권이 남아 있었다. 그녀는 가계부를 펼쳤다. 날짜별로 기록된 가계부의 4월 1일 지면에는 휴식을 의미하는 '휴'라는 한 글자가 커다랗고 굵은 글씨로 적혀 있었다. 황윤미는 고된 일정 속에서 그가 얼마나 쉼을 필요로 했는지를 뜻하는 것 같아 눈시울이 젖어들었다. 4월 15일 허세욱은 비로소 '휴'에 닿았다.

허세욱의 벗들은 그의 삶을 회고하면서 추모비를 세웠다. 단 하나의 문장으로 쓰여진 이 글은 그의 삶과 정신이 아직 끝나지 않았음을 알리고 있다.

여기 한 사람, 농민의 아들로 태어나 서울 봉천동 달동네 막걸리 꽃 배달, 택시기사로 54년 고단한 노동의 생 끝맺기까지 분단의 시대 천민자본의 모진 세월 가슴 따뜻한 이웃 정직한 노동자 진실과 정의에 목마른 시민으로 몸 낮추어 가슴 뜨겁게 사랑하고 탐구하고 투쟁하다가 2007년 4월 1일, 끝내 단 한 번도 자신을 버린 적 없다던 조그만 반백의 육신 불살라 그 몸뚱이 재 되기까지 '한미FTA 폐기'를 외치고 또 외쳐 마침내 신자유주의의 어둔 세상 밝히는 꺼지지 않는 등불로 타올랐으니, 언제나 민중의 고통을 향해 박동 치던 님의 맥박, 묵묵히 궂은 일 도맡던 님의 거칠고 따뜻한 손, 삶과 노동 앞에 한 순간도 겸손함을 잃지 않고 진실을 향해 반짝이던 님의 선한 눈동자, 노동운동 시민운동 진보정당운동에 박봉의 일상을 쪼개 참여하며 미선이 효순이 광화문 촛불집회에서 평택 황새울 들녘까지 평화와 정의를 향한 실천의 현장 어디든 가장 먼저 달려와 대열의 맨 뒷자리에서 마지막까지 우리와 함께 했던 님의 조용한 열정 수줍은 미소 남은 자들 가슴에 영원히 살아 그리워라. 사무치게 그리워라.

필리핀에 머물고 있던 강인남이 하관식에 참석했다. 그녀는 필리핀에 머물고 있을 때 허세욱의 분신 소식을 들었다. 그녀는 관악주민연대 게시판에 편지를 썼다.

기억하세요?
철거 싸움을 할 때 지친 몸을 이끌고 주민대책위원회 사무실에 막걸리 한잔 하러 다 모이면, 제가 그랬지요! 좋은 분 만나 가정 이루며 살으셔야 한다고. 꼭 허세욱 님 닮은 아줌마 이름 부르곤 했던 거. 적당히 작고 몸집이 있어 멋진 북치기가 될 수 있다고. 하얀 이 드러내고 조개 같은 눈으로 웃어주시는 것이 매력이라고. 어린애같이 '선생님' 부르며 단결 투쟁 글씨가 적힌 조끼 호주머니에서 껌 하나 주면서 한독 택시에서 훔쳐왔다며 배시시 웃고 수줍어하던 모습이 저는 좋다고.
그리고 또 기억하세요?
언제부턴가 봉천6동의 허세욱 님이 사라져 저는 슬프다고. 눈도, 얼굴도, 말도 다 변했다고. 모든 것이 투쟁적으로 변한 허세욱 님을 만나면, 늘 죽음을 각오하고 현장에 가신다던 이야기를 들으며 저는 그랬습니다. '세상을 변화시키는 건 인간적인 가슴'이라고. '그 어떤 운동도 우리의 목숨과 바꿀 수는 없다'고. '운동은 길게 하는 것'이라고. 저는 참 매몰차고 냉정했지요.

근데 허세욱 님은, 당신은, 당신 자신을 버린 적이 없다고 말씀하셨더군요. 가난한 민중의 삶에 더 가지 못했던, 세상을 가치 있게 살아가려 발버둥치던 한 주민의 진정한 벗이 되지 못했던 젊은 활동가의 어리석고 교만한 말이었습니다.

2007년 4월 1일, 당신이 앞서서 맞게 될 줄은 몰랐습니다. 당신은 약속을 지켰습니다.

허세욱 님.

저는 당신이 절대 그냥 가시리라 생각하지 않습니다. 당신은 가슴에 쌓인 한과 분노가 많아 그 억센 불길도 당신의 심장을 녹이지는 못했을 것입니다. 당신은 배시시 웃으며 '선생님, 살다 보니 이런 좋은 세상도 오네요' 하고 말해줘야 할 사람이 너무 많아서 그렇게 허무하게 가실 수 없을 것입니다.

허세욱 님.

종로에서, 광화문에서, 평택에서, 그 작은 관악구 네거리에서조차 당신의 손을 한 번도 잡아주지 못해 죄송합니다. 나이 60을 바라보며 희끗한 머리의 당신이 '선생님'이라 부르는 호칭에 무엇인가 말해야 할 '그럴싸한 말'만을 찾다가 당신의 얼어들어가는 심장의 고동을 같이 느끼지 못했던 지난날에 가슴만 저며옵니다.

FTA 협상 저지 피켓을 묵묵히 목에 걸고, 혼자서 투쟁의 거리를 지켜야 했던 당신의 선한 눈동자와 1994년 어느 날 야근을 마치고 봉천6동 골목길을 돌아 어김없이 불침번을 서러 오던 당신의 구부정한 어깨. 투쟁가를 부르다가도 마지막 구호 '단결 투쟁'만은 뚜렷이 외치던 당신의 목소리가 생생해서 저는 당신의 모습이 어떤지 상상조차 안 됩니다.

허세욱 님.

저는 많은 사람들이 당신을 특별한 투쟁가, 실천하는 운동가로 기억하기보다 맘씨 좋은 이웃집 아저씨, 택시운전사 같았다고 기억해주는 사람이 더 많았으면 좋겠습니다. 그래서 우리의 인간다운 삶은 특별한 사람들의 전유물이 아니라 가난한 우리들의 몫이라고 모두가 느껴주었으면 좋겠습니다. 운동은 세상에 대한 삐딱이, 머리에 든 것 많은 똑똑한 자들의 것이 아니라 인간답게 살기를 원하는 평범한 사람들의 것이라고 깨우치면 좋겠습니다.

세상을 변화시키는 것은 특별한 위치가 되어, 특별한 장소에서 하는 것이 아니라 우리가 먹고 살아가는, 만나고 부딪히는 삶의 자리에서 시작된다는 것을 소중하게 생각하는 사람들이 많아졌으면 좋겠습니다.

괜찮으시지요?

일어나시면 주민연대 식구들과 함께 풍물 한판 쳐드릴게요. 꼭 어깨 춤 추시며 다시 웃어주셔야 됩니다. 좁은 봉천9동 골목길 집 근처에서 좋아하던 막걸리에 설렁탕 국물 꼭 사드리고 그때는 모든 말씀 다 들어드릴게요. 6월에 한국 가면 찾아뵙겠습니다. 힘들었던 투쟁의 날들보다 당신을 염려하고 사랑하는 더 많은 사람들을 기억하며…….

강인남은 유서에서 '나는 내 자신을 버린 적이 없다'는 구절을 읽고, 그가 자신의 말을 얼마나 되풀이해 생각했는지 깨달았다. 그녀는 이 편지를 쓰는 동안에도 허세욱이 회복할 것으로 믿고 있었다. 6월에 만나자는 약속은 열흘 후로 앞당겨졌다.

강인남은 공원 너머 야트막한 산등성이를 보았다. 산등성이엔 새잎을 달고 있는 나무들이 고운 선을 이루며 서 있었다. 그녀는 허세욱이 한 번도 자기 자신을 위해 여행을 떠난 적이 없다는 것을 깨달았다. 소소한 삶의 행복을 누가 그에게서 앗아갔을까? 봉천동 판잣집 골목에 앉아 그에게 말하곤 했다. 세상은 부조리하다고. 돈 없고 빽 없고 못 배우고 잘난 것도 없는 사람들이 바로 세상의 주인이라고. 그녀는 후회했다.

허세욱은 그녀를 '사부님'이라고 불렀다. 강인남은 철거 싸움 이후 그의 지나온 삶을 돌이켜보며 그를 이끈 것은 어떤 사부도 아닌, 허세욱 자신이었다는 것을 깨달았다. 목련 꽃잎 하나가 땅 위에 떨어져 내렸다. 그녀는 속으로 말했다.

'허세욱 님이 저의 사부님이에요. 사부님, 사부님, 사부님……'

묘소 앞엔 허세욱의 쾌유를 빌며 접은 천 마리의 종이학이 놓여 있다. 강인남은 천 마리의 학이 하늘로 날아오르는 모습을 바라본다. 새들에게 둘러싸인 허세욱이 철거민들과 함께 풍물을 치고 있다. 새들이 그네들을 어딘가로 데려가고 있다. 허세욱은 하얀 민복에 미투리를 신고, 상모를 흔들며 징을 치고 있다. 철거민들은 덩실덩실 춤을 추며 징치배를 뒤따르고 있다. 징 소리는 모든 소리들을 끌어안으며 먼 곳까지 신명을 내보낸다. 허세욱은 흥에 겨워 어쩔 줄 몰라 하는 천진난만한 표정으로 함박웃음을 터뜨린다. 눈물을 훔치며 강인남도 웃고 있다. 징 소리와 함께 허세욱의 목소리가 들려온다.

효순이 미선이 일이 잘 해결되고, 노동자들이 주인 되는 세상이 오고, 미군 없는 세상이 올까요? 그런 세상이 되면 광화문 너른 광장 한복판에서 하얀 옷을 입고, 훠얼훨 너울너울 춤을 추면서 풍물을 한번 치고 싶어요. 훠얼훨 너울너울. 훠얼훨 너울너울.

에필로그

그 후

허세욱으로부터 수차례 당 가입을 권유받았던 오정훈은 긴 고민을 끝내고 2008년 봄 진보신당에 가입했다.

·

"왜 민주노동당에 들어오지 않으십니까?" 정태인 교수는 강연회장에서 허세욱에게 질문을 받았다. 허세욱은 재차 요청했다. "민주노동당에 들어오세요." 정태인은 이 말을 유언으로 받아들이고 '민중의 경제학'을 실천하기 위해 민주노동당에 가입했다. 그는 "한미FTA로 인해 민중이 겪을 고통을 허세욱이 미리 보여주었다"고 기록했다.

·

이계화는 허세욱으로부터 초상화를 그려달라는 부탁을 몇 차례 받았다. 그녀는 그가 살아있는 동안 초상화를 그리지 못했다. "이렇게 일찍 죽을지 알았나요. 형은 웃는 모습이 이쁘니까 살짝 웃는 모습 그려주고 싶었어요." 그녀는 현재 허세욱의 초상화를 그리고 있다.

·

〈민중의소리〉 윤보중 기자는 분신 현장을 목격한 충격으로 취재를 할 수 없었다. 그 후 분신한 사람이 택시운전사라고 들었다. 익숙한 이름이었다. 그는 취재수첩을 뒤적였다. 윤보중은 허세욱이 분신하기 며칠 전 세종문화회관에서 그를 인터뷰했다. 취재수첩에는 다음과 같은 글이 적혀 있었다.

"대추리를 잃은 게 굉장히 안타깝다. 대추리에서 촛불을 껐지만, 그렇게 호락호락하게 끝나지 않는다. FTA 투쟁 막으려면 이렇게 해서는 안 된다. 이런 식으로 해선 안 된다. 언론에 FTA를 반대하는 목소리가 잘 드러나지 않는다."

취재수첩을 확인한 윤보중은 다시 기사를 쓰기 시작했다. 그는 울면서 기사를 썼노라고 고백했다.

•

최흥규는 분신한 남자가 나오는 악몽에 시달렸다. 2주 후 사망 소식을 접하고 "내가 조금만 더 빨랐더라면 살릴 수 있었을 텐데" 하는 생각이 들었다. 그는 분신한 사람에 관한 기사를 찾아 읽었다. 유서에서 '전부 비정규직이니까 모금은 하지 말아주세요'라는 말이 슬프게 다가왔다. 그의 선배들도, 친구들도 모두 비정규직이었다. 허세욱의 삶을 접하고, 그는 사회적 약자를 위한 삶을 살겠노라고 자신과 약속했다. "그분이 어떤 사람이라고 생각하세요?"라고 질문했을 때 그가 대답했다. "현재보다는 미래를 내다본 사람 같아요."

•

한상렬 목사는 전국 방방곡곡을 떠돌았다. "나를 대변할 사람은 아무도 없습니다"라는 유서 내용을 읽을 때, "배가 고프다"는 말을 마지막으로 세상을 떠난 전태일이 떠올랐다. 그는 교회를 찾아다니며 '늙은 전태일'의 삶을 알렸다. 허세욱의 유언을 계기로 한 목사는 진보적인 기독교 단체 '예수살기'를 제안했다. 그에게 허세욱은 '익명의 그리

스도인' 이었다. 예수살기는 2007년 7월 7일 전주 '고백교회'에서 한
상렬, 조헌정 등 85명의 목사들이 모여 발기인 대회를 열고 기독교운
동의 첫걸음을 내디뎠다. 예수살기는 2008년 시청 광장에서 '천주교
정의구현전국사제단'과 함께 촛불집회를 열며 세상에 널리 알려지게
되었다.

•

'평화와통일을여는사람들'은 허세욱의 바람대로, 시민들이 주체가
된 신효순, 심미선 양의 추모비를 세우는 사업을 추진하고 있다. 그리
고 현재까지 사고 진상규명 활동을 벌이고 있다. 새 추모비는 두 여중
생이 죽은 지 10주기가 되는 2012년 완성할 예정이다. 이와 별도로
사고 당일 신효순, 심미선 양이 찾아가던 생일잔치의 주인공 소녀는
현재 대학생이 되었고, 나중에 돈을 벌어 추모비를 세울 계획을 갖고
있다.

•

2008년 5월 2일 '미 쇠고기 수입 반대 1차 촛불집회'가 열렸다. 정부
의 미국산 쇠고기 수입 재개 강행으로 촉발된 시위는 여고생들이 시
작해 사회 전 계층의 참여로 확산되었다. 두 여중생 추모 촛불집회와
비슷한 양상을 띠며 5월과 6월에 집중된 시위는 6월 10일 70만 명이
참여하는 등 수백만 명의 시민을 민주주의의 광장으로 불러들였다.
촛불시위는 1988년 체코슬로바키아 브라티슬라바 촛불시위 이후 평
화시위의 상징이 되었고, 한국에서 저항의 한 연대기를 완성했다.

•

2009년 4월 15일, 허세욱 영면 2주기에 '용산철거민참사범국민대책
위원회'와 '민주노총 서울남부지구협의회 열사특위'가 공동으로 하

얏트호텔 앞 라틴아메리카 공원에서 추모제를 열었다. 이날 추모제엔 시민, 학생, 네티즌, 용산참사 유가족 등이 참여했다.

•

허세욱이 활동한 단체들은 '허세욱정신계승사업회'를 만들었다. 사업회는 참여연대, 한독운수, 민주택시, 민주노총, 진보신당, 관악청년회, 민주노동당, 관악주민연대, 평화와통일을여는사람들로 구성되었다. 이 단체들은 허세욱을 명예회원, 명예당원, 명예대의원으로 추서했다.

부록

허세욱이 걸어온 길

● 1952년 5월 9일, 경기도 안성군 대농리에서 9남매 중 다섯째로 출생했다.

● 안성에 있는 명덕국민학교와 안청중학교를 졸업했다.

● 안성 읍내에 있는 서점 보문당에서 점원으로 일하며 사회에 첫 발을 내디뎠다.

● 서울에 상경해 약국에서 일하다 울산에 내려가 조선소에서 근무했다. 또한 탄광에서 탄부로 일하며 막장을 체험했다.

● 군대를 제대한 후 막걸리 배달, 아이스크림 배달을 비롯해 건설 일용직 등 다양한 직업을 전전했다.

● 1991년 5월 1일 한독운수에 입사해 택시 운전을 시작했다. 2007년 4월 1일까지 택시 운전사로 일했다.

● 1994년 마흔셋의 나이로 철거 싸움을 겪으며 사회적 실천에 나서기 시작했다. '봉천 6동 세입자대책위원회'의 풍물패에서 징을 쳤다.

● 1996년 4월 조합 측과 협상이 타결됐지만 임대아파트로 이주할 수 없었다. 그는 280만 원의 주거이전비를 받고 봉천6동을 떠났다.

● 1995년 '관악주민연대'에 가입해 관악구 다른 지역의 철거 싸움에 참여했다.

● 1997년 7월 풍물을 통한 사회참여를 지속하기 위해 '봉천놀이마당'에 가입했다. 이곳에서 징, 북, 장구 등의 악기를 배웠다. '장애우권익문제연구소'에서 서너 해에 걸쳐 여성 장애인들의 이동을 돕는 자원봉사를 했다.

● 1998년 '참여연대'에 가입하고, 2000년 민주노동당에 입당하면서 사회적 실천의 폭을 넓히기 시작했다. 민주노동당에서 그의 별명은 '달리는 민주노동당'이었고, 택시 안에는 참여연대 유인물이 가장 많았다. 그 후 '다함께'에 가입했고 '관악청년회' 청년들과 함께 활동했다.

● 2000년경 혼자서 택시를 몰고 매향리에 두 차례 다녀왔다. 이때 폭격 현장을 목격하고 받은 충격을 두고두고 사람들에게 얘기했다.

- 2002년 '한독운수노동조합'의 민주노총 가입에 앞장섰다. 이후 '5·24 총파업'을 겪으며 인천을 비롯해 천안, 광주, 전주, 충주, 대구 등 전국의 택시 노동조합 파업 현장을 찾아다니며 연대의 발걸음을 놓지 않았다. 노동조합 대의원 겸 대외협력부장과 정치통일부장을 역임했다.

- 2002년 6월 13일 신효순·심미선 두 여중생이 미군 장갑차에 깔려 죽은 사건을 접하고 혼자서 택시를 몰고 사고 현장을 찾아갔다. 그 후 살인 미군 처벌과 주한미군지위협정(SOFA) 전면 개정을 위한 촛불집회에 참여하고 혼자서 수만 부의 유인물을 배포했다. 1년 6개월가량 이어진 촛불집회에 거의 빠짐없이 참석했다.

- 2004년 2월 '평화와통일을여는사람들'에 가입하고 용산 기지 이전 비용 한국 부담 반대, 평택 미군기지 확장 반대 등 반미·평화운동에 참여했다. 서울 평통사 노동분회에서 활동했다.

- 2006년 5월 4일 평택 황새울 벌판에 철조망을 설치하는 것을 막기 위해 헬기에 뛰어들었다. 이날 연행되어 벌금형을 선고받았다.

- 2006년 가을부터 한미FTA에 관한 연구에 매진하고 거의 모든 집회에 참여했다. 한미FTA 협상 타결이 임박한 2007년 3월 29일과 30일, 직접 만든 피켓을 메고 청와대 앞에서 1인 시위를 전개했다.

- 2007년 4월 1일 오후 3시 55분경, 최종 시한을 넘기며 진행되는 한미FTA 협상 타결을 막기 위해 서울 하얏트호텔 앞에서 "한미FTA 폐기하라!"고 외치며 목숨을 내던졌다. 4월 15일 오전 11시 26분, 한강성심병원에서 패혈증으로 운명했다. 4월 18일, 마석 모란공원에 안치되었다. 그는 2002년부터 2006년까지 삶의 현장에서 가장 많은 촛불을 든 시민으로 살았다. 택시운전사가 된 이후 100만 킬로미터에 이르는 도로를 내달렸다. 이 중 적잖은 도로가 생계를 포기하고 달린 연대의 길이었다.

열렬한 DJ맨에서 민주노동당 전도사로

정경섭 기자

"이제 뭔가 제자리를 찾아온 것 같아요. 제가 약해지고 있으니 힘을 내라고 이 상을 추천한 것 같습니다."

허세욱 당원. 택시노동자인 그는 운전을 하면서 늘 민주노동당을 알릴 수 있는 유인물을 가지고 다닌다. 그리고 승객이 탑승할 때마다 민주노동당에 대해 '선전' 한다.

허 당원에게 수상소감을 말해달라고 부탁했을 때 "제자리를 찾아온 것 같다"고 하는 이유가 있다. 그는 원래 국민회의(현 민주당)의 당원이었다. 1997년 대선에서도 열렬한 DJ의 지지자였다.

허 당원이 민주노동당으로 '당적'을 바꾸는 데는 사연이 있다.

봉천동 철거민으로 삶의 희망이 보이지 않았던 90년대, 김혜경 당부대표와 신장식 관악지부 사무처장이 철거민을 위해 헌신적으로 뛰는 모습에 감명을 받은 것에서 민주노동당과의 인연은 시작된다.

"신장식 사무처장은 당시 학생이었는데 '1, 2년 활동하다 그만두겠지' 라고 생각했어요. 그런데 졸업을 해서도 계속적으로 서민들을 위해 일하는 모습을 보고 놀랐습니다. 더구나 제가 존경했던 김혜경 부대표가 민주노동당으로 가시고……."

드디어 허 당원은 총선을 앞두고 민주노동당에 입당을 했다. 당적을 바꾸면서 "나는 내가 노동자로서 진짜 가야할 길을 간다"고 생각하며 "이제 다시는 보수 정치에 속지 않겠다"고 두 번 세 번 다짐하며 민주노동당으로 왔다.

민주노동당으로 당적을 변경한 뒤 그의 활약은 그야말로 눈부시다.

특히 당이 만든 상가임대차보호법 유인물이 나왔을 때 그는 누구보다도 기뻤다고 한다. 그의 택시안에 당을 선전할 강력한 '무기'가 생겼기 때문.

"오늘(26일)도 어느 대학 졸업식에 가는 손님을 태웠는데 이런 저런 얘길 하다보니 부동산 피해자였습니다. 그래서 상가임대차보호법 유인물을 보여줬어요. 손님이 깜짝 놀라더니 이런 것이 있는 줄 몰랐다며 꼭 민주노동당에 가서 상담을 하겠다고 말했어요."

이렇게 택시에 타는 사람마다 당을 선전하는데 혹시 그 동안 승객 중에 당원을 만난 적이 있는 지 궁금했다.

"있지요, 한 분은 서대문 당원이었습니다. 당에 대해 얘기하는데 그 아주머니가 슬그머니 웃으시면서 '아저씨 저도 당원인데요' 하는 겁니다. 그때 기분은 말로 표현할 수 없습니다. 또 한번은 후원 회원을 만났어요. 국보법으로 두 번이나 옥살이를 한 분인데 사정상 지금은 후원

회원만 한다고 미안해 하셨어요. 택시비를 딱 절반만 받았습니다.”

허 당원이 "너무 내 자랑만 하는 것 같아 쑥스럽다"고 말한다.

허 당원은 올해 지부에서 하는 시사토론반에 참여하고 있다. 더 많은 사람들에게 당을 선전하기 위해서 '공부'의 필요성 느꼈기 때문이다. 허 당원의 택시는 내일도 달릴 것이다. 그리고 그의 택시 안에는 늘 당을 선전할 수 있는 유인물이 비치되어 있을 것이다.

인터뷰 2 참여사회 2007년 2월호

정의로운 사회를 운전하고픈, 허세욱

이경휴 참여연대 회원

참여연대 사무실을 수줍게 들어서는 중년의 한 아저씨와 눈이 마주쳤다. 선하게 웃는 모습이 지방에서 막 올라온 민원인이라는 짐작이 순간 들었다. 하지만 예상은 완전 빗나가고 말았다. 여러 간사들이 반갑게 그를 맞으며 근황을 물었다. 그제야 시위·집회 현장의 파수꾼, 허세욱 회원임을 알았다. '민주노총–민택연맹 서울지역본부 한독분회 대의원'이라는 명함에 새겨진 직함과는 달리 옆집 아저씨 같은 인상이 쉽게 말문을 트게 했다.

"택시 운전을 한 지 올해로 16년이 되지요. 애초부터 노동운동을 한다고 뛰어든 것도 아닌데 세월은 이렇게 흘러가버렸네요. 뭐 하나 이루어진 것도 없고, 여전히 택시노동자들은 1평 남짓한 공간에서 12시간 이상 뼈 빠지게 일하지만 수입은 점점 줄어들고 있는 현실이지요. 왜 우리들이 거리로 뛰어나와야만 하는지 관심을 갖는 사람들도 날이 갈수록 줄어들고, 참 살기 어려운 세상이 되어가고 있어요."

늦은 점심상 앞에 앉은 그의 얼굴에선 곤고한 삶의 자락이 엿보였다. 교대 시간을 맞추다 보면 끼니를 때맞추어 먹기가 어렵다는 말똘 실감하게 된다. 사골우거지국에 소금 간을 하는 그의 듬직한 손을 보니 얼마나 많은 사람들의 발이 되었을까 하는 생각이 들었다. 그렇게 많은 사람들의 발이 되었음에도 불구하고, 자신의 두 발을 편히 뻗을 곳이 없는 처지를 어떻게 이해해야 할까. 막연히 사회를 탓하기엔 무책임하다는 자괴감에 고개가 숙여졌다. 이심전심(以心傳心)이랄까.

"참 부끄러운 기억이 있어요. 지금도 그때를 생각하면 오금이 저려요. 1995년 봉천6동 철거촌에 살 때였죠. 그때는 세상이 어떻게 돌아가는지도 모르고 살 때라 그날이 그날 같았죠. 빈민운동을 하던 강인남이라는 여자 간사가 있었는데 용역 깡패들에게 얻어맞는 일이 벌어졌는데 나는 그냥 구경만 했었죠. 그 뒤 많은 걸 깨달았죠."

국밥이 식어가도 개의치 않고 그 시절을 즐겁게 회상해갔다. 많이 배우고, 젊고 예쁜 선생님들이 어떻게 우리 편에 서서 우리의 입장을 세상에 알리려고 그렇게 노력을 했는지, 그 힘이 어디서 나오는지 지금도 고마울 따름이라고 지그시 눈을 감았다.

"용역 깡패들이란 사람이 아니에요. 갈 곳이 없어 못 떠나는 혼자 사는 할머니 집 지붕에 구멍을 두 군데나 내고 담을 헐고, 장마철에 그랬으니 가재도구가 어떻겠어요? 이불이 다 물에 젖고, 할머니는 울고 있고, 정말 남의 일 같지가 않았죠. 떠나지 못한 50여 세대가 똘똘 뭉쳐 새로운 가족이 되었죠. 그 중심에 선생님들이 있었기에 우리는 하나가 될 수 있었죠. 빈집에 간사들이 '철거민들이 갖추어야 할 행동'이라는 게시물을 보고 또 감동을 받았죠. '내부에서 담배를 피우지 않습니다', '내부에서 소란하지 않습니다' 등등 일상적인 내용이 있었는데도 그때는 그 가르침이 가슴을 파고들었죠."

김영삼 정권 시절, 세계화 국제화를 떠들어대며 선진국 진입을 노래했지만 정작 그들에게 돌아간 것이라곤 280만 원의 보상금과 500만 원을 융자 받을 수 있는 조건이었다고 한다. 지금의 우성아파트는 그렇게 철거민들을 짓밟고 들어섰고, 그 땅에 엎드려 살았던 사람들은 풀씨처럼 흩어져버렸다. 다행히도 봉천동 일대의 철거민들이 합심하여 관악주민연대가 발족하여 간신히 빛을 밝히고 있다고 한다.

"그래도 문민정부 시절에는 택시가 호황이었어요. 비록 저임금이었지만 합승을 묵인해주었고 자가용이 오늘처럼 이렇게 거리로 쏟아져 나오지는 않았어요. 전용차선제도 그때 생겼어야 한다고 이야기하죠. 김대중 정권이 들어서고부터 끊임없이 제도 개선에 대한 논의가 있었죠. 즉 사업주를 위한 제도에서 손님을 위한 서비스로 제도를 개선해야 한다고. 우리 많이 투쟁했지요. 2005년 전액관리제도가 국회를 통과했지만 사업주들의 반발로 무산되다시피 되었죠. 그래도 서울에서는 세 회사가 가감누진형 월급제를 실시하고 있어요. 쉽게 말해 전액을 입금하고 월급을 받는데 그 전액을 부가세로 신고를 해야 되요. 탈세를 막기 위해 그런다는데 어디 사업주들이 그런다고 탈세를 안 해요."

몸으로 깨달은 현실에서 긴 한숨이 배어나왔다. 그럼 월급으로 얼마나 타느냐고 어렵게 여쭈었다. 헛헛한 웃음 끝에 "100에서 120만 원 정도이지요." 순간 도시근로자의 최저생계비가 머릿속에서 어지럽게 계산되었다.

"떨어지는 감만 주워 먹으려 말고, 모양 좋은 떡만 골라 먹으려 말고, 사람들이 관심을 좀 가졌으면 해요. 몇 해 전, 도시가스나 발전노조 파업 때 반응이 어땠어요. 결국 민영화가 되어 소비자가 피해를 보게 되는데도 냉소하고, 언론의 왜곡된 보도만 보고 경기도 안 좋은데, 강경 노조 때문에 기업이 힘을 못 쓴다니……. 감상에만 젖고 정작 그 속내는 알려고 하지 않죠. 언론의 보도를 사실인 양 믿는 게 가장 문제이죠."

언론의 왜곡된 보도가 어제 오늘의 일이 아니건만 그의 절절한 항변에는 정의가 꿈틀대고 희망이 출렁거리고 있었다.

"그래도 열심히 집회에 참여합니다. 참여하는 데 의의가 있죠. 거기에는 상하도 없고 너와 나도 없습니다. 오직 살기 좋은 세상을 만들기 위한 힘만이 있을 뿐이죠. 일한 만큼 대접받는 사회가 된다면 더 이상 바랄 게 없죠."

이 보다 더 좋은 세상이 어디 있을까. 또한 그 꿈을 버리지 않는 이가 참여연대 회원이라는 사실이 행복했다. 식어버린 국밥을 서두르는 그의 손에서 정의로운 세상으로 향한 핸들이 바삐 움직이고 있었다.

허세욱 친필 편지

봉천6동 세입자대책위원회 시절 허세욱이 강인남에게 보낸 편지다. 허세욱은 강인남에게 편지를 쓰는 일이 많았다. 편지엔 그의 외로움과 푸념, '사부님을 좋아한다'는 말이 아로새겨져 있었다. 언젠가 풍물팀 주민들이 모여 살아온 인생 이야기를 나눌 때 마음의 문을 꼭꼭 닫고 있는 그에게 강인남이 말했다.
"허세욱 님도 우리에게 마음을 열었으면 좋겠어요."
이 말을 들은 허세욱은 노트에 적은 이 편지를 건네주었다. 허세욱이 강인남에게 쓴 편지 중 하나는 유서였다. 강인남은 유서를 조각조각 찢으면서 말했다.
"허세욱 님, 자신을 버리지 말아요."

작가의 말

거리에서 문득문득 걸음을 멈추고 그를 헤아렸다. 그 춥고 어둡고 폐해한 서울의 거리들. 온 세월 막걸리와 함께했고, 가난과 실직과 이혼, 실패로 얼룩진 한 인간. 허세욱을 찾아가는 길은 멀고 고단했다. 내가 주저앉을 때마다 그는 갑자기 나타나 주머니에서 박카스나 꿀차, 캔 커피를 건네주었다.

그는 도로 위에서 내릴 생각을 좀체 하지 않았다. 그의 집은 택시였고, 시청 광장이었다. 그에게는 쉼이 없었다. 나는 그에게 불평하고 화를 냈다. 하지만 그는 내 말이 들리지도 않는다는 듯 집집마다 우편함에 유인물을 끼워 넣으며 다음 골목, 다음 동네로 사라졌고, 어느새 택시를 몰고 매향리, 의정부, 대추리로 향했다. 그는 주변을 불안하게 두리번거리며 쓸쓸한 도로와 멍든 땅을 찾아 달려갔다.

그를 알게 되면서 나는 이 세계가 싫어졌다. 그런 날엔 아메리카 철거민인 인디언들의 글을 읽었다. 더 이상 글을 쓰지 못하겠다고 펜을 내려놓은 날─용산에서 다섯 명의 철거민이 사라진 날이었다─그가 말했다. 무섭고, 외로웠다고. 그날 그는 말을 멈추지 않고 쉰여섯 해의 삶을 털어놓았다.

사람들은 그를 이해할 수 없었다. 하지만 그가 볼 때 우리들은 외계의 존재들이었다. 불의에 적당히 타협하고 사는 이상한 존재들이었다. 타인의 아픔을 고스란히 제 아픔으로 받아들이는 사람이 있다는 것을 나는 비로소 받아들였다.

하루 평균 400킬로미터, 평생 100만 킬로미터의 도로를 달려온 그는 어느 날 브레이크를 밟았고, 마지막 클랙슨을 길게 눌렀다.

나는 그의 말들을 받아 적었다.

그는 병상에서 한미FTA 협상 타결 소식을 들었다고 말했다. 한동안 말이 없던 그는 나에게 전해달라고 부탁했다. 누구도 이곳에 오지 말라고, 죽음은 허세욱까지라고, 지금 시대에 필요한 일은 살아서 연대하는 것이라고. 이 말을 끝으로 그는 다시 어딘가로 사라졌다.

허세욱을 찾아가는 동안 나는 '별을 노래하는 마음으로/ 모든 죽어가는 것들을 사랑해야지' 라는 윤동주의 시 구절이 자주 생각났다. '모든 죽어가는 것들을 사랑' 하다 '별이 된 택시운전사' 가 내 곁을 떠나던 날, 나는 사람들에게 잊히고 있는 어떤 소리를 들었다. 먼 곳에서 들려오는 희미한 경적 소리였다.

당신은 살아 끊임없이 우리에게 묻는다.

세련된 족쇄일 뿐인 현실에 매여 무얼 할 수 있겠느냐고
왜 오지 않은 다른 세상을 꿈꾸지 않느냐고
왜 연대하지 않느냐고 묻고 있다
왜 절규하며 새롭게 태어나 나아가지 않느냐고
묻고 있다. 대답해 달라고
　- 송경동 시인의 「늙은 전태일에게」 중에서

허세욱 평전

초판 1쇄 2010년 5월 1일

글쓴이 | 송기역
펴낸곳 | 도서출판 삶이 보이는 창
펴낸이 | 김영숙
편집 | 엄기수, 임현숙, 박지연, 김기중
기획 | 허세욱정신계승사업회

등록번호 | 제 18-48호
등록일자 | 1997년 12월 26일

주소 | (150-901)서울시 영등포구 영등포동2가 94-141 동아빌딩 402호
전화 | 02-848-3097
팩스 | 02-848-3094
홈페이지 | www.samchang.or.kr

ⓒ 허세욱정신계승사업회 · 송기역

값 12,000원
ISBN 978-89-90492-81-4

이 책 내용의 전부 또는 일부를 재사용하려면 반드시 저작권자와 삶이 보이는 창 양쪽의 동의를 받아야 합니다.